U0902977

张再林
哲学作品集

作为身体哲学的中国古代哲学

张再林◎著

Zhang zai lin
Philosophy Works

ANCIENT CHINESE PHILOSOPHY AS A PHILOSOPHY OF THE BODY

图书在版编目（CIP）数据

作为身体哲学的中国古代哲学/张再林著．—北京：中国书籍出版社，2018.2
ISBN 978-7-5068-6699-6

Ⅰ.①作…　Ⅱ.①张…　Ⅲ.①古代哲学－研究－中国　Ⅳ.①B21

中国版本图书馆 CIP 数据核字（2018）第 024203 号

作为身体哲学的中国古代哲学（修订版）

张再林　著

策划编辑　王志刚
责任编辑　王志刚
责任印制　孙马飞　马　芝
封面设计　久品轩
出版发行　中国书籍出版社
地　　址　北京市丰台区三路居路 97 号（邮编：100073）
电　　话　（010）52257143（总编室）　（010）52257140（发行部）
电子邮箱　chinabp@ vip. sina. com
经　　销　全国新华书店
印　　刷　北京旭丰源印刷技术有限公司
开　　本　880 毫米 ×1230 毫米　1/32
字　　数　290 千字
印　　张　12. 75
版　　次　2018 年 4 月第 1 版　2018 年 4 月第 1 次印刷
书　　号　ISBN 978-7-5068-6699-6
定　　价　98. 00 元

走向“身体哲学”

——中国传统哲学研究范式的变革

长期以来，除了对西方哲学尤其是现代西方哲学有着浓厚的兴趣外，笔者一直不敢懈怠于中国传统哲学之现代化阐释的思考。之所以对这一问题情有独钟并极为看重，不仅在于作为一个中国人自己的身上流淌着不可稀释的祖辈的血液，不仅在于作为一个中国学者自己的学术关怀骨子里有一种难以释怀的“中国情结”，还在于我始终认为，诚如现代解释学所告诉我们的那样，从来不存在着一成不变的那种原教旨化的传统，任何传统都是今人与古人之间“视域交融”这一文化对话的产物，任何传统的文本的意义都有赖于一种现代的理解才能得以真正的复活。因此，传统既属于去今已远的历史的过去，又同时开放而生动地生活在我们今人不无时代感的常新的语境之中。这也正是“传统”之为传统的真正原因，因为顾名思义，所谓“传统”也即传而承之传、统而续之统，其为一脉相承、无间古今的鲜活的连续统。

这意味着，“回到传统”和“走向今天”实际上是同一个过程；这意味着，对传统的了解既依赖于我们对古人文本的忠实阅读，又同时离不开对我们自己所置身的当代文化语境的深切洞悉，而后者直接涉及对我们今天人类文化精神之真正实质的体认。而一旦进入到对我们今天人类文化精神之真正实质的体认，我们就会发现，我们今天人类文化精神已开始迈向一个全新的时代：它与其说是以所谓的“现代主义”为旗帜，不如说行将和正在被所谓的“后现代主义”取而代之。这种现代主义向后现代主义的时代转向，不仅在西方发达的资本主义国家为人们有目共睹，即使在大力推进现代化进程的现代中国，由于全球化所带来的几乎瞬间而至的一切民族国家的扁平化、共时化，由于国人对现代主义弊端同样的感同身受，其也开始作为时代需要被呼之欲出。当代中国社会对竞争意识突显所导致的社会“和谐”问题的焦虑，对极端的“唯发展主义”所引发的种种危机的关注，恰恰为我们表明了这一事实。

哲学是时代精神的集中体现，这种后现代主义的转向也当然首先体现在当代人类哲学之中。这种当代哲学中的后现代主义转向，除了可见之于当代哲学家对作为现代主义的坚实支柱的唯科学主义、消费主义、唯发展主义等价值理念的深入反思和批判之外，还更为深入地表现为当代哲学范式的一种根本性转变。正如笔者多次指出的那样，这种当代哲学范式的根本性转变，也即当代哲学从“形而上”向“形而下”、从“思辨世界”向“生活世界”、从“意识哲学”向“身体哲学”的转变。它发端于费尔巴哈、马克思、叔本华、尼采、狄尔泰等人对传统思辨唯心主义的纠偏，并随着近百年的现象学运动的兴起和风靡，随着被后现代主义哲学家称之为“后哲学”时代的到来，已经由隐至显蔚为大观，而不失为当代人类哲学发展趋势的至为集中的体现。以至于可以说，如果认识不到这一点的话，我们就不知什么是我们今天的时代哲学，我们就会恍如隔世般依然把今天的哲学视作是对康德哲学、黑格尔哲学亦步亦趋之物。

而中国哲学的研究要顺应时代得以发展，要真正做到与时偕行，就不能不对人类哲学这一发展趋势，以及其所体现的这一范式的根本转变熟视无睹和坐视不见。但是，不无遗憾的是，长期以来，在中国哲学的研究领域，我们却更多地看到其研究者唯现代主义马首是瞻，对现代主义膜拜顶礼，他们把“现代主义”看作是“普世主义”的同义语，乐此不疲、不加批判地以西方现代主义的意识哲学为其范式，来匡范中国传统哲学、解读中国传统哲学，就可以使中国哲学实现与人类哲学的接轨，就可以恢复中国哲学“合法性”的地位，以为借此就可以使中国哲学家穿上时装而拥抱哲学的今天。从海外新儒家牟宗三之于中国哲学“康德化”的解读，到国内学者对中国哲学流派“唯物”“唯心”严格的分判；从把宋明所谓的“理学”、所谓的“心学”视为中国哲学的正统，到实际落入体用二分法的“中体西用”或“西体中用”的论辩，还有学者们热衷于对中国哲学的范畴概念脱离语用语境而一味“格义”的做法。凡此种种，无一不表明现今中国哲学研究始终未脱西方意识哲学窠臼这一特点，无一不表明现今的中国哲学研究实际上已严重地滞后于人类新的时代精神，其已沦为业已衰敝的西方意识哲学如影随形的复制品，又遑论独领风骚地引领当代世界哲学的最新潮流。

其实，问题的严重性还不止于此。用西方现代意识哲学范式解读中国哲学，不仅导致了中国哲学研究与当今人类哲学时代精神的背离和脱节，而且还使我们的研究完全有悖于中国传统哲学自身的特点。“自身特点”这一提法似乎与坚持民族文化之普世性的观点相抵牾，然而，在人类文化之系谱学的意义上它却是可以成立的。这种人类文化之系谱学是指，人类文化乃为一宏观的并具有亲属性的文化家族，尽管每一个家族成员之间具有其文化的相似性，但这并不妨碍成员具有其不可还原、不可通约的自身特有的文化属性。那么，较之西方的意识哲学，什么是中国传统哲学自身特有的属性？在笔者看来，显而易见，这就是中国哲学之根深蒂固的“身体性”（the body of subject）。这种“身体性”表现为中国古人一切哲学意味的思考无不与身体有关，无不围绕着身体来进行，还表现为也正是从身体出发而非从意识出发，中国古人才为自己构建了一种自成一体，并有别于西方意识哲学的不无自觉的哲学理论系统。我们看到，这种“身体哲学”不仅是对中国哲学本来面目的真实还原，同时，还使其以一种“准后现代”的气质与特性，与西方后现代主义的后意识范式的哲学殊途同归，并从中体现出一种不无前瞻和具有现实批判眼光的人类新的时代精神。

这一切，就把我们引向了笔者的《作为身体哲学的中国古代哲学》一书的主题和主要内容。在进入本书之前，首先需要强调指出的是，笔者的中国古代所谓的“身体哲学”之“身体”，和经过了“先验论还原”的西方意识哲学之意识一样，其为一种经过了“现象学还原”的哲学本体论意义上之身体，而非常知常识意义上自然对象的身体。虽然这种身体与西方哲学的意识同样具有本体论意义，但此本体却并非彼本体，并且本体的不同决定了中西哲学体系和方法的迥然异趣。如果说西方传统哲学是以意识→范畴→宇宙这一模式来构建其哲学体系的话，那么中国古代哲学则是以身体→两性→家族来构建其哲学体系；如果说西方传统哲学是以事物之还原的分析主义为其哲学方法的话，那么中国古代哲学则以生命之生成演变的系谱学为其哲学方法。因此，无论在体系上还是在方法上，中国古代哲学都打上了极其鲜明的身体烙印，故与西方传统哲学的识本主义、思本主义不同，中国古代哲学是一种地地道道的身本主义、生本主义的理论。事实上，这种身本主义的性质也得到其文本的有力支持，如《尚书》的“慎厥身”“祇厥身”，《周易》的“近取诸身”“安身而后动”，《论语》的“吾日三省吾身”，《孟子》的“反身而诚”，《礼记》的“反求诸其身”，《大学》的“修身”，以及王艮著作中的“明哲保身”，船山著作中的“身即道”，这些在中国古代经典中几乎俯拾皆是的众多表述，无不可视为是对中国古代“身体性哲学”之正名。

本书由“上篇”与“下篇”两部分组成。“上篇”作为中国古代身体哲学理论体系奠基性部分，其涉及一般人类哲学理论最基本的三大领域，即宇宙论、伦理学与宗教观。在“中国古代宇宙论的身体性”一章里，笔者主要论述了一种根身的宇宙论如何对于古人成为可能，这种根身的宇宙论如何把男女两性的生命对话看作是宇宙的原发生命机制，如何经由这种生命对话最终把宇宙视为一历时性的过程。在“中国古代伦理学的身体性”一章里，笔者主要论述了一种根身的伦理学如何对于古人成为可能，这种根身的伦理学如何把夫妇伦理（而非西式的兄弟伦理）看作是人类伦理的真正原型，如何从对两性结合的不息生命肯定进一步走向对伦理中的人类行动原则的推崇。在“中国古代宗教观的身体性”一章里，笔者则主要论述了一种根身的宗教观如何对于古人成为可能，这种根身的宗教观如何对两性交感之生命神秘膜拜顶礼，并最终如何由此导致了对一种所谓“时的上帝”而非西人那种“超时的上帝”“祛时的上帝”的肯定。无疑，所谓“时的上帝”这一最后结论的得出，无论对于中国哲学的理解，还是对于整个人类哲学的理解，都不失有重新照明的作用。它不仅为我们表明了中国文化所谓的“内在超越”并非是内在于“心体”而是内在于“身体”的超越，而且还为我们表明了一直被目为形下之物的人的身体，并非障道之面墙也非渎神之“原罪”，其同样也可以“下学而上达”地通向形上超越这一人类哲学所追求的终极化境。

“上篇”的最后一章——“作为身体哲学的中国哲学的历史”，是以身体哲学为其范式对中国古代哲学史的重新梳理和解读。虽然本章更多着眼的并非中国哲学的“论”而是中国哲学的“史”，但对于中国古代身体哲学理论体系建构来说，其重要性却不容低估。作为中国哲学发展演进的“路线图”，该章为我们追踪和描述了中国古代身体化的哲学如何从兴起到衰落，再由衰落走向重新复兴这一否定之否定的整个历史行程。大体而言，先秦哲学标志着中国哲学中身体之维的凸显，宋明哲学意味着中国哲学中心识的觉醒和与之相偕的身体的退隐。而明清哲学则作为一种“后理学思潮”，代表着中国哲学之于其身体哲学传统的再次回归。作为以身体为版本对中国哲学史的重新解读，该章有两个要点似应引起读者的关注。其一就是对海外新儒家普遍看好的宋明理学性质的分析，也即笔者指出，宋明理学与其说是中国古老的“道统”的忠实传承者，不如说以其不无突出的“意识哲学”新性质而具有“别子为宗”的理论特色。其二就是笔者以一种历史与逻辑相统一的方式，以一种“史”中有“论”的方式，再次为我们揭示和彰显了中国哲学之真正本体，其为渊源于周易和周礼中的“身体”，而并非为宋明理学所强调并为今人所热议、所醉心的“心体”。

本书的“下篇”，可看作是对由“上篇”所开出的中国身体哲学理论体系的进一步的阐发和拓展。“下篇”开篇的“中国古代‘家’的哲学论纲”一章，旨在为我们揭示和阐明中国古代“家”的概念极其深刻的哲学义涵，以其固有的亲在性、性感性和历时性而言，在中国古代哲学中，“家”是一个几乎与“身”完全同旨的本体论概念。因此，也正是基于这一本体论概念，本章为我们推出了中国古人的“家系学”（也称“系谱学”）的伦理学，还有“家系学”的宇宙论、“家系学”的宗教观、“家系学”的认识论等一系列中国古代哲学理论。以至于可以说，中国古代哲学既是一种“根身主义”的哲学，又同时不失为一种“家本主义”的哲学，和“身”的概念一样，“家”的概念对于我们理解中国哲学的根本特性同样是不可或缺的。接下的“系谱学与周易史观”“中国古代身体政治学发微”及“中国古代‘体知’的基本特征及时代意义”等诸章，其内容则是分别从中国古代的历史哲学、政治哲学及认知哲学的不同角度，对中国古代本体之身及本体之家的哲学思想给予了进一步的深入分析和论证。这些分析和论证旨在表明，无论我们置身于中国古代哲学的任何领域，我们都会亲切而又深刻地感受到，古人的思考无一不是反求诸身地从一种本体身体出发的，无一不是以身体→两性→家族这一理论图式为其基本构架。于是，身体哲学范式已以一贯万地体现在中国古代所有理论论域之中，从中不仅产生了迥非西人可以想象的中国古代的身体主义宇宙论、身体主义伦理学、身体主义宗教观，而且使其历史、政治乃至认知的理论亦以一种“即身而道在”的方式不离乎身之道，而非像西人那样只能诉诸静观冥思的心之道。

“王夫之的身体哲学”一章，是对明末清初巨儒王夫之的哲学思想的一种探佚和剖析。与海外新儒家不同，笔者之所以对王夫之而非朱子或王阳明的哲学思想更情有独钟，是因为王夫之的哲学思想作为对宋明理学思潮的有力纠拨，代表了历史新时期的中国古代哲学从意识哲学向身体哲学的一种根本性转折；是因为笔者把王夫之视为中国古典身体哲学理论之高度总结和真正集大成者。就此而言，王夫之在中国身体性哲学中的理论地位，几乎类似于在西方意识性哲学中被目为其哲学之父的康德。而王夫之对于中国身体哲学的贡献，除了表现在他旗帜鲜明地提出了“即身而道在”这一命题，其哲学乃是对中国古老的身体本体论思想前所未有的明揭外，还表现在无论是对中国古代的两性交感的生命对话思想（也即中国古代的“阴阳之道”思想），还是对中国古代的基于该对话的生命自组织思想（也即中国古代的“时”或“时机”思想），王夫之都独具慧眼地有着自己极其深入而独到的理解。故正是在王夫之的学说里，我们看到了一种自成一体和蔚为大观的身体哲学体系的运会成熟，看到了中国古人对其滥觞于周易和周礼的身体哲学思想的真正理论自觉。

“《红楼梦》——人类文化的一部新的《圣经》”一章，既是把中国古代身体哲学思想运用于中国古代文学领域里的一种尝试，又使我们之于中国古代身体哲学思想的研究从纯理论思辨走向了个案的生动分析。之所以把《红楼梦》视为中国文化的《圣经》，之所以把《红楼梦》视为指涉人类终极关怀之作，在笔者看来，一方面，《红楼梦》一书以一种前所未有的浪漫主义之历史叙事方式，书写出了对身体的不可还原的两性生命对话关系的关注，并把基于这种关系的男女之情，以及基于男女之情而产生的真正人类之家提到了“开辟鸿蒙”的历史本源的高度；另一方面，《红楼梦》还以一种令人触目惊心的悲剧形式，为我们揭露了随着人类文明的历史进程，随着与之相偕的祛身体和祛性化的知识话语的统治，这种发自生命深处的“情”和“家”如何在现实中被阉割、被异化乃至被彻底葬送，以至于使从“传情入色”到“自色悟空”几乎成为人类不可改变的命运。因此，这一切，使《红楼梦》意义已远远超出了中国古代一般的“言情小说”，使《红楼梦》以其深刻的“身体宗教”的思想，以其对独自的知识话语的颠覆性批判，既不失为中国古代文学中得其真传的不朽经典，又不啻可被视为是人类后现代文学思潮希声初启之真正开山。

上面，以一种导读的方式，笔者对《作为身体哲学的中国古代哲学》一书的主题及主要内容做出了一番概要性的介绍。透过这一介绍，笔者试图使读者领悟到，尽管在“身体哲学”名下的中国哲学研究属于一新辟的研究领域，尽管作为一不无开创性的研究，笔者的很多观点乃至提法仍有待商榷、仍有待进一步深入和完善，然笔者的尝试却不失有着重要的理论意义。这种重要的理论意义表现为，正如海外新儒家通过对中国古代文本的一种现代主义的解读，为我们开掘出宋明理学中

"心体"的本体论的哲学意义一样，笔者则试图通过对中国古代文本的一种后现代主义的解读，为我们彰显出前理学和更为原典的中国哲学中"身体"的本体论的哲学意义。或换言之，笔者坚持，固然从"身体"走向"心体"是中国古代哲学向前发展的必要环节，固然"心体"在中国古代哲学整个理论中依然具有不可或缺的重要地位。但一种更为深入的现象学还原、现象学追溯将表明，中国哲学之真正的本体，中国哲学之真正基石、真正原坐标，却显而易见是更具亲在性的身体。"亲己之切，无重于身"，一如萧统所言，中国哲学"反求诸己"的"自己"实际上是反身的"自己"，而并非西人那种反思的"自己"。

因此，身体实为中国哲学之为中国哲学的真正隐秘。舍此我们就不了解什么是真正原生态意义上的中国哲学，舍此我们就无从把中国传统哲学与西方传统哲学加以严格区别，而只能使中国哲学削足适履于西方哲学，把其看作是对于西方哲学"邯郸学步"的东方版，并最终在以西方哲学为主干的人类哲学的宏大叙事中，使"中国人有没有自己的哲学""中国哲学之合法性"诸类问题始终悬而未决。其实，它不只使"中国哲学之合法性"备受争议，还进而使整个中国文化之理论依据都成为问题。例如，中国文化之于修身、性别、亲情、血缘、家和、宗族的重视，中国文化之于生命当下、行为践履与世代生成的历史的关注，中国文化之于"体悟""移情""类比联想"以及"诗性思维"的强调，所有这一切都使中国文化与西方文化大异其趣，都使中国文化难以借助于西方意识哲学范式加以合理化解读，难以以西方的意识哲学的"纯思"对其一言以蔽之。

故唯有回到身体我们才能真正回到原初意义上的中国哲学，回到基于这种哲学的原初意义上的整个中国文化。而一旦踏上了对自己历史的初衷的回归之途，我们就会发现，一个全新的时代也正在向我们频频招手，一个全新的时代也正在向我们敞开其历史的视域。这个全新的时代也即人类告别现代主义文明的时代，也即人类迈向后现代主义文明的时代。固然，我们承认，发端于西方文化的现代主义文明为人类带来了无与伦比、无比辉煌的科技文明、工业文明以及政治文明，然而，由于其以意识哲学为根本哲学范式，以及这一范式先天的不足，“这一切的获取却是以现代人类的‘以身为殉’为巨大牺牲和代价，在科学主义祛魅化的背后是人的身体及感觉日益沦丧的‘祛身化’，与理性的富有、知识爆炸并行的是感性的贫困、生命感觉的江河日下。当人的生命只是为了一味满足物质需要，当人的身价主要被金钱、权势、头衔这些身外之物所规定，当人的欲望完全服从商学的广告技术支配，当所有人都被还原为数字和符号，而其性别、亲情连同祖先的血缘联系都作为非理性的东西而被化约掉，当科学家宣称克隆技术可以不假途男女之爱而产生人的身体，而计算机技术能够无须人的自身的思考而代庖人的大脑，当诗人已经在大学校园里退隐，而诗意已经在人类社会中销声匿迹，当上述一切的一切都已在当代社会中成为现实之时，这表明了现代文明不仅使人失了其自己支配的身体，而且也把人彻底打回到动物的原形使其失去身体之属人感觉的全部丰富性；表明了我们今天不仅要解放身体，而且也要把解放身体的感觉理所当然并刻不容缓地提到人类文明的议事日程”。（引自本书“中国古代‘体知’的基本特征及时代意义”章）

因此，这意味着，中国古代的身体哲学既属于历史的过去，又从中可以开出历史的明天；中国古代的身体哲学既植根于民族中国，又与整个人类生命攸关、血肉相连。故我们相信，中国古代的身体哲学必将以其时代性和普世性的性格，与当代方兴未艾的西方后现代主义文化思潮一道，成为正处于历史转型期的今天人类哲学文化建设的重要思想资源。我们相信，正如人类曾通过向以古希腊哲学为代表的西方意识哲学传统的回归，以一种“思在合一”的哲学范式，为我们催生出了以科学主义为价值取向的灿烂现代文明一样，值此万物反正、天地来复的今天，人类也将通过向以中国先秦哲学为代表的东方身体哲学传统的回归，以一种“身道合一”的哲学文化范式，为我们继往开来地开出以人文主义为旗帜，同时又不排斥科学主义文明的积极成果的新一轮的后现代的文明。

作　者

于2008年惊蛰

下　篇

CONTENTS

Part Ⅱ

上　篇

第一章
中国古代宇宙论的身体性

一、“即身而道在”

尼采宣称：“一切从身体开始”，梅洛—庞蒂提出：“世界的问题，可以始于身体的问题”。这一西方后现代主义“身体哲学”转向不仅是对西方传统的思辨哲学的根本的纠拨，亦为我们真正切入中国古代哲学提供了一种全新的视野。易言之，与西方传统的“意识性”哲学不同，也与那些业已“对根的遗忘”的晚出的中国哲学（如“理学”“心学”）相异，原本意义上的中国古代哲学一开始就是一种旗帜鲜明的“身体性”哲学。

中国古代哲学的“身体性”而非“意识性”首先表现在，中国古代哲人的“问题意识”最初并非源自对世界本质的“惊奇”，而是源自对人身处境的“忧患”。《易传》言：“作易者，其有忧患乎？”司马迁亦云：“文王拘而演周易。”也正是这种对人身体自身的“囚徒困境”的切身关怀，激发和唤醒了中国古代哲人对人自身出路的苦苦的求索和探讨。而在中国古代哲学词典中，这种为之求索和探讨的出路也就是有别于西方式的“理”的那种所谓的中国式的“道”。

其实，中国古代哲学的身体性不仅表现在中国哲人一开始就把自己的问题反躬和聚焦于人自身的身体，而且更重要的是，中国哲人还在人类哲学史上第一次破天荒地明确宣布“即身而道在”（王夫之《尚书引义卷四》），即坚持道体现在人自身的身体之中，该身体本身就是道。为了说明这一点，让我们先从作为中国哲学的滥觞的古老的《易经》中的道的概念谈起。

在《易经》中，形上之道即其所谓的“太极”。“太极”的“太”字为“大”字的引申义，故《广雅·释诂》称：“太，大也”。而“大”字按许慎《说文》，其为象形字，即像直立的首、手、足皆具的人的身体形状。这一字形无论是在中国古代的甲骨文还是在后来的铜器铭文中都得到了有力的印证[①]。因此，该词源学的考查表明，在中国古人心目中，形上之太极也即形下之人身。而要理解这一“依形躯起念”、这一“下学可以上达”其中的吊诡，就不能不涉及中国古人对“身体”概念的独特理解，以及我们称之为的一种所谓的中国式的“身体现象学”理论。

中国古代“身体”概念的独特性在于，与西方人那种作为物理对象的躯体的身体（body）不同，对于中国古人来说，身体之身除作为物理对象的躯体外，还兼有突出的“亲自”

① 高明主编：《古文字类编》，北京：中华书局，1980 年，28 页。

“亲身”和“亲自体验”的涵义（如《韩非子·五蠹》：“禹之王天下也，身执耒锸以为民先”，如《后汉书·赵憙传》：“因以泥涂仲伯妇面，载以鹿车，身自推之”）。这意味着，在中国古人心目中，在世界万事万物中，身体乃一种人最直接地把握的对象，身体乃一种前理论的、前客观的物体，身体乃一种最为亲切体己的东西。就此而言，身体即为“亲身”，正如在现象学中在即为“亲在”。

因此，在这里，我们毋宁说已看到了中国古人对身体的一种现象学式的还原。经此还原，一方面，身体由一种异己的存在回到了本已的存在。故在中国古汉语中“身”即人称代词“我”的别称（郭沫若曰：“《尔雅·释言》：‘身，我也’”①）；另一方面，这种还原又不复有抽象和蹈空之虞，同时保持着现象充盈丰满而不牺牲身体的外部具体体现。因此，中国古代的身体概念的推出本身就代表了对人类哲学史上的种种二元论学说的克服和消解，它把诸如人与物、内在与外在、本我与非我、主观与客观、本体和显体等等对立二项经由一种亲身性的身体真正融为一体。而宋儒张载所谓的“我体物未尝遗，物体我知其不遗也”（《张子正蒙·诚明》）的论断，以及法国现象学家梅洛—庞蒂宣称的身体既是显现的主体，又是被显现的对象的思想，其实都可视为是对这一一元论身体性状的揭明。

需要指出的是，中国古代哲学之所以坚持身体为一身体主体与身体客体合一的现象学整体，其故端在于，正如在现象学中现象学家把现象看作是本体向显体的生成活动、生成过程一

---

① 刘翔等编：《商周古文字读本》，北京：语文出版社，1989 年，第 381 页。

样，在中国哲学中哲学家亦以“生”训“身”①，把身体看作是身体主体之于身体客体的生成活动、生成过程，此即由孟子率先提出后为王夫之大力阐明的从“性”到“形”的所谓“践形”。这样，正如在现象学中对象实体已消解在意识活动中一样，在中国哲学中身体实体亦“销所归能”，身体实质上已不再是实实在在的物体而是借用显体地成为一种“无方无体”的身体行为、身体活动。而在中国古汉语中，“身体”即为“力行”，无论是身体的“身”字，还是身体的“体”字，都兼有行动和践履的动词涵义即其佐证。如《孟子·尽心上》：“尧舜性之也，汤武身之也”，如《淮南子·缪称训》：“身君子之言，信也”，再如《荀子·修身》：“笃志而体，君子也”，以及《淮南子·氾论训》：“故圣人以身体之”。无独有偶的是，这种对身体的行为主义理解几乎与梅洛—庞蒂之于身体的理解如出一辙，因为梅氏坚持身体体验乃发轫于身体行为，此外还明确宣布：“所谓整个身体，是已经走过的全部道路，已经形成了全部能力”。②

这也是一种现象学意义上的所谓的“潜在的身体”，或按古汉语的说法，以“孕”训“身”的身体（在古汉语中，“身”通“孕”，如《诗经·大雅·大明》：“大任有身，生此文王”）。这种身体的潜在性不仅是指“身体生存至少建立了

① 在古汉语中，“身”字往往同于“生”字或“性”字，如《庄子·骈拇》：“小人则以身殉利，士则以身殉名，大夫则以身殉家，圣人则以身殉天下。故此数子者，事业不同，名声异号，其于伤性以身为殉，一也”。

② ［日］鹫田清一：《梅洛—庞蒂》，刘绩生译，石家庄：河北教育出版社，2001 年，第 42 页。

在世界上真正呈现的可能性，缔结了我们和世界的第一个条约”[①] 也即身体为我们人类提供了在世存在的真正的和原初的可能性，而且还指这种可能性不是一蹴而就的完成式而始终是进行式的，其指向了一种无限的可能性。也就是说，身体之为身体，不在于其作为一种既定的器官的总和，而在于其乃为一种梅洛—庞蒂所谓的“可能活动的系统”，也即其乃为经由行为而不断地向世界开显和生成的一种生生不已的活动。因此，也是基于这样一种无限可能的生命活动，在中国古代哲学里身体已不再被局限于人的七尺血肉之躯，而是以“动与万物共见”的方式向无尽无穷的大千世界开放，乃至于“人身虽小，暗合天地”，整个宇宙都被视为该身体的生动的体现和化身。而《易经》中“易有太极，是生两仪，两仪生四象，四象生八卦”这一永远“未济”的宇宙图式，不正是对这一无限的生命运动的展示和说明吗？

显而易见，这一区别于实体主义的“肉身”的行为主义的“宇宙身”的理念，既是一种身体观又是一种宇宙论。故“《大易》不言有无”（张载语），中国古代宇宙论从来就不是什么“存有论”的（无论是把这种“存有”视为“物质”还是“意识”），而是一开始就是一种“身体论”的，它是一种根身的宇宙论，或毋宁更准确地说，乃一种根身的生态学。明乎此，我们就不难理解为什么中国哲学里其终极性思考始终与身体性思考难舍难分地纠缠在一起，有关所谓“安身”“守身”“贵身”“返身”“修身”的问题的解决永远是古之贤哲的

① 梅洛—庞蒂：《知觉现象学》，姜志辉译，商务印书馆，2001 年，第 218 页。

第一等事，而对执迷于“身体之物”的那种所谓“以身为殉”的原始焦虑始终使其忧心忡忡。明乎此，我们也就不难理解为什么唯有在中国哲学里“世道”才无异于“医术”，孙思邈言“不知易者，不足以言大医”，古人云“不为良相，则为良医”。人们看到，后现代主义哲学家尼采所谓的哲学就是医学或生理学这一在西人眼里惊世骇俗之论，其实对于中国人来说却了无新意，因为其早已被中国古人目为不言而喻的自明之理。

因此，这种作为根身生态学的宇宙论理论也使一种真正的名副其实的“生活世界”成为可能。这一世界的生活宗旨在中国古老的《易经》学说里得到了深刻而完整的说明。在《易经》中，世间万物不过是人身借以利用安身的器具，吉凶悔吝则体现了人身从事价值取舍的目的，而进退屈伸实际上乃为人身付诸行为抉择的策略。故《易经》的宇宙论与传统西方的宇宙论截然异趣，它与其说是一种以人的眼光为视角的宇宙是什么的学说，不如说是一种以人的身体为坐标的生命如何可能的学说。同时，由于把生命如何可能的问题最终诉诸和落实于行为抉择策略的“如何作”，它使《易经》已不再拘泥于一种不无客观生命理论而成为一门天人相趣的生命之“行为艺术”。相形之下，那些现代西方新近出炉的种种不无时髦的“生命哲学”和“生活世界哲学”，由于其依然或多或少地胶柱鼓瑟于“是什么”的问题，由于其始终未脱“解释世界”的孑遗而不能不为之黯然失色。

二、“造端于男女”的宇宙

中国古代宇宙论的身体性的揭示，还使中国哲学中的一种人们似乎难以启齿然而却又不可回避的问题，即中国哲学所特有的“性学”特质得以解读和澄清。

诚如张祥龙先生所说，对“性别”的肯定与否可视为区分中西哲学一重要特征，如果说西方哲学是一种无性别的哲学，那么中国哲学则是一种有性别的哲学。这里所说的“性别”之“性”即男女之性。其实，对男女之性的肯定岂止是中国哲学的一重要特征，它乃可视为中国哲学之为中国哲学的一最为根本的特征，因为在中国哲学中，男女之性是作为宇宙的“原发生命机制”而加以揭示，它以一种发生学的方式从根本上回答了宇宙何以生成、何以可能的问题。

而男女之性之所以作为宇宙的“原发生命机制”，男女之性之所以根本地回答了宇宙何以生成、何以可能的问题，其原因在于，在中国哲学中，既然我们把宇宙看作是根于人的身体的宇宙，看作是人的身体的化身，那么对人的身体何以生成、何以可能的解答其实也就是对宇宙本身何以生成、何以可能的根本解答。这样，“身体发肤，受之父母”，人之身体来自男女这一发生学的原理其实就不仅是对人的身体何以生成、何以可能的解答，同时也是对宇宙本身何以生成、何以可能的解答。因此，对于中国古人来说，宇宙的“原发生命机制”并非遥不可及、深不可测的东西。相反，“易则易知”，它就以一种身体体验的方式下学而上达地体现在“造端于男女”这一夫妇之愚可以与知的人自身身体发生事件里。故男女之道不仅代表了人自身生命的开端，而且也从中径直开出关于宇宙何以鸿蒙初启、何以开天辟地这一中国哲学的“创世纪”的宣言。

明乎此，我们就不难理解为什么中国古老的《易经》不啻可被视为人类最早的“性学”经典。从指代男根女阴的八卦的基本符号的阴阳两爻，[①] 到周易《系辞上传》中的“夫乾其静也专，其动也直，是以大生焉；夫坤其静也翕，其动也辟，是以广生焉”这一性活动的直白，再到周易“咸卦”的爻辞、象辞中的种种不无性暗示的描述，这些被今之缙绅先生视为“不正经”而三缄其口的“身体书写”，竟堂而皇之地登上中国古代首经的殿堂以至于成为中国哲学的“核心语言”。同时，明乎此，我们就不难理解为什么在中国古代哲学中“天地”与“男女”相提并举且作为不易之论而业已成为人们的老生常谈。所谓的“乾道成男，坤道成女”（《系辞上传》），所谓“天地絪缊，万物化醇；男女構精，万物化生”（《系辞下传》），以及“君子之道，造端于夫妇，及其至也，察乎天地”（《中庸·十二章》）如此等等都莫不是其明证。因此，在中国哲学里，男女之性已不加区分异名同谓地作为天地之性。也正是基于这一不无鲜明和彻底的泛性主义宗旨，在老子的世界里，“玄牝之门，是谓天地根”；在班固的书里，房中者乃“至道之际”（《汉书·艺文志》）；在戏剧家李渔的心目中，世界舞台上只有男女两个演员，而中国佛学家们则更是以一种有“色”眼镜看世界，其不仅露骨地把大千世界目为活色生香的

① 章太炎、郭沫若均持此说。

"色"的世界，而且还由此不无决绝地坚称，唯有戒绝男女才能与现实世界一刀两断而真正步入对所谓"空"的自觉。

在这里，必须特别注意到的是，正如在中国哲学中通过现象学还原身体已不再是实实在在的身体，而是"销所归能"地成为一种不执于方体的生命行为、生命活动一样，同理，在中国哲学中使身体得生成的男女亦非是实在的两种实体（如男人和女人）或两种属性（如能动与受动），而是以隐喻方式表示的一种使生命活动得以构成、得以生发的一种纯粹的权能性"场有"，一种纯粹的发生性"关系"。它是一种既相对而又相关的关系，既差异而又同一的关系。在这种关系中，关系因子唯其相对而成其相关，唯其差异而成其同一。在这种关系中，正如社会化的语言场中从不存在所谓的"私人语言"一样，每一关系因于亦不复而其自身特有的规定，其所指唯有相对相关于其他关系因子、唯有置身于整个关系语境中才能得以真正的发生和说明。故这种关系乃是《周易》中的"奇""耦"相济、参"二"为"一"的作为"易之真数"和"关系函数"的"大叁"（"叁"即关系性之"参"，也即《天问》中所谓"阴阳三合"的"三合"），亦即为张载大力发明的所谓的"两不立则一不可见，一不可见则两之用息"的这一"一物两体"的"两一"。对于中国古人来说，正是这种所谓的参二为一的"大叁"、所谓的一物两体的"两一"，使一种大易中所谓的"太和"之"和"成为可能，从而有"和"故有"化"而惟"化"方能"生"，遂有所谓"和实生物，同则不继"（《国语·郑语》）这一古之生物学之至论，也即最终不是从"以同裨同"的"同"中，而是从"以他平他"的"和"中为我们化生出了人物之万殊和宇宙之日新。

因此，中国古人之所以把男女视为是身体得以发生的“原发生命机制”，其并非是基于一种纯粹的生物物理考虑，乃是从中透显出一种极为深刻的哲学的机智、哲学的洞观，乃是由于其把男女之道视为“太和之道”的集中体现，把男女之道最终是与宇宙生命何以可能的“太和之道”联系在一起。故在中国哲学里，男女之道不再局限为夫妻床笫之间的隐秘的私语，而是实际上下学而上达地升华为一种至大至公的形上之“道”的语言。这种形上之“道”的语言，就是被现代俄国批评家巴赫金目为作为生命最高真理的那种“彼此之间”的“对话”的语言。我们看到，无独有偶的是，在巴赫金的著作中，其不仅像中国哲学一样把这种“彼此之间”的“对话”视为世界万物得以生成的“元物理学”，而且也像中国哲学一样使该“对话”与男女活动相关联：“‘已在是匮乏的……仅仅现成的东西（nalicie）……面对我的纯粹表现活动，是女性的’。世界只是一位被动的妇人，心灵的男性活动［mud－是‘mudrost’（“智慧”）的词根，与表示‘睾丸’的词有联系］——尽管心灵也可以是一位女人的心灵——进入世界，以意义来穿透和贯注它。”①

中外哲学家之所以在这里殊途同归地把男女之间对话上升为一种“道的交谈”，其原因在于，男女之间对话实际上已不再是一种后现代主义的“意识间性”，而是径直通向了一种后后现代主义的所谓“身体间性”，② 而作为这种“身体间性”，

① 霍奎斯特：《米哈伊尔·巴赫金》，中译本，辽宁人民出版社，1990年，第97～98页。

② 这里所谓的“身体间性”并不完全同于梅洛—庞蒂所谓的“身体间性”，因为它更多地强调男女关系作为人类的“身体间性”的基础。

正如青年马克思“男女关系是人与人之间最自然的关系”这一理论所表明的那样，其既是人与人彼此之间的真正对话，同时该对话又是通过一种“身体语言”，即一种自然而然和不落言筌的自然本身的表达方式得以发生和实现。因此，正是男女之间对话使人的语言与自然语言得以内在勾联，从而使该对话已超越了囿于唯我唯心化的人类学语言的限定，而“道不我私”地成为贯彻天人之际和联通整个宇宙的最具普遍性的“元语言”。故在这里我们毋宁说看到了一座人类梦寐以求的真正的语言之“巴比伦塔”的再造，因为其不仅可以使人类重叙手足之谊而不复蒙受尘世上分离之苦，而且还能够借以使我们直通天际地倾听到冥冥之中的天籁之声而与昊苍娓娓而谈。

这种“对话”用中国哲学特有的术语来表述，同时也就是实际上作为中国哲学至为中心的概念的交感之“感”。耐人寻思的是，作为《易经》下经首卦“感”（咸）卦，其下卦“艮”是少男，上卦“兑”是少女，故“易之咸，见夫妇”（《荀子·大略》），“感”象征着男女感应之道，且“感”字去“心”为“咸”，表示该感乃为无意识和极本然的“身体性”之“感”。此外，“咸”字又有皆的含义，这同时意谓着该男女之感乃泛化和贯彻于世间万事万物之间，意谓着该男女之感乃为宇宙普遍性真理的体现。故《系辞上传》谓“感而遂通天下之故”，东晋高僧慧远指出，“《易》是以感应为主体”，章太炎亦宣称，“《易》无体而感而体”，而《易经》中以阴阳两爻的“感应交织，重重无尽”方式展开的64卦宇宙图式，其实正是对这一“以感为体”的易学本体论的生动的阐明。“玄感非象识，谁能测沉冥”，诚如诗人陈子昂所言，男女之交感已借象喻义地呈现在林林总总的世界万象之中，其或为日月，或为寒暑，或为牡牝，或为刚柔，或为聚散，或为升降，或为动静，如此等等。而不明白这一点，试图像后人那样仅用一种单一的、抽象的和玄之又玄的所谓“阴阳要素”理论来介说该男女之感，除与历史文献资料的考证不符（由于阴阳这一词汇是晚出在战国时期的《易传》里）外，还犯了“说不可说”之大忌而必为真正的中国哲学所诟病。

因此，中国哲学与其说是一种“性别”的哲学，不如说是一种“性感”的哲学，且为人类哲学中最具“性感”的哲学。不惟传统西方的“无性”哲学为之甘拜下风，乃至现代西方的诸如弗洛伊德、梅洛—庞蒂、福柯的性的哲学，亦由于其对于性的维度的理解的褊狭而难以望其项背。在中国哲学中，男女之性感既“至大无外”地被推广到整个宇宙，又“至小无内”地被退返和还原到每一个个人。中医理论坚持每一个个体身体生命都可阴阳辩证而互为彼此的印证，以至于有西方学者在研究中国的《黄帝内经》后不无诧异地惊呼，黄帝的身体竟是双性同体的，这样，西方人的“性别”概念就成了“错误的名词”。

同时，有“感”必有“情”，强调“性感”之“感”必然要强调和突出由“感”而生的“情”。《易经·咸卦》谓：“观其所感，而天地万物之情可见矣”！清儒戴东原亦称：“感通之道，存乎情者也”（《原善》）。故中国哲学既是一种“感”的哲学，又不失为一种“情”的哲学。在中国哲学中，世界乃“有情世界”，众生乃“有情众生”，“六爻发挥”乃“旁通于情，”社会之礼乃“因人之情”，事物之理乃“无过情无不及情”（戴东原语）。于是，“情深而文明”，这种“唯情主义”

和“泛情主义”已无孔不入地渗透和被及到中国各个文化形态之中，而成为有别于西方的“理”的文化的中国文化自身的殊胜特征。从中国文字中的“情况、情形、事情、实情、情节、情景、情报、情操、情理”等等名词的所蕴含的别致的内涵，到中国文学艺术提出的“情者文之经”“为情而造文”“缘情体物”的主张和观点，都无一不为我们透露出中国文化重情、隆情和不无多情的信息。因此，正是从“情”出发，才有了中国古代文采飞扬、辞情并茂的诗经、楚辞、唐诗和宋词，才使生离死别、怀春悲秋成为中国历代文人骚客咏唱不绝的主题，才使中国文学艺术作品在充溢着阴阳虚实相间的氤氲生机的同时，还始终牵连着演绎出不绝如缕的、绵绵无限的情思和情趣。

总之，如上所述，对男女性感的揭示不啻已成为破译中国哲学乃至整个中国文化隐秘的一把钥匙。无疑，这一揭示无论是对于中国哲学文化还是对于整个人类哲学文化都具有不可低估的理论和现实意义。作为一种“原发生命机制”的发现，它使身体及身体场的生成基因得以真正的哲学上的洞揭和体认，从而使我们之于“生活世界”的一种更为彻底的“现象学的还原”成为可能。此外，更重要的是，其中所体现出的所谓“太和”之道，作为一种有别于思维辩证法的生命辩证法，乃是对今天方兴未艾的有别于“独白”的哲学范式的“对话”哲学范式的至为深刻的肯定。而该哲学范式作为一种所谓的“异中之同”，所谓的“不同之同”，既是对传统西方哲学所追求的“同一性”原则的反拨，又可对反传统的西方后现代哲学所追求的“差异性”原则给予矫治，从而为我们开创和开辟出了走出当代人类哲学困境的一条真正可行的途径。它毋宁说告诉我们，人类最深重的和原发性的危机，乃是日隆的男性权力话语和与之相伴的愈演愈烈的克隆自然所导致的生态性危机，而医治危机的根本良药，就是重返和回到中国古老的《易经》中为我们所昭示的那种“和而不同”的男女之道。

三、时机主义

“时”在《易经》及中国古代宇宙论哲学中的中心和突出的地位已引起了历代学者的注意，且成为当今学界不断升温的热门话题。虽议论滔滔，但对其似乎仍有未参透之处。究其原因，就在于谈“时”者往往无视或很少顾及到中国古代的“时论”从中发生的身体哲学背景。易言之，严格地说，中国哲学中的“时”并非是西式的“时间”而是中式的“时机”，其“时”的理论始终是与作为生命有机体及其有机活动的身体联系在一起。故正如“易有太极，是生两仪，两仪生四象”一语所表明的那样，唯有了解了身体(“太极”) 和身体中的交感的男女(“两仪”)，我们才能对时(“四象” = “四时”) 的内在机理得以真正的洞悉。

梅洛—庞蒂讲，身体活动乃以时间展开为基础，“时间是生命的方向”,[①] 他并说：“时间不是我把它记录下来的一种实在过程、一种实际连续。时间产生于我与物体的关系”。[②] 梅洛—庞蒂的这些发人深省的论断，对于我们理解中国哲学的时

① 梅洛—庞蒂：《知觉现象学》，第 513 页。
② 梅洛—庞蒂：《知觉现象学》，第 515 页。

机概念无疑具有重要启示。对于中国哲学而言，与梅洛—庞蒂一致，一方面，“夫卦者，时也；爻者，适时之变者也”（王弼《周易略例》），“变通者，趣时者也”（《系辞下传》），一切身体的生成活动及形态都以时机为其基础，都以时机为其取向，故《易经》由六十四卦所展开的宇宙图式既是一种根身的“生态学”。又《易》“史”相通而为一种具有鲜明的过程特征的和展示人生命发生递嬗之迹的根身的“身世学”；另一方面，“六爻相杂，唯其时物也”（《系辞下传》），该时机乃产于所谓“相杂”（也即“参伍以变”的“参伍”）这一关系里。然而，与梅洛—庞蒂不同的是，如果说梅氏所说的时间从中所产生的关系是一种我与物体的关系的话，那么中国哲学所说的该关系则更具中国特色地体现为一种以所谓“六爻相杂”为其形式的男女交感关系。就此而言，对于中国哲学来说，“咸（感），速也”（《杂卦传》），不无迅疾的时机实际上最终是与男女交感，也即男女之间的“身体语言”息息相关的。

也就是说，男女“身体语言”从中发生的“语境”（也即男女交感从中发生的“情境”），正如维特根斯坦式的日常语言的语境是一种“语言机器”正在工作着的生动机动的语境一样，其亦是一种身体机体正在行动着的生动机动的“语境”（或“情境”），即一种动态的和发生的“机遇”“机会”或“机缘”，而正是对后者的体验、因应和把握，使一种所谓的“时机”的时义从中得以发生和彰显。因此，归根结底，中国哲学的时机乃是基于男女身体语言交流活动的一种“动态的互文”的产物，故我们不妨把这种时机称之为一种“动态的互文主义”的时机。

与西方传统的“时间”概念相比，该“时机”概念有以下几个自身的突出特点：

其一，时的当下此时性。在中国哲学中，时不是由过去、现在、未来三段组成的时的区段和区间，而是缘于身体此在的当时发生，而过去与未来唯有依据于、坐标于和相对于此时才有意义，才能得以展开和绵延。在古汉语中，“时”字所具有突出的“当时”“时下”的义涵即为其明证。这样，“千万年只是当下”，正如明儒这一断语所点破的那样，中国的时的概念已与梅洛—庞蒂“我的现在就是这个瞬间，但也是今日、今年，我的整个一生”① 这一“现时主义”几乎一致，其极大地突出此时的中心性、正当性和绝对性，也即时机的“机”所具有的“枢机”“契机”和“天机”的特性。也正是由此“现时主义”出发，才有了中国古人对死后来世的漠视而对此时今生的无比珍重，才使中国哲学所特有的一种“适时性”思想的推出成为可能，也即使所谓的“时止则止，时行则行；动静不失其时，其道光明”（《易经·艮卦》），所谓“君于见几而作，不俟终日”（《系辞下传》），所谓“当时则用，过则舍之”（《汉书·严安传》），以及所谓“随时”（《易经·随卦》）等等说法业已成为中国古代时论中的不易之论。至于作为儒家“金规则”的“中庸之道”的“中”，则其性质也是唯有依据此时的时机才能得以参破和说明。这种“中”与其说是那种定位于静态空间中的“死中”，不如说是着眼于生命当时发生和机不可失的活泼泼的“时中”。同理，那种与“中”相左的“过犹不及”的“过”，乃是之于此时的时机的错过，并非之于空间位置的偏离。换言之，对于古人来说，“过”即“错”

① 梅洛—庞蒂：《知觉现象学》，第 527 页。

也，误过时机同时就意味着铸成大错。

其二，时的时位相关性。所谓时的时位相关，是指在中国哲学中其身体的男女交感的“机遇”“机会”，作为一种“动态的互文”，既涉及时间的发生，又涉及空间的地位、场所，既是时间上的“当下”，又是空间上的“即此”，且二者如此密不可分地交织在一起，以至于我们几乎无从把中国哲学的“时”与“空”的概念在定义上加以严格的区分，以至于有学者甚至宣称在中国哲学中人们最早地发现了爱因斯坦相对论所提出的四维时空连续统。而《易经》中的爻位的“位”的概念同时兼有事物发生的时机与事物所处的地位的双重规定，以及中国古汉语中的“世界”（《楞严经》：“世为迁流，界为方位”）、“宇宙”（《淮南子·齐俗训》：“往古来今谓之宙，四方上下谓之宇”）将时与空二者加以合成都无不可被视为是该时位相关性有力的佐证。再如中国功夫“太极拳”，其每一招每一式都有极其到位的规定，但同时前后招式环环相套而整个动作过程一气呵成，这一行云流水般的“套路”、这一身体语言的“蒙太奇”，不正是对中国时的哲学中所谓的“动态的互文”和所谓的“时空连续统”的极富写意、不无生动的象征吗？

其三，时的节律性。在中国哲学中，把时与“机”联系在一起不仅表示时与身体的男女交感的“机遇”“机会”相关，而且更重要的是，其指出时乃为该交感所生成的生命之有机性的集中体现。而生命有机性作为一种自组织活动，其既是一种因缘发生，又具有鲜明的“回互性”的特点，这最终使生命之时已不再是一种物理学意义上的线性发展的时间，而成为一种生理学意义上的周而复始、终中有始的时间，即为方以智所深入揭明的那种首尾相衔的所谓“轮”式的时间。这一“时间之轮”也即生命机体自我发育、维持和调适的节律性。它以一种“生物钟”的形式既体现在人身体的“欲望机器”既有开工又有间歇这一德留兹式的身体经济学里，又无所不在气象万千地贯彻在广袤宇宙生命的生与死、植物的荣与枯、季节的寒与暑、天行的日与月的交替与轮回中。在中国哲学中，无论是《易经》所谓的“否极泰来”“一阖一辟谓之变”以及“复，其见天地之心乎”的学说，还是老子所谓的“物壮则老”“反（返）者道之动”“万物并作，吾以观复”的观点，都无不为我们透射出了这一特有的中国式的时间观。该时间观不仅以其坚持“终则有始”（《易经·蛊卦》）的“往复”而与西方的无机性的绝对不可逆的时间观形成鲜明对比，而且作为一种对现代愈演愈烈的“发展主义”的根本性反思，终将会成为今天人类正在呼之欲出的一种新型的后现代的历史观中的一极其重要的思想资源。

其四，时的同时性。对中国哲学时的“同时性”，即事物在时间上同时发生的问题在时下的论著中多有提及，然而由于论者脱离了中国哲学特有的身体性，这使该问题的讨论往往隔靴搔痒而未臻至鞭辟入里。在笔者看来，唯有将其纳入到中国哲学的身体之男女交感、男女感应的视域中，我们才能真正洞揭事物在时间上同时发生这一现象的内的机密和奥趣。也就是说，同时发生之所以可能，同时发生之所以区别于线性因果关系的先后发生，恰恰在于在男女交感、男女感应活动中所体现出的一种天机的“先定和谐”，一种非线性的“交互因果”，一种功能结构和信息传递上的“同步共振”，一种“此有故彼有，此生故彼生”的“因缘合和”。因此，正如中国古人往往以“通”训“同”那样,[1] 中国的时的同时性原则与其说是源自同类事物中的所谓“同声相应,同气相求”的同一性,不如说是“感而后遂通”,即“阴阳感通”这一身体场的“场效应”所导致的结果。

其五,时的主客统一性。必须强调指出的是,正如中国哲学中身体乃为一种天人合一的身体一样,在该身体中体现的时机亦是一种天人合一的时机。《易传》谓,“先天而无弗违,后天而奉天时”,在中国哲学中,其先天之“天时”与后天之“人时”已在身体场中间不容发地合为一体,而梅洛—庞蒂所谓“之所以我们看来时间有方向,只是因为我们‘是时间’”的论断,[2] 正是对这一天人合一的时理的不无机智和忠实的脚注。因此,中国哲学的时机既不同于牛顿式的客观化的时间,又与康德的那种主观化的时间相异,而是具有极为鲜明的主客合一的特点。也正是从这一主客合一的时论出发,我们才能理解为什么中国古人既强调自在的“时义”,又强调自为的“时用”;既主张随遇而安的“随时”,又主张见机而作的“时中”;既承认安之若命的“时势造英雄”,又鼓倡自强不息的“英雄造时势”,从而使中国古人对时的理解既与唯意志主义无缘又不落入庸俗的宿命论的窠臼,而是最终趋向“天生人成”这一自由与必然相统一的生命之无上化境。这一“方而圆”的时的最高境界开出,不独使西方了无生趣的科学主义的时间理论望尘而莫及,也令泥于所谓“向死而在”的海德格尔的人本主义时间理论难与为匹而相形之下是如此的苍白

---

① 如《史记·平津侯主父列传》:“智、仁、勇,此三者天下之通德”。

② 梅洛—庞蒂:《知觉现象学》,第539页。

无力。

综而言之，在中国哲学里，时作为“统之有宗，合之有元”的无上圭臬，其丰富的内涵已远远超出了西方哲学中的时的规定的褊狭的边界，它已统摄和囊括了中国哲学几乎所有基本机理和原则，以至于可以说，时就是经天纬地的真正的宇宙之道，时就是根于我们身体且充满生机和神奇的整个生活世界。

《说文》云:“释诂曰：时，是也，此时之本义，言时则无有不是也”。

此乃对中国哲学的时之的解也!

第二章
中国古代伦理学的身体性

一、“敬身为大”

适如笔者前文所述，与西方基于意识的哲学不同，中国古代哲学乃为一种“根身的现象学”。实际上，这种“根身的现象学”一身两体地展幅为两个方面：一方面，其从身体出发构筑出宇宙图式，另一方面，与此同时，其又从身体出发为我们推衍出社会伦理。无独有偶，溯其源流，二者都异流同源地胼胝于“其命惟新”的“周道”的发明和发现，如果说前者主要是渊源自中国古老的《周易》的话，那么后者则主要是以“郁郁乎文哉”的古老的“周礼”为其发端。

以“理”训“礼”似乎业已成为中国古代礼家的一定之论。故《礼记·仲尼燕居》谓：“礼也者，理也”，《礼记·乐记》云：“礼也者，理之不可易也”，《管子·心术》亦有“礼者，谓之有理”之言。其实，这里的“理”虽有“天之经，地之义”的涵义，然就其切近义而言，其与其说是物理之“理”，不如说是伦理之“理”。因此，一如《礼记》“道德仁义，非礼不成”（《礼记·曲礼》），以及孔子“非礼勿视，非礼勿听，非礼勿言，非礼勿动”（《论语·颜渊》）所述，中国古代的礼论当属中国古代原初意义上的伦理学理论，而追溯礼的起点也即追溯伦理的起点。

“礼主敬”。对于坚持“仁者必敬人”（《荀子·臣道》）的中国古人来说，作为社会伦理的礼始于之于他人的礼敬之中。“不敬，何以别乎？”（《论语·为政》）正是在这种对他人视人如己、对他人相敬如宾的互主体性的礼敬中，使人猿揖别，使人得以从自然人向社会人生成，从而也使社会伦理破土而出真正成为可能。然而，在何以敬的问题上，我们不啻看到了古人为我们推出的又一现象学式的还原：正如在宇宙论里古人经由该还原坚持“即身而道在”（王夫之《尚书引义四》），即对天道的尊崇首先就寄寓在之于人自身身体的尊崇中一样，在伦理学中古人亦经由该还原强调“敬身为大”（《礼记·哀公问》），即对他人的礼敬首先就植基于之于人自身身体的礼敬之中。

此即《左传》所谓的“君子贵其身，而后能及人，是以有礼”（《左传·昭公二十五年》），也即孔子所谓的“射有似乎君子，失诸正鹄，反求诸其身”（《中庸十三章》），以及孟子所谓的“爱人不亲，反其仁；治人不治，反其智；礼人不答，反其敬——行有不得者皆反求诸己，其身正而天下归之”（《孟子·离娄上》）等论述中为我们所喻示的东西。因此，与中国古代的宇宙论别无二致的是，在中国古代的伦理学里我们亦看到了一场回到身体这一中国式的“哥白尼式的革命”。在中国古人看来，一如孟子将“反身而诚”与“强恕而行”二者加以相提并举为我们所揭示的那样，对伦理学金规则“恕道”的推进，恰恰就“出乎尔，反乎尔”地体现在之于我自身身体的回归之中。故在中国古代伦理学里，“以身训礼”“身礼合一”业已成为学人的不易之论。所谓“礼，身之干也”（《左传·成公十三年》），所谓“礼也者，犹体也”（《礼记·玉藻》），所谓“礼以庇身”（《左传·成公十五年》），所谓“礼者，所以正身也”（《荀子·修身》），这些古代礼论中的俯拾皆是的论述无一不为其符征。

而身体之所以被古人视为伦理学的阿基米德点，其故端在于，正如古人宇宙论里的身体是一经由“以生训身”的天人合一的身体，宇宙万物被视为我身体生命的显发的器用一样，古人伦理学里的身体亦是一经由“以生训身”的人我合一的身体，天下众生被视为我身体生命的扩充和延伸。惟其如此，我们才能理解何以《论语》谓“四海之内皆兄弟也”，《礼运》云“以中国为一人”，张载言“民吾同胞”，王阳明称“间形骸而分尔我者，小人矣”，王夫之曰“君子视天下犹吾耳目手足尔”。惟其如此，我们才能理解何以古人以“生身”喻父母，以“骨肉”喻子女，以“手足”喻兄弟，以“腹心”喻朋友，以“股肱”喻大臣，以“同胞”喻众生。故见孺子入井，则有物伤其类的痛之切和痛之深之“恻隐”；闻生灵荼炭，则必“视民如伤”而不容自已地以匍匐救之为己任。而这种所谓的“一体之仁”，按照王阳明的说法，并非所谓“意之”的结果，实乃根于我生命中的非由外烁的“自然灵昭不昧”的所谓“天命之性”。

一旦他人被视为我身体生命的体现，那么这就同时意味着为他的社会伦理则必然被视为我自身身体生命的发用。故在古人心目中，人的身体及其器官业已被赋予了伦理的内容，而以一种“即器显道”的方式成为人的道德品行的象征。此即《国语》所谓的“夫目以处义，足以践德，口以庇信，耳以听名者也，故不可不慎也”（《国语·周语》）之说，也即明儒刘宗周所谓的“体列而有官，官呈而性著焉，于是有仁义礼智之名”（《明儒学案卷六十二·蕺山学案》）之论。至于孟子的以“四体”喻“四端”，大程的由“切脉”来“体仁”，则更是作为古人身体伦理学的经典隐喻，被士人诵之以口烂熟于心而传颂至今。

这样，在中国古代哲学里，其不仅把身体视为宇宙之天道的同义语，而且亦天人合一地把身体视为与社会之人道完全齐一的东西。这种身道合一的思想发轫于周易和周礼，中经玄学、佛学、理学的历史的冲击和洗礼，最终又究不可掩地重新展露和发皇于明清之际。其中，作为王学左翼的“泰州学派”对之发明尤为反复详尽。基于对业已沦入“蹈空”的危机中的宋明心性之学的反思，罗汝芳力辟前人“只思于孔颜乐处竭力追寻，顾却忘于自己身中讨求着落”（《语录》），憬然有悟于“方信大道只在此身”（同上）。王艮则宣称：“身与道原是一件，至尊者此道，至尊者此身。尊身不尊道，不谓之尊身；尊道不尊身，不谓之尊道。须道尊身尊才是至善”（《语录卷一》）。在他看来，正是从这种至尊的“道身”出发，才使儒家的“天下有道以道徇身，天下无道以身徇道”之旨得以真正的揭明。换言之，对于王艮来说，真正的道不是把人的身体当作其手段而是视为其终极目的，故所谓的“安身立本”“明哲保身”当属人生处世的第一要义。而他所谓“出必为帝者师，处必为天下万世师”这一掷地有声的誓语，与其说是出自一种妄自尊大的书生意气，不如说恰恰源于当其厕身于与道齐一的至尊之身时，所默会到的极神而圣、无可抗拒的道德意志。

因此，在中国古代哲学中，这种与道齐一、包罗宏富的身体不仅成为存在主义意义上的绝对的“此在”，同时也无疑已成为康德意义上的“至善”的别称。故古人的“尽善”最终被落实到“敬身”，对身膜拜者有之，顶礼者有之，所谓“不亏其体，不辱其身”，所谓“既明且哲，以保其身”，所谓“尊身”“贵身”“正身”“守身”“洁身”“致身”等，适足形容之。而孟子所谓的“达则兼善天下，穷则独善其身”，与其说是退而求其次地降尊纡贵于身，不如说是以一种反求诸其身的方式向世人明确昭告：天地之间身为贵，无论穷达身体都是我立命之所，都是我唯一不可让渡不可予夺的至尊，都是我人生最终的坚如磐石的信靠和依凭。

若加以分析，古人对身体之敬主要体现为以下几个方面。

其一，这种敬身首先表现为古人对身体生养之敬。“礼者，养也”（《荀子·礼论》），“夫礼之初，始诸饮食”（《礼记·礼运》），诚如古人所说，古人敬身的身体伦理始于对血肉形身的生养之中，正是后者为身体奠定了其坚实的存在基础，使身体生命成为现实的可能。故《诗经》云“食之饮之，君之宗之”（《笃公刘》），《周易》谓“需者饮食之道也”（《序卦传》），孟子曰“养移体”（《孟子·尽心上》），孔子亦有所谓“食不厌精，脍不厌细”的美食家的美称，至于道家则更是以所谓的“养生之道”于世闻名。因此，虽有“饿死事极小，失节事极大”这一理学名教对其历史的反动，但该“养生伦理”始终在中国历史上有其不可撼动的地位。从王艮对“饿死结缨”“困于贫而冻馁其身”“有失尊身”的激烈的抨击，李贽关于“穿衣吃饭即是人伦物理”的直露的声明，一直到绵永至今和让世人叹为观止的中国饮食文化和养生之术，都无一不为我们活现出这一中国特有的伦理精神。

其二，这种敬身其次表现为古人对身体存亡之敬。王夫之曰：“‘形色，天性也’，故身体发肤不敢毁损，毁则灭性以戕天矣”（《思问录》）。正是缘于这一坚持非可我得私而是“天地之委形”的“天赋身体”的理论，才导致了古人的一种存在主义式的“原始焦虑”的产生，而对人身体生死存亡的无比地敬畏慎重，才使古人坚持“生，事之以礼；死，葬之以礼”，而把身体的“善始善终”视为礼的最重要的内容。故古人不仅要求生者“惜命如金”，提出“不立危崖”，主张“道而不径”，反对“暴虎冯河”，鼓倡“父母全而生之，子全而归之”的所谓“全体”之说，而且反对“靡不有初，鲜克有终”，要求对于死者亦“事死如事生，事亡如事存”，力主“慎终”“厚葬”和“久丧”，而把“朝死而夕忘”视为对其生命的大不敬。这一切，恰与佛学所谓的“臭皮囊”、基督教神学所谓的“罪恶的渊薮”、旧唯物主义所谓的“一架机器”，以及由此而形成的种种漠视生死的学说天悬地隔、法门有别。

其三，这种敬身再次表现为古人对身体体貌之敬。对于古人来说，人的身体体貌不仅是“道与之貌，天与之形”，而且还独钟天地之灵秀地形具而神生、形具而心生。正是身体的这种形神兼备、身心一如的性质，使人的身体体貌已不再是一种徒有其表的物质躯壳和如同行尸走肉般的一堆血肉，而成为承载着生命极神圣意义和朗现着美的精神的贝尔所谓的“有意味的形式”，和康德所谓的“道德的象征”。这最终使中国古人所谓的“修身”之旨揭橥而出。易言之，原初意义上的古之“修身”，并非指后来意义上的唯心主义化的精神的修炼，而是荀子礼论中所谓的“美其身”，也即审美意义上的身体形貌仪表的修饰，和使身体臻至“文质彬彬”的艺术加工。缘乎此，才有了古礼对“君子之容”的无上强调，才有了古人所谓“摄威仪”、所谓“正衣冠”、所谓“色思温，貌思恭”、所谓“淑人君子，其仪一兮”、所谓“进退可度，周旋可则，容止可观”、所谓“形不正德不来”等诸如此类堪称人类最早的“美容”“矫形”理论。显而易见，《大学》把“修身”最终定位于所谓“正心”，其不仅与古之“修身”之旨相去甚远，而且作为一种“祛身体化”显然也背离了以身训礼这一中国古礼的制作初衷。

这种以身训礼的古礼也即以身训德的古之伦理。“德也者，得于身也”（《礼记・乡饮酒义》），中国古代伦理学之大异于西方伦理学，乃在于其不是“以身为殉”而是以身为重，乃在于其把西人置若罔闻的身体生命视为伦理的根本，坚持伦理乃为一种德身一如的生命伦理，恰同在宇宙论是其坚持世界乃为一种道身不二的生活世界。基于此，我们方可理解为什么在中国古代有所谓“德润身”“仁者寿”及“心广体胖”之说，我们也方可理解为什么古之所谓的“六艺”其实质乃为一种浑括身心的德育和体育完全合一的伦理学。换言之，古人之发明“六艺”，并非旨在训练人的明辨的心智和头脑，而是坚持体育即德育，通过一种所谓“身实学之，身实习之”的方式，以培养人的健全完美的身体为其鹄的。颜元说：“极神圣之善，始自充其固有之形骸”（颜元《存学编卷一》），此之谓也。

二、“造端于夫妇”的伦理

中国古代伦理的身体性不仅表现在身体被视为伦理的基础和起点，而且还表现在其把伦理的主体间关系视为身体间关系，也即把伦理的语言业已视为身体的语言，从而在人类哲学史上破天荒地使伦理中的社会语言与自然语言二者不分轩轾地得以内在勾联。

为中国古人所大力发明的礼无疑就是该二者合一的语言的集中体现。一方面，礼是与人际交往活动有关的，但另一方面，这种交往又与西方那些业已“唯心化”的间接性的伦理交往不同，其完全是直接地通过人身体的行为举止的互动来实现。故古人事礼如仪中的进退俯仰、举手投足、音容笑貌已不再被视为一架身体机器的兀自运转，而是作为一种语言交流的“符号”和“隐喻”，其中富含着种种社会规定，和吟咏着深刻的伦理道德内涵。而孟子所谓“动容周旋中礼者，盛德之至也”这一感慨，恰恰是对这一礼的内在精神的由衷之叹。

无独有偶，穷源以竟委，当我们追溯中国古礼中身体语言之真正故端时，竟不难窥见与其宇宙论的发现相对应的古人又一石破天惊的发现：正如古人的根身的宇宙论造端于使身体得以生成的男女关系那样，古人的根身的伦理学亦滥觞于使身体得以生成的夫妇之间。易言之，对于古人来说，“君子之道造端乎夫妇”（《中庸十二章》），其伦理学的身体语言首先就“费而隐”地在夫妇之间得以开启和体现。故男女夫妇之道不仅是人类社会的“原发生命机制”，其也最终代表了人类伦理交往之真正的“元伦理”和“元语言”。

这就把我们导向了古人以社会发生学的方式坚持一切人伦始于男女夫妇的观点。《周易·序卦传》谓：“有男女，然后有夫妇；有夫妇，然后有父子；有父子，然后有君臣；有君臣，然后有上下；有上下，然后礼仪有所错”。而中国古代的思想巨人司马迁所谓“《易》基乾坤,《诗》始《关雎》,《书》美厘降,《春秋》讥不亲迎”（《史记·外戚世家》）之说，则更是由于其对中国历史的完全罗曼蒂克化的考查而把上述观点推向了极端。故“夫妇之际，人道之大伦也。礼为用，唯婚姻为兢兢”（同上）在古人关于礼的论说中，结男女夫妇秦晋之好的婚礼为古人备加隆礼而被视为是“万世之始”和“众礼之本”：“敬慎重正而后亲之，而所以成男女之别，而立夫妇之义也。男女有别，而后夫妇有义，夫妇有义而后父子有亲，父子有亲而后君臣有正。故曰：昏礼者，礼之本也”（《礼记·昏义》）。

此处的“男女有别”，按金景芳先生的解释，其意指作为“文明社会的细胞形态”的“个体婚制”的实施。① 此说无误。然该解释仅仅停留于社会学层面的分析，潜隐其后的更为深刻的台词则是，“男女有别”乃针对动物牡牝雌雄的无别，乃是指在男女单纯的生理性性别中被赋予了全新的、鲜明的社会性性别，也即男女之间的一种真正的人类意义上的主体间性的关系的确立。这意味着在男女关系中双方既葆有其各自的独立的道德之人格，同时又不失其生理上的亲密联系。此即所谓的

① 陈其泰等编：《二十世纪中国礼学研究论集》，北京：学苑出版社，1998，第2页。

“化男女为夫妇”之说，也即上文中所谓的“敬慎重正而后亲之”之义。在这里，男女双方的伦理上的“敬重”和生理上的“亲密”，不惟不两相抵牾，而且恰恰相反相成、相映成趣。“男女之间的关系是人与人之间的直接的、自然的、必然的关系。在这种自然的、类的关系中，人与自然界的关系直接地包含着人与人之间的关系，而人与人之间的关系直接地就是人同自然界的关系”,① 青年马克思的这一论述，恰恰可被视为是对古人所谓的“男女之别” “夫妇之义”的现代版之诠释。

因此，在男女夫妇关系中我们毋宁说看到了一种“亲密的差异性”。这种“亲密的差异性”不仅与阴阳成和的宇宙太和之道息息相通，而且也深契“‘斩而齐，枉而顺，不同而一’，夫是之谓之人伦”（《荀子·荣辱》）这一古之伦理精神。这最终使有别于“同而不和”的“独白”的伦理模式的一种“和而不同”的“对话”的伦理模式的推出成为真正的可能。“易之咸，见夫妇”（《荀子·大略》），在《易经》中,“感”（咸）象征着男女夫妇之道。耐人寻味的是，象曰：“山上有泽，成”,“感”（咸）卦的卦象下卦“艮”为山（亦为少男），上卦“兑”为泽（亦为少女）。因此，该卦象以本是崇上的山却位居于尚下的水之象深喻出男女夫妇相交之理：正如古人以“错”训“交”那样，男女双方的交往其实始于男女双方的互易其位的“错位”里，也即男人之于女人的一种主我的“取”（娶），乃是反主为客地以男人之于女人客我的“与”为其前

① 马克思：《1844 年经济学—哲学手稿》，刘丕坤译，北京：人民出版社，1979，第 72 页。

提。在这种参伍交错里，不仅上与下、我与他、主与客、取与与二者其义互文，而且随之一种父子型、权力型的“主谓逻辑”也已完全让位于一种伙伴型、交流型的“问答逻辑”。这意味着，男女之间的一种真正的“我们”关系的实现不是我之放大和扩张，而是最终取决于自我中心主义的“我执”的消解，一种米德式的坚持“主我”（I）和“客我”（Me）之间互动的对话主义的人际关系的确立。此即易经“咸”卦中的所谓“君子以虚受人”，以及所谓“憧憧往来，朋从尔思”所内蕴的深义。而《礼记》中关于“自卑而尊人”和“礼尚往来”的礼的宗旨，《国语》之于“欲人之从己也，必先从人”的道德的宣喻，孔子对于“己欲立而立人，己欲达而达人”的“恕道”的理解，《中庸》所发明的从“言”从“成”和开诚布公的“诚”的理论，实际上都无一不默会着这一男女夫妇之道的消息，都无一不与其中的对话主义的伦理精神息息相通。

故在中国古代伦理学里，男女之间的对话实际上作为人类伦理的真正的“原型”被普遍地贯彻在五伦及所有人伦关系之中。《诗》云：“刑于寡妻，至于兄弟，以御于家邦”（《孟子·梁惠王上》），王阳明亦谓：“与愚夫愚妇同的，是谓同德；与愚夫愚妇异的，是谓异端”（《传习录》下）。然而，这种“同德”的“同”又并非是对于男女关系的简单的摹写，而是以一种“家族相似”的方式体现出来，即一方面，其他人伦关系以其特殊的形态不同于男女关系形态，但另一方面，其他人伦关系又“万变不离其宗”，其无一不以男女关系为其伦理示范，其无一不与男女关系似曾相识地默契相通，其无一不可被视为是男女之间的生命对话的发布流行，男女之间的生命对话的活生生的演绎、类推和象征。

于是，我们看到，《左传》提出:“君令，臣共，父慈、子孝，兄爱、弟敬，夫和、妻柔，姑慈、妇听，礼也”（《昭公二十六年》)，《礼记》亦提出：“知为人子，然后可以为人父；知为人臣，然后可以为人君；知事人，然后能使人”（《文王世子》)。由此可见，在中国古代原始的周礼里，诸种人伦关系一如男女关系，其实质上是对话式的而非独白式的。遂有荀子所谓的“孝子不从命乃敬”“父有争子，不行无礼；上有争友，不为不义”，以及“从道不从君，从义不从父，人之大行也”（《荀子·子道》）诸如此类的古训。显然，认为古人死守于“从一而终”，固执于“天下无不是的父母”，不近人情于“与其屈兄，宁屈其弟”，诚惶诚恐于“皇上圣明，臣罪当诛”，从而把古礼完全视为是“以上凌下”“以尊责卑”“以长责幼”的权力话语，乃是对周礼所固有精神的不可原谅的严重误读。古人制作礼之原始初衷，并非服务于一种唯我独尊的权力话语，而是旨在“礼尚往来”，旨在“欢欣交通而天下治”（《史记·吕太后本纪》)，即建立一种人际间得以真正理解、交流和沟通的理想的“交往型社会”。而该理想社会之所以可能、之所以并非流于乌托邦之梦，就在于其既非一味地托庇于冥冥之中的神启，也非仅仅求助于纯思的理性的启蒙，而是卑之而无甚高论地下学上达于之于夫妇之道的“同德”里，以一种古人朴素的“示范伦理”的方式能近取譬于所谓的“刑于寡妻”之中。

这一切为我们凸显了“交”这一概念在中国古代伦理学中的至为核心的地位。在古人看来，不仅“交通成和而物生焉”（《庄子·田子方》)，宇宙的最基本的结构是“交”（《易经》中的“爻”）而宇宙始于“天地交泰”，而且“天下有道，则君子欣然以交同”（《大戴礼记·曾子制言下》），伦理实际上亦为一种人我相交的所谓“交道”。对于古人来说，一种真诚的“交道”的建立不仅意味着一种“和而不同”的对话模式的建立，而且同时意味着消解“同而不和”的独白话语宰制下人际平等交往的歪曲。后者即明儒何心隐所谓的“或交而匹，或交而昵，或交而陵、而援”这一“非不交也，小其交也”（《何心隐集卷二·沦友》）之义。故何心隐提出：“不落比也，自可以交昆弟；不落于匹也，自可以交夫妇；不落昵也，自可以交夫子；不落陵也，不落援也，自可以交君臣”（同上）。缘乎此，其与朱子一样在五伦中独重朋友之交：“天地交曰泰，交尽于友也”（同上）。可以说，何心隐之于“朋友伦理”的提撕乃是对于中国古代伦理学中业已隐而不彰的对话精神前所未有的揭明，并从中径直开出明清之际思想家之于中国古代以上凌下的专制政治的激进批判之先声，一如西方近代思想家从亚里士多德的“兄弟伦理”中最终为我们唤醒了人类的民主共和精神。然而，在此不能不指出的是，何心隐这位思想巨星和亚里士多德一样都最终交臂失之于对“夫妇伦理”作为人类“元伦理”的究诘和体悟，他们都似乎忽视了这样一个不容闪避的事实，即：正如德国现代哲学家克劳斯·黑尔德（Klaus Held）所提醒的那样，无论是朋友还是兄弟，他们都是“潜在的父母”，这不仅意味着他们自身的生命出自夫妇的天作之合，而且意味着他们也将像其父母那样，终成姻缘而为其生命的世代相续负起天责。①

有“交”则有“感”，而因“感”则生“情”。故中国古代伦理不独重“感”且又隆“情”，对情感的无上推崇不啻成为其伦理学区别于西方传统伦理学的又一鲜明特征。这里所谓的“感”已不是西方哲学中的那种主客性的物我“感觉”之“感”，而是互主体性的人我“感应”之“感”。故在中国哲学里“感”被赋予了突出的伦理特性。不仅伦理中心概念的“仁”被视作“肖太和本体”的二气交感的产物，而且伦理中的几乎所有善端亦为古人所谓的“因感而随应者”：“其应乎感也，则为恻隐，为羞耻，为辞让，为是非”（王阳明《尊经阁记》）。同理，这里所谓的“情”也同样不是西方哲学中的那种主客性的物我“情欲”之“情”，而是互主体性的人我“爱情”之“情”，即焦里堂所谓的“旁通之情”之“情”，也即何心隐所谓的“以心贯心”之“心”(即 heart 而非 mind)。故古人的“情”亦被赋予了突出的伦理特性。其亦一贯之地被贯彻于所有人伦关系之中：有“求之不得，寤寐思服”，“虽则如云，匪我思存”的男女之情，有“本是同根生，相煎何太急”的兄弟之情，有“临命须掺手，乾坤两只头”的师生之情，有“父为子隐，子为父隐”的父子之情，还有“民饥己饥，民溺己溺”的君民之情，如此等等。

明人张琦谓：“人，情种也。人而无情，不至于人矣，曷望其至人乎”?（《衡曲麈谭·情痴寐言》），汤显祖亦云：“人生而有情”（《宜黄县戏神清源师庙记》），“世总为情”（《耳

① 参见［德］克劳斯·黑尔德：《世界现象学》，倪梁康等译，北京：生活·读书·新知三联书店，2003，第三篇第三节。

佰麻姑游试序》)。其实,在中国哲学中,人的情感已不独“即情显性”地成为人之所以为人的根本,还作为一种人的社会语言而最终与人的交往行为的礼得以内在贯通。故所谓的“缘情制礼”毋宁说已成为古人礼论中的不易之谈。所谓“称情而立文”,所谓“因人之情而为之节文”,所谓“情深而文明”,所谓“术礼义而情爱人”,所谓“礼作于情”,适足为证之。这种礼与情俱为我们说明了何以中国古人坚持“礼”与“乐”须臾不可分离,说明了何以古代诗教坚持“不学诗,无以言”以至于把“诗”作为人际交往的元语言,并且最终使一种独重“真情实感”的中国式的“情感伦理学”的推出成为必然。因此,在中国古代伦理学里,其既强调礼与情俱,又强调善与情俱。故孟子云“乃若其情即可以为善”,郭店竹简谓“苟以其情,虽过不恶”,刘宗周曰“舍情何从见性”,戴震称“理者,情之不爽失也”,如此等等,都无不点拨出了古人对情的无上独钟。“钟情也夫?伤心也夫?此情所以痴也”(张琦语),也正是由于这一对情的痴迷,才使体贴、敏感、温柔、敦厚和“性情中人”成为中华民族至为特出的民族性格,才使中国古人在感慨“无物似情浓”的同时,更多地不是在究真的科学里而是在歌咏爱情、友情和人情的诗作中寻找自己的精神世界,才使中国古人有如此多的离愁别绪,如此黯然神伤于生离死别,并从中不仅谱写出了永难剪断的“长相思”,还有“天长地久有时尽,此恨绵绵无绝期”的“长恨歌”。

正如中国古代的所有“德”均以一种“家族类似”的方式与男女夫妇“同德”那样,同样道理,中国古代的所有“感”、所有“情”实际上亦都以该方式和男女夫妇“同感”“同情”。这一切,再次为我们凸显了并非如西方伦理学那样以“兄弟型伦理”为其“元伦理”，而是以“夫妇型伦理”之为其“元伦理”这一中国古代伦理学本身的特征。显然，对这一“元伦理”的重新发掘和认识，无论对于中国传统的伦理学还是人类当代的伦理学都意义非凡而影响深远。一方面，作为一种正本清源，它是对把中国古代伦理解读为“父子型伦理”这一庸识和常见的根本性的颠覆和纠偏，并使深深掩埋在其中的作为其实质内核的中国固有的对话伦理精神得以真正发露和昭显；另一方面，这一伦理精神作为为当代哲学家哈贝马斯所推出的人类对话伦理的理论先驱，其又代表了对长期占统治地位的人类独白主义的伦理理念的最早的批判，并为摆脱当代人类伦理深重的危机和重建人类伦理精神提供重要的思想资源。它毋宁说告诉我们，当代人类伦理精神的再建，既非重蹈具有男性话语特征的传统普遍主义伦理的覆辙，也非转而向流于女性话语特征的相对主义伦理皈依，而是消解人类伦理中上述“元话语”的叙事框架，重新回归到作为“原发性伦理”的男女夫妇的“太和之道”之中，因为男女夫妇的结合不仅意味着人的族类生命的生成，而且还代表着我与他人签订的第一个协议，社会和谐的伊始和诞生。否则的话，人类将迎之而来的不是整个人类的“克隆”，就是“他者”（Other）的肆虐和横行。

三、躬行主义

“重行”无疑是中国伦理学之为中国式伦理学、中国伦理学之区别于西方伦理学的又一极其显著的特征。而诚如古人

“行不远身，行之本也”（《大戴礼记·曾子十篇》）一语所明喻的那样，其重行的根据与机理亦唯有基于传统伦理学的“根身性”才能得以真正的解读和说明。易言之，强调身体必然要强调行为，正如强调意识必然要强调知识：既然中国伦理学以“尊身”为旨，那么其也必然以“重行”而立宗。故中国伦理学既是一种强调“修身”的身体性学说，同时又不失为一种推崇“修行”的躬行主义的理论。

对于古人来说，正如其古汉语所示，“身”字与“生”字异名同谓，“生”被视为是“身”的代称。又古人所谓的“生”乃为“天人合一”之“生”：“尽人道者，动以顺生之几”（王夫之《周易外传·无妄》），意即“生”就天而言为“生”，就人而言为“行”。故古汉语中“身”字即“躬”字，而后者同时兼有“亲身”和“躬行”二义。这样，古人的“身”“行”合一，“身体”即为“力行”之旨由此就揭橥而出。而身体作为道德的载体又意味着身体行为与道德行为须臾不可分离。故我们看到，古人不仅以“履”训“礼”、以“行”训“礼”，一如《说文》中“礼，履也”，《荀子·大略》中“夫行也者，行礼之谓也”所云；同时古人还以“行”训“德”、以“操”训“德”，所谓“德行”“品行”“行谊”“行状”，以及所谓“操守”“操行”“操介”“操履”“情操”，适足形容之。

因此，与西方传统坚持“美德即知识”“恶行即无知”并最终流于“唯心主义”的伦理学不同，不是知识的认识而是行为的践履、不是“以心控身”而是“身体力行”实际上已经成为中国古代伦理学的中心内容。早在古《尚书》中就有“非知之艰，行之惟艰”（《说命中》）之说，为我们首揭出古人“重行”之旨。尔后，在孔孟为代表的先秦儒家学说里该重行之旨又被得以进一步推崇。孔孟不独教人皈依于所谓的“敏行”和“践行”，还诚如顾炎武所云，在他们的著作中“性命与天道”为其所“罕言”，而“出处，去就，辞受，取与之辨”却为其所“恒言”。接着，为汉人所推出的《礼记》一书代表了古人对周礼的又一次文化复兴，旨在通过整理“国故”重归去今已远的古代行为伦理的传统。人们看到，在中国历史上，这一传统虽随着后来的魏晋玄学、隋唐佛学及宋明理学的勃起而渐趋消退，然在明清之际其又如初阳朗照般地再次得以中兴。薛瑄所谓“验于身心，体而行之”、王阳明所谓“一念发动处便是行”，王艮所谓“即事是学，即事是道”、刘宗周所谓“本体即在功夫中”、顾炎武所谓“经世致用”，如此等等恰足为其表征。众所周知，在明清众多思想家中，鼓倡行为伦理最不遗余力的当属被誉为“先生之力行为今世第一人”的清代巨儒颜元。他把皓首穷经斥为“率古今之文字，食天下之神智”的“吞砒”之举，把种种心性之学视作“镜花水月”“望梅画饼”的“泡影学问”，并释学习之“习”字为“如鸟数飞以演翅”，训格物之“格”字为“手格其物”“犯手实作其事”，提出“身实学之，身实习之”“重之以体验，使可见之施行”，独尊以“三事”“六府”“六德”“六行”“六艺”为内容的尧舜周孔之道。这一切，不仅是对业已流于“心口悬空之道”的宋明理学的颠覆性的批判，而且同时也是在否定之否定的历史辩证法的鞭策下，对中国古代行将沦胥以亡的躬行主义伦理这一所谓“实学”“正学”的再次昭揭。

必须强调指出的是，既然古人所推崇的行为是一种伦理行为，那么这种行为实际上就完全不能基于主客关系维度加以诠释，而唯有依据主体间关系维度才能得以理解。或借用哈贝马斯的术语，该行为不是一种“工具”意义上的行为，而是一种“交往”意义上的行为。因此，该行为既与西方思辨哲学中的立足于人对自然的征服、人之对象化的“实践”活动的行为宗旨有别，又与西方科学中作为生物机体之于生物环境的“刺激—反应”活动的行为相距甚远。它乃是身、行一如地使根身中潜在的“一体之仁”得以真正实现的“践形”，乃是身、生不二地从我的一己之身向族类的社会身的不断的生成。

一旦伦理行为被视为是族类生命的生成过程，那么这不仅意味着该传统伦理行为乃为一种发端于男女夫妇的我与你之间的对话，而且意味着该对话以一种历时性的方式而非共时性的方式展开和发生。而这一切，最终使一种语用论的“动态的互文主义”的伦理行为，也即一种基于所谓“时”的伦理行为成为真正可能。故《礼记》谓“礼，时为大”（《礼记·礼器》），《易》谓“与时偕行”（《易经·乾》），《诗》谓“物其有矣，唯其时矣”（《荀子·不苟》），而郭店竹简亦有“穷达以时”之论。同时，也正是从这一唯时主义的伦理行为出发，才使古人坚持“义者宜也”，不是以必然的“必”而是以适宜的“宜”释“礼义”之“义”，才使古人不仅主张人的伦理行为应该“因时制宜”，而且亦“时位相关”地强调人的伦理行为应“因地制宜”。

明乎此，我们就不难理解为什么中国古代伦理实质上乃是一种极其典型的情景式的、交谈式的伦理。人们从孔子这一“圣之时者”身上看到的东西足以为证之。孔子虽被人仰视但却从来不以权威者自居，他只谦逊地承认自己是一位“学而不厌，诲人不倦”的老师，他的工作仅仅是与弟子你问我答地相互切磋，他很少遽下断语甚至坦言自己言语有失之处。此外，他对弟子的教育总是因人设教、因机设语而从中寓含着深刻的启发，与他相处你会感到一团和气，与他交谈会使你如沐春风如被时雨。所有这一切，恰与苏格拉底的貌似对话而实为“争辩”“较真”的伦理，更与基督耶稣宣称自己是“上帝之子”、宣称“我是王”“要听我的话”的那种坚持“非此即彼”的权威式的戒命式的伦理形成鲜明的对比。

明乎此，我们也就不难理解为什么中国古代伦理已不失为一种“消解伦理”或“后伦理”的伦理。易言之，在中国古代伦理学里，伦理已失去其一成不变的规定而成为一种不落方所的所谓的“无体之礼”（《礼记·孔子闲居》）。故孔子提出“毋意，毋必，毋固，毋我”（《论语·子罕》），孟子提出“可以仕则仕，可以止则止，可以久则久，可以速则速”（《孟子·公孙丑上》），荀子提出“善为诗者不说，善为易者不占，善为礼者不相”（《荀子·大略》），乃至王阳明最终提出“良知即是易”（《王文成公全书卷三》），在其学说里，伦理与“不可为典要，惟变所适”的“易理”已完全成为异名同谓的东西。因此，“经非权则泥”（柳宗元语），在中国古代伦理学里，其伦理行为之“经”与伦理行为之“权”已相为表里地联系在一起。正如郝大维、安乐哲所说，古人行礼如同习字，其既遵循一定规范又为个人自由创造留有余地。故对于古人来说，“嫂溺，则援之以手”并非与“男女授受不亲”之礼相抵牾，“汤放桀、武王伐纣”并不意味着对“臣事君以忠”的古训之否定，甚至“父为子隐、子为父隐”这一“为亲者讳”都被视为“直在其中”的道德品质为孔子加以礼赞和称颂。

因此，从这种时的伦理行为、这种“无体之礼”中，古人毋宁说为我们推出了一种不无生动不无圆融的人类伦理的最高化境。在这一化境中，既无道德的唯意志论的安身之所，也没有道德的决定论的委命之地；在这一化境中，不仅伦理中的自律与他律的对立涣然冰释，而且伦理中的语义和语用二者也已不再判然有别。此即古人的“应感而发”“见机而作”的“时中”，也即古人的语义之诚实与语用之真诚相统一的“诚”，也即孔子自述中所明揭的作为人生命之巅峰的“从心所欲不逾矩”。它向我们表明，古人的“立于礼”已礼艺相通地“游于艺”，在中国古代伦理学里，其对之诚惶诚恐而不敢越雷池一步的作为道德禁忌的伦理的“礼”，最终竟如《说文》所谓“美与善同意”、孔子所谓“尽善尽美”所示，与优美的、从容自如的和作为“无法之法”的艺术的“艺”别无二致而滚作一处了。

《易经》“履”卦卦辞曰：“履虎尾，不咥人，亨”。从这一极其夸张而富于想象的隐喻里，不正是为我们活现出古代伦理行为（“履”）的践行者所身怀的“游于艺”的绝技吗？

第三章
中国古代宗教观的身体性

一、神圣的身体

“死而民畏其神”。按对于宗教本质的一种存在主义式的理解，宗教始于人类对其生命有限、个体死亡的自觉的体验，以及由此所产生的对这种生命有限、个体死亡的超越的愿念。故宗教崇拜对象始终是与无限永恒即自在永在这一世界的终极性存在联系在一起的。这种终极性的存在，惟其无上规定故谓之“帝”，惟其不可诘致故谓之“神”。

因此，生命所面对的共同的处身情景、共同的“大哉问”，意味着宗教追求乃不囿于民族和地域的疆界而成为人类的普世性的追求：不仅西方民族命中注定衣被着耶和华的光辉，而且中华民族亦同样如《诗经》所云，“上帝是依”“靡神不宗”而以所谓“神州”的子民自诩。然而，尽管如此，在对宗教的把握方式上，不同的民族却同归而殊途。而这种皈依途径的不同，实际上系于对“身体”的取舍和理解上的巨大的差异性。

如果说西方的宗教基于一种“祛身体化”，而这种“祛身体化”又基于对身体的一种自然主义的理解的话，那么，中国古代的宗教观则反其道而行之，其基于一种对身体的无上的尊崇，而这种对身体的无上的尊崇则又基于对身体的一种现象学的理解。

这种现象学的理解的身体也即梅洛—庞蒂所谓的“挺身于世界”的身体，其既是一种“身心合一”的身体，又是一种“体用不二”的身体。这意味着世界上的万事万物都被视为是人的身体行为的“目的论的项”，整个宇宙都被视为是人自身生命体现的身体场。这样，对于中国古人来说，不是所谓的“语言的界限就是世界的界限”（维特根斯坦语），而是身体的界限就是世界的界限。换言之，身体的延伸代表了世界的延伸，身体的最终规定亦代表了世界的最终规定，从而正如现象学的现象之外别无他物，其现象之外不存在着康德意义上的不可知的“物自体”一样，中国古代的现象学式的身体亦不存在着不可诘致、难以企及的“上帝”。实际上，所谓“上帝”就是人的身体本身，就是人的身体经由行为从中开显出来的东西。

缘乎此，我们就不难理解何以在汉语中“身”“神”不仅同音而且同义，如古《尚书》中“身厥命”的“身”字同于“傍”，而《说文》云：“㑗，神也”。同时，缘乎此，我们就不难理解何以中国古人其实是以一种“依形躯起念”的现象学方式构造其种种终极性概念，如在甲骨文中，“太”“天”“元”等字皆为象形字，皆像直立的人之身形。因此，凡此种种表明，正如中国古人坚持无论是宇宙的“天道”还是伦理的“人道”都“即身而道在”，都根身于人的身体性一样，中国古人坚持统摄天人的那种更为根本性、更为终极性的“神道”亦以身体性为其根本。故在中国哲学中，身体之身已不再泥于自然主义的血肉形身，而成为经由现象学还原的不折不扣的“化身”“道身”和“佛身”。身就是古人所谓的“上穷碧落下黄泉”的天地之极，就是老子所谓“不失其所者久”的永久之所，就是经天纬地、贯古通今的那种一以贯之的宇宙的神圣至道本身。

这是一种中国文化所特有的“身体性的神学”。从中既滥觞出了以正相关于身体为其进路的中国“儒教”，又派生出了以负相关于身体为其证地的中国“道教”，而后来的从容中道并直喻“即身成佛”的中国佛教的推出，则使中国古代宗教之“身教”内涵得以真正明彻的揭晓。可以说，这种“身体性的神学”不仅是对西方意义上的意识化、对象性的上帝的消解，从而是对中国历史之所以没有“创世神话”之谜的真正破译，而且也以一种正本清源的方式对中国式的“内在超越”的宗教内涵做出了更为合理的解析。质言之，中国式的“内在超越”的宗教的所谓的“内在”，不是海外新儒学所谓的之于“心灵”的“内在”（无论是把这种“心灵”视为是王阳明所谓的“虚灵明觉”的“良知”，还是视为是理学家所谓的“惟精惟一”的“道心”），而是之于“身体”的“内在”。故中国古人与其说强调“心外无物”，不如说强调“身外无物”；同理，中国古人的超越与其说是内在于陆象山所谓的“此心千古不磨”的“此心”里，不如说是诚如古《尚书》所谓的“天之历数在汝躬”所云，其内在于每一个人亲自身体力行的

“我躬”也即“我身”之中。

显然。这种内在超越型的“即身成佛”的宗教思想，既与皈依于“绝对的他者”的神学宿命论判若霄壤，又与鼓吹“唯我的自由”的唯意志主义渺不相干，而是最终以神与人之间的真正对话，和基于这种对话的神与人之间的彻底的和解为其指向。这是因为，正是经由身体的躬行，使身体成为一种具有自组、自调、自稳的功能的有机开放系统，该系统在缩合身心、沟通天人的同时，始终在天命与人为之间维持着一种“动态的平衡”、一种可反馈的“回互性”。这意味着，人的行为的“业”乃“受身因缘”，但世间“万物”亦“从业因生”。我们看到，从中不仅滥觞出了中国古代特有的“天非人不因，人非天不成”这一“天生人成”的宗教观，而且还演绎出了判然有别于西人的“德行并不许诺幸福”，而坚持“身业”和“果报”须臾不可分离这一最具东方宗教色彩的思想。后者最早见之于提出“皇天无亲，惟德是辅”(《蔡仲之命》)、“天作孽，犹可违；自作孽，不可逭”(《太甲中》)的古《尚书》里，还有后来提出“祸福无门，惟人自召；善恶之报，如影随形”的道教的《太上感应篇》中，并在宣扬“善有善报，恶有恶报”的“因果”理论的中国古代佛教学说中得以最淋漓尽致的展现和发明。

因此，安乐哲曾指出：“中国文化传统既是无神的(atheistic)，同时又具有深刻的宗教性。”其实，需要进一步补充和纠正的是，由于立足于身体及该身体所内蕴的神人对话机制，严格地说，不是中国文化具有深刻的宗教性，而是实际上中国文化本身就是宗教，而且是一种最具宗教生机和宗教气质的宗教。然而，穷源以竟委，对于中国古人来说，这种深刻的宗教性并非像西方人那样来自冥冥之中的上帝的神启，而是发端于对于人自身的身体及该身体的“身业”的切身的体验。就中国历史而言，一种成熟的身体性宗教的正式推出，则始于王国维所说的中国文化变革最剧的殷、周之际，它乃是与周人对殷人的“殆教亡身”的历史实践的反思和批判有关。

在周人看来，“天命靡常”，殷的国运最后的终结乃“天降丧于殷”（《尚书·酒诰》）的结果。而这一天谴又首先是殷人对天大不敬使然。早在武乙时期，殷人就开创了其独有的“射天”的传统，殆至商纣，其更是“弗吊昊天”（《尚书·多士》），“罔顾天显民祇”（同上），“昏弃厥肆祀弗答”（《尚书·牧誓》），“郊社不修，宗庙不享”（《尚书·泰誓下》），致使商王朝最终沦落为地地道道的“无神的国度”。另一方面，这种对天的大不敬其实又肇端于其对身的大不敬。在古《尚书》里我们看到，商纣“亵神”乃根于“亵身”，其不仅“厥心疾很，不克畏死”（《尚书·酒诰》），而且身业不修，恣意妄为，所谓“酒池肉林”、所谓“狎侮五常”、所谓“作威杀戮”、所谓“屏弃典刑”、所谓“因奴正士”，这些罄竹难书的见诸史笔的记录，还有其宣称“我生不有命在天”（《尚书·西伯戡黎》）这一极端唯意志主义的狂肆和桀骜，表明其既不敬生前之身又极其无视身后的果报。而这种“身体的遗忘”乃为殷大厦将倾埋下了真正祸根，并最终导致这一曾显赫一时王朝的灭顶之灾的在劫难逃。

因此，历史表明，“非天不中，惟人在命”（《尚书·吕刑》），殷的败亡与其说是“天作孽”不如说是“人作孽”，与其说是慢于鬼神的“殆教”所为，不如说是殆乎亲躬的“亡身”结下的恶报。这样，“殷忧启圣”，正如周人通过一种历史的现象学把宇宙之天道与人伦之人道都还原为“身道”一样，周人也经由一种历史的现象学把神圣之神教最终还原为“身教”。如果说前者的思想主要为周易和周礼所发明的话，那么后者的思想则最早可追溯到古《尚书》中圣人的言之谆谆的忠告，因为古《尚书》不仅明确提出“天之历数在汝躬”（《尚书·大禹谟》）、“其（上帝）集大命于厥躬”（《尚书·君奭》），而且还第一次向世人昭告：“祗厥身”（《尚书·伊训》），“修厥身”（《尚书·太甲中》），“慎厥身”（《尚书·皋陶谟》），从而标志着中国古代的身体性神学的真正的奠定和形成。

对于周人来说，既然身体被身神合一地视为神圣本身，那么对身体的崇拜同时也意味着对神圣本身的崇拜。于是，随着身体中的神圣性的发现，和随着一种身体性神学的奠定，对神的顶礼膜拜的问题开始真正自觉地被周人置于其生命和生活中。《周书》中所谓“祈天永命”（《尚书·召诰》）、所谓“惟天明畏”（《尚书·多士》）、所谓“时惟天命”（同上）、所谓“不敢不敬天之休”（《尚书·洛诰》），以及《诗经》中所谓“有周不显，帝命不时”（《大雅·文王》）、所谓“文王陟降，在帝左右”（同上）、所谓“昭事上帝，聿怀多福”（《大雅·大明》）、所谓“不识不知，顺帝之则”（《大雅·皇矣》）、所谓“敬恭明神，宜无悔怒”（《大雅·云汉》）适足为其明证。因此，周文化之所以大异于殷文化，与其说是由于其对殷人的“神道设教”的否定，不如说是由于其通过之于神圣的根身性以及该根身所固有的神人对话机制的发现，而重新恢复了中国古老的神统的尊严。

正如《诗经》“周虽旧邦，其命惟新”所述，基于这一神统建立的国度是一个出现在故土上的朝气蓬勃和异伦骏茂的新的国度。这里的人民依然相信“神”的存在并敬畏“天命”，但却比以往任何时候都更加自信。这是由于，他们相信上帝就在他们的生命和生活之中；这是由于，他们相信他们可以与他们的上帝娓娓交谈，从而相信此岸与彼岸、尘世与天国并非天悬地隔而是息息相关，只要付出自己的不懈努力，人间就有他们心驰神往之的伊甸园！

二、“感生崇拜”的宗教

显而易见，这种根于身体的中国式的上帝已完全不同于那种意识化的西方式的上帝。这种不同不仅表现在其是一种内在超越型的上帝而非外在超越型的上帝，而且还突出地表现在其同时乃为一种对话式的上帝而非独白式的上帝。对于中国古人来说，上帝已并非是一种述谓性的实指，而成为一种纯粹的动态互文的“关系”。这种“关系”也即周礼中所谓的“从示从会”的“禬”，也即中国佛教中所谓的“此有故彼有，此生故彼生”的“因果”或“缘起”。无独有偶的是，在西方宗教中我们亦可以找到它的一个相应的概念，其即西方现代对话主义神学所强调的“之间”（between）或“相遇”（meeting）。

然而，如果我们把中国古代宗教视为是一种真正中国式的宗教，我们就会发现上述种种概念其实都难以曲尽“关系”的根本的涵义，因为既然中国古代宗教是一种身体性宗教，那么这意味着一种真正根本的关系涵义唯有基于身体本身的原发关系来理解。这样，一种卑之而无甚高论的宗教理论由此就揭猋而出了："身体发肤，受之父母"，其既是对身体原发关系的解答同时也是对宗教的根本关系的解答，正如中国古人坚持无论宇宙之天道或社会之人道均"造端于男女"那样，中国古人亦坚持宗教之神道亦以男女关系为其原始依据。易言之，对于中国古人来说，作为宇宙的"最原始的契约"和"本源性共同体"的男女关系，其就是梅洛—庞蒂所谓的"人置身于其上的非人类的自然的根底"的"野性的存在"，就是中国古代《诗经》所说的"神之格思，不可度思"的那种宗教的原发性神秘。而《易传・系辞上》所谓的"阴阳不测之谓神"、《史记・外戚世家》所谓的"阴阳之变，万物之统也"中的"阴阳"这一中国古代最具普遍性的关系范畴之究极义，正如古人"至阴生牝，至阳生牡"（《淮南・坠形》）一语所示，其实不过就是"男女"的别称而已。

这一切，使一种中国古代特有的宗教，即我们称之为一种"感生崇拜"的宗教应运而生了。这里所谓的"感"即男女身体性的"交感"之"感"，这里所谓的"生"即因此"交感"而万物化生的"生"。显然，这种"因感而生"，由于强调身体性和交感性，使其既根本地区别于西方宗教的上帝从无到有的创世说，又与虽坚持因缘而生但最终又遁入空门的佛教缘生论有明显轩轾，其代表了对宇宙的原创性的、原发性的神秘的一种完全中国式的极其独特的解读。

尽管在中国文化史上这种"感生崇拜"的遗迹几乎可以俯拾皆是，诸如中国古代伏羲女娲创世之说、"太极图"的阴阳鱼图形以及老子有关"玄牝之门，是谓天地根"的论述，但是，溯其源流，被人类学家称为所谓"感生神话"这一见之史籍的神话传说乃代表了其真正的原型。从某种意义上说，这种“感生神话”也即有别于西方“创世神话”的中国式的“创祖神话”，其与所谓“姓即图腾”这一中国古代特有的图腾形式有关。许慎《说文解字》释“姓”谓：“姓，人所生也。古人神圣人，母感天而生子，故称天子。”而这种母感天而生神圣人的故事，可见之于“天命玄鸟，降而生商”（《诗经·商颂·玄鸟》）这一简狄吞天鸟卵遂生殷始祖契，以及“履帝武敏歆”（《诗经·大雅·生民》）这一姜嫄履帝之足迹遂生周始祖弃等神迹里。从中不难窥见的是，无论这些神话的内容及情节是多么的不同，它们都无独有偶地有一个共通之处，即：它们都强调人类的始祖都并非从无到有地统由一个唯一的超自然的上帝所创造，而是既是由身而生又是因感而生的，尽管这种“身生”和“感生”都由于神的意志的介入而打上了鲜明的原始“神话”的烙印。而我们看到，正是这种共通之处，实际上为周人的一种更为成熟的感生崇拜的推出埋下了伏笔，预示着一种新的宗教形式的运会成熟。

也就是说，周文化之所以区别于先前的文化，周文化之所以“其命惟新”，不仅在于其通过一种之于神的身体现象学的还原而使身体的神圣性得以发现，而且还在于其亦通过一种之于感生崇拜的身体现象学的还原，而把一种“准身体性”的“神人交感”还原为一种彻底身体性的“男女交感”，使神祖的原发性神秘与人自身身体的原发性神秘得以内在勾联，从而最终实现从蒙昧原始的“神话”向文明自觉的“宗教”的历史性转变。

为周人备受推崇的“祖宗崇拜”其实乃是这种新的更为成熟的“感生崇拜”的集中体现。不容否认的是，尽管在周以前就有“祖考来格”（《尚书·皋陶谟》）之说，尽管一如《说文》“宗，尊也，祖庙也”一语所示，祭祖始终为古人宗教生活所不可或缺，然在中国历史上，一种真正完善的“祖宗崇拜”则大盛于有周一代。《孝经》所谓“昔者周公郊祀后稷以配天，宗祀文王于明堂以配上帝”，以及《诗经》所谓“悠悠昊天，曰父母且”（《小雅·巧言》）、所谓“既右烈考，亦右文母”（《颂·雍》）、所谓“肃雍和鸣，先祖是听”（《颂·有瞽》）、所谓“先祖是皇，神保是飨”（《小雅·楚茨》）、所谓“烝衎烈祖，以洽百礼”（《小雅·宾之初筵》）适足为其显征。而周人之所以对祖宗如此的膜拜顶礼而视之为神祇，究其故端，与其说是基于一种“先祖者，类之本也”（《大戴礼记·礼三本》），即先祖是其族类之根本这一认识，不如说是其在祖考与祖妣的“天作之合”里，以一种身体现象学的方式，天才地洞悟到一种宇宙万物由于男女之感而因感而生的原发性神秘。因此，这里所谓的祖宗已并非是一种实指性、特指性的称谓，而成为一种文化和宗教的隐喻。该隐喻其所内蕴的最初所指，与晚出的那种作为权威符号的所指迥异，其乃最终是与宇宙的原发性神秘的男女交感活动联系在一起的。故其与其说是单一雄性的，不如说是双性同体的；与其说是独白式的，不如说是对话式的；与其说是原教旨的基础主义的，不如说是生成论的互文主义、脉络主义的。郭沫若在其《释祖妣》一文中，提出甲骨文的祖、妣二字，乃是男女生殖器的象征，故“牝牡是祖妣”，祖宗崇拜乃为一种生殖崇拜。这一虽具争议但却精确不磨之说，恰可为该祖宗隐喻的真实所指提供一种支持性的理解。

一旦我们把祖宗视为一种有关宇宙的原发性神秘的隐喻，那么有关中国古代宗教所特有的“神、祖同格”“天、祖同格”之谜的疑惑也就随之涣然冰释了。中国古人虽有“万物本乎天，人本乎祖”之说，但实际上，“天”与“祖”之间并无严格的界限。按杨宽的观点，黄帝即“皇帝”，也即上帝或天帝；按张光直的解说，古人的“帝”盖为先祖的统称或为先祖观念的一个抽象。此即中国古代“神”“祖”皆从“示”，“神”与“祖”具有相同的价值推定的宗教观。而该宗教观之所以成立，恰恰在于“神”“祖”都系于一种男女交感的原发性神秘，其“神”的崇拜与“祖”的崇拜都不失为一种“感生崇拜”。而后来明确宣称“乾道成男，坤道成女”“阴阳不测之谓神”的周人的“易教”的推出，则标志着中国古代的“神统”与“宗统”的完全的合一，和一种业已经过“祛魅化”的“感生崇拜”的宗教形式的最终的形成。

正如周易“观其所感，而天地万物之情可见矣”（《易经·咸卦》）所指，中国古代“感生崇拜”之于男女交感的“感”的崇拜，必然同时也意味着对因“感”而生的“情”的崇拜。这样，对于中国古人来说，不仅“感”系于宗教的原发性神秘，而且“情”亦成为其宗教神圣的最终皈依。而《管子》所谓“欲爱吾身，先知吾情”（《白心》），郭店儒简所谓“道始于情”（《性自命出》），《大戴礼记》所谓“复情以归太一”（《礼三本》），以及《礼记》所谓“乐章德，礼报情，反始也”（《乐记》），如此等等无一不为其皈依于情的明证，尽管这些“情”字中的原始的性感特征随着人类文明的历史进程已渐趋渺焉不清。故在中国古代宗教中，恰如《易传》所言，其“以通神明之德”与“以类万物之情”、其“泛神论”与“泛情论”终跻为一，其为之膜拜顶礼的上帝既是一个“实感的上帝”，又是一个“真情的上帝”，情就是宇宙的至为原发性的“关系”，情就是“泰初有言”之“言”，即来自上帝的

“元语言”。而古希腊人所谓性爱是某种“神性的东西”，罗扎洛夫所谓“太初有爱欲，爱欲就是上帝”，泰戈尔所谓“我们的灵魂与宇宙同一，以及宇宙灵魂与至高无上的情人同一”这些断语，恰与这一真情的上帝观可以互参而被视为其舶来版。

明乎此，我们就不难理解为什么在中国古代文化中，古人提出“君子反情以和其志，广乐以成其教”（《礼记·乐记》），其宗教形式始终是与所谓的“乐教”联系在一起，因为“穷本极变，乐之情也”（《荀子·乐论》），乐是穷本极变的情的集中体现，因为“肃雍和鸣，先祖是听”（《诗经·颂·有瞽》），正是在音乐的和鸣中，我们可以“大乐与天地同和”地谛听到冥冥中阴阳合和的天籁之声。我们看到，从这种“乐教”中后来衍生出章学诚所谓的“文人情深于《诗》《骚》，古今一也”① 的“诗教”，该“诗教”不仅由于其言情述志而与“乐教”同旨，而且还广被永播而成为比“乐教”更为普泛的宗教形式。因此，中国古人之所以独钟于诗，古代中华民族之所以成为诗意盎然的民族，古代中国之所以成为“诗的王国”，与其说是出于所谓的“思无邪”这一无邪之思念，不如说是唯有在诗中才能找到其民族精神的终极性寄托，不如说是唯有诗意的生活才能成其为神圣的生活，不如说是唯有诗人才在带给我们生命感动的同时，在“欲天下人共来哭此情字”的同时，为天下芸芸众生矗立起了一座座通向神圣的丰碑，并像背负十字架的基督耶稣那样为我们担荷起了有待救赎的整个人类的罪恶。

这是一种有别于西方唯理主义宗教的中国式的唯情主义的

① 章学诚：《文史通义》，北京：古籍出版社，1956 年，第 18 页。

宗教。这种唯情主义的宗教，不仅是对梁漱溟所提出的“以艺术代宗教”这一中国文化独特取向的根本依据的真正破解，而且与此同时，也使举凡人类无不痴迷于情、独钟于情，举凡文化都以爱情为其永恒主题这一千古之谜得以昭揭。汤显祖谓：“情不知所起，一往而深，生者可以死，死者可以生。生而不可与死，死而不可复生者，皆非情之至也。”（《牡丹亭·题词》）诚如汤显祖所述，情作为既是不可诘致的（“不知所起”）又是无可限定的（“一往而深”）的东西乃为宇宙的原发神秘的真正体现。故爱情之谜的最终答案，既非体现在归结为所谓“恶魔附体”这一西方中世纪的经院哲学里，也非体现在诉诸所谓“荷尔蒙激素”这一西方现代的科学中，而是恰恰与中国古代所推出的“因感生情”的神学有关。只有回到这种“因感生情”的神学，我们才能真正知晓世间情是何物，我们才能得以明白何以爱情既是普遍的永恒的“大我”又是唯一的排他的“绝对的他者”，乃至可以使我们从中“直教生死相许”地实现生命之形下之于形上的超越。

一种克尔凯郭尔式的宗教学的两难由此就迎刃而解了。青年克尔凯郭尔在其皈依宗教道路上曾面临着一种非此即彼的选择：其要选择唯一的上帝就必须与其所钟情的恋人一刀两断。但是对中国古人来说，这一非此即彼的选择其实却并不成立，我们完全可以两全其美地鱼和熊掌二者得兼，因为上帝既是“唯一”又是“关系”，因为上帝恰恰是我至爱的情人的集中体现，皈依上帝即意味着如此地坚信天道有情而地脉难老，以至于由此而使自己委身于一场感天动地的、至死不渝的人生苦恋。

三、刹那即永恒

如前所述，中国古代宗教“感生崇拜”中的“感生”即“因感而生”。其实，这里所谓的“感”，既是“男女交感”之“感”，又是“感应之几”之“感”，这意味着“感”不仅系乎男女，同时又与“几”相关。而这里所谓的“几”，按《易传·系辞下》的说法，即所谓“动之微”；按周敦颐的观点，“动而未形、有无之间者，几也”（《通书·圣第四》）。因此，凡此种种表明，“几”就是黑格尔哲学中的所谓的“变”，就是海德格尔哲学中的所谓的“尚未”，就是中国古代《易经》哲学中的所谓“生物不测”的“生生”。故“几”最终不是指向事物的业已规定的“现实性”，而是指向事物的不可规定的“可能性”。而生命之为生命恰恰是以这种不可规定的“可能性”为其规定。我们看到，在中国古代宗教中，其所谓的超越之“神”恰为这种不可规定的“可能性”的代称。古人谓“知几其神乎！”（《易传·系辞下》）“知变化之道者，其知神之所为乎！”（《易传·系辞上》），“阴阳不测之谓神”（同上），适足形容之。

因此，中国古人所谓的“内在的超越性”不仅是内在于身体本身中的超越，同时也是内在于该身体的生命本身中的超越。同理，其超越之神不仅身神合一地内寓于身体里，同时也生神不二地体现在生命之中。无疑，这意味着对神圣的超越性的一种全新的解读，意味着神圣的超越性不是佛教所谓“超越生死海”的“超生”，而是存在主义神学家罗森茨维格所谓的投入生活体验的“步入生命”。诚如古人“穷神知化，德之盛也”（《易传·系辞下》）一语所示，“穷神”即为“知化”，唯有趋身于生命的大化流行之中，我们才能真正地沐浴上天的恩典和神宠，我们才能与妙万物所为的神天人一体地息息相通。

必须指出的是，既然这种超越之神被中国古人理解为身体生命本身，既然这种身体生命本身被理解为不可规定的“可能性”，那么这种超越之神就并非为一种既定的存在，其乃始终体现为一种生生不已、日新又日新的“过程”，该“过程”基于男女之感因感而生，同时又“感应交织，重重无尽”而具有“动态的互文”的特性。按身体现象学家梅洛—庞蒂的说法，该“过程”也即所谓“身体的双叶切开本身”、所谓“永久持续的存在的炸裂”，“对于我来说，起源的问题、极限的问题、探讨第一原因的一系列事件的问题都已消失，有的只是一个永久持续存在的炸裂问题”。[①] 我们看到，这种“过程的神学”在中国古老的始于“乾坤”终于“未济”的宇宙图式中得以极富写意的开显，并从中导致了一种基于“世代生成的时间经验”的，并有别于西方的“亵神的时间”的中国式的“神圣的时间”的发现。

“世代生成的时间经验”是为当代德国现象学家黑尔德所推出的一个极其重要的现象学概念，也许是一个在当代现象学学说史上最具开创性的概念。按黑尔德的观点，所谓“世代生成的时间经验”（也可译为“传宗接代的时间经验”）即一种

---

① ［日］鹫田清一：《梅洛—庞蒂》，石家庄：河北教育出版社，2001年，第220页。

有别于“日常性的时间经验”（“度日的时间经验”）的更为原始的时间经验。如果说后者是一种旨在满足人日常的物质需要的时间经验的话，那么前者则是一种旨在实现人的长远的族类延续的时间经验；如果说后者是一种基于人的工具理性支配的时间经验的话，那么前者则是一种基于人的男女之爱的时间经验；从而如果后者是一种通向奴役和专制的时间经验的话，那么前者则是一种为平等和自由所敞开的时间经验。因此，黑尔德最后得出，唯有在世代生成的时间经验中，我们不仅才有“叙事”和“历史”，而且我们才能克服时间的间距和生死的轮回，我们才能“远眺我的生命整体”，我们才能“超越日常状态的时间经验”，我们才能真正回到我们自己的“一再重新开始的可能性的持存”，即“本真的生存”。

在黑尔德看来，人类现代性的危机一重要体现，乃在于随着“美的生育”日渐让位于“生育的工具化”，人们不断地用“日常性的时间经验”主宰、吞并和偷换“世代生成的时间经验”，从而造成了后者的退处其次而使之愈发蔽而不明。然而，所幸的是，在东亚社会，人们依然具有着强烈的家庭观念，这意味着“也许他们比西方人更有可能保存世代生成的时间经验的基础。”① 在这里，黑尔德的看法无疑是十分中肯的。以中国为其代表的东亚社会的确较之西方社会更具坚实“世代生成的时间经验的基础”，尽管这种基础由于后来“移孝于忠”的政治上的权力话语的介入而备受扭曲，尽管这种基础和西方社会一样由于现代性的冲击而业已摇摇欲坠。

① ［德］克劳斯·黑尔德：《世界现象学》，孙周兴编，倪梁康等译，北京：三联书店，2003 年，第 267 页。

这种坚实的基础除了表现为中国古代其文化传统一直以世代生成的“宗统”为其真正的“正统”外，还表现为与现代主义的西方文化传统完全不同，如果说后者是更多地坚持“活着是为了吃饭”，其以“日常性的时间经验”统一“世代生成的时间经验”的话，那么前者则反其道而行之，更多地坚持“吃饭是为了活着”，其以“世代生成的时间经验”统一“日常性的时间经验”。以中国古老的《易经》为例。尽管《易经》亦有饮食之道（其可相应于“日常性的时间经验”）与男女之道（其可相应于“世代生成的时间经验”）的区分，前者体现为以“需卦”为代表的上经，而后者则体现为以“感卦”为代表的下经，但由于上经实际上以“乾道成男，坤道成女”的“乾坤”为其真正的造始端倪，这最终意味着“需”服从于“感”，饮食之道服从于男女之道，也即“日常性的时间经验”服从于“世代生成的时间经验”。因此，由是表明，中国古人所谓的“好生之德”中的“生”，中国古人所谓的“生生之谓易”中的“生生”，作为生命及生命过程，其固然有基于饮食之需的“民生”的义涵（如《尚书·盘庚》中的“往哉生生”“敢恭生生”“生生自庸”等术语所表明的那样），然在其终极义和普遍义上，则显然是更深刻地与基于男女之感的“世代生成”相勾连。

也正是基于这种对生命及其过程的独特的体验，才使中国古人有所谓“以似以续”、所谓“慎终追远”之说，不是把个体的苟活持存而是生者与死者的对话以及种族的绵延视为生命的首要宗旨；才使中华民族犹如“绵绵瓜瓞”一样得以代代相禅、绵永生生，并在此基础上使其所特有的“文明连续性”的现象和注重“修史”的“唯史主义”传统成为可能。同时，也正是基于这种对生命及生命过程的独特的体验，才使古人可以超越褊狭的“度日”的生命之维,对于生死较之西人更具有一种泰然任之的达观，因为他们意识到,“死生为昼夜”（《庄子·至乐》），正如夜幕降临意味着曙光将启一样，我的生命的终结不过是为新的生命的诞生做出的先行铺垫，死生的契阔并不能使我在亲历人生的道路上畏葸不前。故对生命及其过程的不同体验其实开出了两种不同的超越观，如果说基于度日的生命体验导致了西方人由于畏死而趣向天国的外在型的超越观的话，那么基于世代生成的生命体验，则意味着一种中国古人的坚持“死生无变于己”并步入人生的内在型的超越观的真正发现。

这种内在超越的发现既是对生命本身的神圣性的发现，又是对作为生命过程的“时”的神圣性的发现。也就是说，对于古人来说，既然其世代生成的生命过程已消解了死生的对立，那么作为该过程的“时”也就无所谓过去之时与现在之时的区分，而成为一前后相续的有机整体，其已不是西方式的所谓的“时间”而成为一种中国式的无一息或停的所谓的“时机”。这同时意味着，正如中国古人认为生命由于其生死相衔而可以“死而不亡”“死而不朽”一样，同理，中国古人也由此得出，“时”实际上亦由于其承前启后而永远不会成为消失的过去。换言之，对于中国古人来说，“时”就是超越过去的永恒，“时”就是自在永在的东西，“时”的分分秒秒、时的每一瞬间都沐浴着无限的神意。因此，一如《诗经》“匪上帝不时”“帝命不（丕）时”等语所云，中国古人之真正的“上帝”，既是“身”的上帝、“感”的上帝、“情”的上帝，又是一种“时”的上帝。“公曰：‘然则何以事神？’子曰：‘以礼会时'"（《大戴礼记·虞戴德》），孔子的这一回答恰可代表了中国古人对"时"的上帝的膜拜顶礼，而与西方人把"时"（temporality）与"俗"划等的那种"祛时化"的上帝观形成了鲜明对比。

这一切最终导致了中国古人的"圣"这一极其重要的概念的推出。众所周知，在中国古代文化中，不仅"神"与"圣"相提并论，而且二者往往异名同谓地成为同一事物的指称，孟子所谓"大而化之之谓圣，圣而不可知之之谓神"（《孟子·尽心》）即此明证。然尽管如此，"神"之所以为"神"，"圣"之所以为"圣"这一不同的称谓，即表明二者当有不同的意义规定或内容侧重。这种不同表现为，"圣"为俗世化的人成之神从而"圣"即所谓的"圣人"，而这一点之所以可能，恰恰在于"圣"以所谓的"趣时"、所谓的"遵养时晦"、所谓的"以礼会时"为自己的神圣的使命。故"圣人"是"时会使然"（章学诚语），"圣人"是乘时委运的代表，"圣人"即一种真正的所谓的"时者"的体现。而孟子所谓"大而化之"、唐太宗诏书所谓"圣无定体"、《中庸》所谓"赞天地之化育"，以及《大戴礼记》所谓"所谓圣人者，知通乎大道，应变而不穷，能测万物之情性者也"（《哀公问五义》）恰恰都可视为是对这一"圣人"之"时旨"的明宣。

既然凡人皆为"众生"，凡民皆为"生民"，那么这不仅意味着每一个人都被置身于生生不已的生命过程之中，每一个人都生逢这种"趣时""会时"的机遇，而且也意味着"在圣面前人人平等"，圣人的大门实际上向每一人敞开着，而人人都有成为这种圣人的可能。因此，一个人只要他不以一种苟且和算计之心来对待生命，而是充满爱意和真诚地投身于自己的也即整个人类的不息的生命和生活之中，那么他就在实现一己之私的生命与民胞物与的生命的链接的同时，不仅可以摆脱度日的生命体验的生死轮回之苦，超越死的宿命而使其生命得以薪尽火传，而且还可以“人皆可以为尧舜”地身被那大而化之的圣人的神圣的光环。

故中国古代的宗教其“敬神”实际上最终落实到“成圣”。对于一个以“成圣”为其宗教皈依的中国人来说，他与其说是一个虔诚的上帝的信徒，不如说是一个真正彻底的存在主义者。他宗守的是“市隐何妨道，禅栖不废诗”这样一种人生信念，也即他已不再期盼天国，他已不再祈求来世，他只无比珍惜那发自生命深处的真情实感，他只不失时机地紧紧把握着那每时每刻的生命感动。因为对他来说，“千万年只是当下”，因为对他来说，他生命的一分一秒就是他的一生一世，时间中的每一刹那即代表了亘古的永恒。

第四章
作为身体哲学的中国哲学的历史

一、中国哲学之身体的主要特性

正如前文所述，相对于西方传统的那种意识性哲学，中国传统哲学其本质乃为身体性哲学。唯有将中国传统哲学定位于身体性哲学，我们才能了解中国哲学之何以从根本上迥异于西方哲学而二者有云泥之别，我们才能明悟中国哲学理论形态之独特而其之所以为真正中国式的原因。若对中国哲学的身体深入梳理，从中可抉发出以下三个最主要特性。

（一）身体作为此在之身

“功夫即本体”。实际上，中西之于世界的致求方式的不同决定了中西哲学性质的根本不同。如果说西方传统哲学是以一种高度抽象的方式把握世界的话，那么中国传统哲学则是以一种不无具体的方式把握世界的，故“下学上达“ “能近取譬”

由是成为中国古人方法论的不二法门。穷源以竟委，这意味着与西方传统哲学不同，中国传统哲学不是坚持“如有物焉”，最终从“逐物求理”的“思”出发以求知世界，而是坚持“必有事焉”，最终从“事必躬亲”的“身”出发以体会世界。于是，“亲己之切，无重于身”（萧统语），作为世间的至为具体者，作为古人所讲的“即此”和“当下”，也即作为存在主义所谓的

“亲在”或“此在”，身就是赖以支撑起整个中国哲学体系的真正的阿基米德点，就是中国哲学经由现象学还原返璞归真的至为始源的宇宙本体和事物本身。易言之，中国哲学的根本宗旨，不是主张思在同一的“我思故我在”，而是坚持身在同一的“我躬故我在”。惟其如此，中国古人才有所谓的“即身而道在”之说；惟其如此，中国古代哲学才一言以蔽之为所谓的“反求诸身”之学。

（二）身体作为性感之身

从抽象的思出发不仅意味着无视具体，而且意味着泯灭差异，从而也最终泯灭“关系”。故西方传统哲学不仅是一种“有见于齐而无见于畸”的哲学，而且最终也必然导致“关系”范畴在其视域中的消失。与之不同，从具体的身出发，则使中国传统哲学既注意到具体又注意到差异。故与无性质差异的思维迥异，中国古代哲学所强调的身体乃为有“性别”之身，而男女之别即为人身体最为切身也最终不可还原的差异。这种对统属于身体的性别的关注，不仅意味着不是“以同裨同”的“同”而是“以他平他”的“和”成为中国哲学的核心范畴，中国哲学乃为反对“执一”而坚持“两一”的哲学，

而且同时也意味着“惟异生感”，男女两性的感合业已被视为身体之为身体、身体之得以可能的原发性关系，而所谓的“阴阳哲学”这一中国特有的学说恰恰是“近取诸身”于该男女性感的产物。我们看到，从这种不无性感的“阴阳哲学”中不仅生发出了中国式的“乾道成男，坤道成女”的“父母型”的宇宙本体论，而且还为我们端直推出了中国式的“造端乎夫妇”的“家本位”的社会伦理学说。

（三）身体作为历时之身

“在‘意识状态’中没有时间”，正如梅洛—庞蒂这一至理名言所揭，基于思的认识活动的西方传统哲学终归是一种非历时性的哲学。与之不同，在中国传统哲学中，其强调男女的性感即强调动态互文的男女的感生，这必然使身体成为一种历时性的生成过程。该过程也即感应交织、重重无尽的“大易”之日新日生，其在天为生生不已、大化流行的“道”，在人则为顺生之几、不懈于动的“行”。于是，其结果不仅使身体无一息或停地体现于“履道”和“躬行”的步伐之中，而且使中国古代哲学从对作为“男女”的“阴阳”的肯定走向对作为“日月”的“阴阳”的肯定，也即使中国古代哲学从对身体的性感的肯定走向对身体的时间性的肯定，并由此形成了中国哲学所特有的六经皆史、经史合一的传统，而与执守着“太阳底下没有新东西”和沉湎于共时性知性建构的那种超历史的西方哲学传统判若两途、泾渭分明。

二、中国身体哲学的历程

不同的哲学决定了其不同的哲学历史。一旦我们将中国传统哲学定位于身体哲学，我们就会发现，该哲学的历史与西方哲学的历史具有完全不同的学说宗旨和运行模式。在学说宗旨上，如果说西方传统哲学的历史主要致力于“意识切中对象”这一思在同一的知识论问题的话，那么中国传统哲学的历史则主要致力于“挺身于世界”这一立身行道的躬行论问题。与之相应的是，在运行模式上，如果说西方传统哲学的历史更多的是循着我思之于我思对象不断逼近这一线性论的轨迹的话，那么中国传统哲学的历史则更多的是循着亦天亦人的道身一伸一屈、一动一静、一辟一阖这一循环论的轨迹。无独有偶的是，后者这一运行模式既与每一个体身体的生物钟的作息节律洞然相吻，又与整个中国哲学至高无上的道体之发展理路之间存在着惊人的一致。易言之，一部中国哲学的历史，就是一部从身体的挺立到身体的退隐再到身体的回归这一“反复其道”的历史。

（一）先秦哲学：身体的挺立

如果我们按现象学的理解而把人类哲学视为人类知识的“考古学”的话，那么对人类哲学史的考查首先就应起始于人类词源学的考证，也即起始于之于人类文字典故的发现，因为作为“元知识”的词源学的学说乃代表了人类知识之真正的勾隐索玄、人类知识之真正的原典。而一旦我们把词源学的考查视为中国哲学史考查的起点，我们就会蓦然发现，中国哲学中很多最具原创性、终极性的概念，实际上无一不与人的身体有着不解之缘：诸如“大”“太”“天”“元”等文字，在甲骨文中皆作为象形字取象于直立人之身形。这一意味深长的事实表明，中国古人是以一种“依形躯起念”的至为直观的方式构造其终极性理念，从而不是抽象的意识而是具体的身体乃是其心目中真正的万念之源。

身体一旦被彰显为本体论意义的大写的身体，由之还导致了我们对中国哲学历史这样一种全新的发现，也即被中国古人推为上古之书的《尚书》，以其特殊的地位可被视为是中国古老的哲学史的真正开山。这不仅由于《尚书》是对古人人身的躬行之道的最早的纪录和反思，而且还由于《尚书》通过对中国古代终极性概念的“天”的“身体性还原”，一种之于身体的宗教性崇拜破天荒地被其提到了议事日程。故我们看到，从“若升高，必自下；若陟遐，必自迩”这一“慎终于始”（《太甲》）的原则出发，《尚书》在强调“其集大命于厥躬（身）”（《君奭》）、“天之历数在汝躬（身）”（《大禹谟》）的同时，第一次在中国哲学史上明确提出了“慎厥身”（《皋陶谟》）、“祇厥身”（《伊训》）、“修厥身”（《太甲》）的思想，从而标志着以“宗身”为旨的这一中国特有的哲学传统的历史性奠定。与之相偕而来的是，中国哲学中几乎所有重要的身体性理念都可在《尚书》中发掘到其思想种子。例如，尧“厘降二女”以“观厥刑”（《尧典》）的故事乃是古代“刑于寡妻”的“夫妇伦理”的历史原型，舜的“敕天之命，惟时惟几”（《益稷》）的谆谆教导则体现了中国古人对“时机主义”的最早的推崇。除此以外，我们在《尚书》中还看到古人对“礼”与“貌”的强调，对“亲”与“孝”的提撕，对“睦”与“和”的尊崇，对“道”与“德”的首肯，对“行”与“事”的推重。凡此种种表明，尽管《尚书》的成书年代业已斑驳难考而渺焉不清，但由于其之于身教如此突出的原教旨的色彩，以至于殆可断定正是《尚书》开出了中国古代身体主义哲学思想的先发之鸣。

在中国哲学的历史上，周易和周礼的推出则意味着中国古代身体哲学的黄金时代的到来。正如此处的“易”包括后出的《易传》那样，此处的“礼”亦涵摄后出的《礼记》。虽然《传》和《记》并非出自周人之笔，但在这里我们依然姑且可使之隶属“周易”“周礼”，在很大程度上把其看做是对周人思想的记录和诠释。周易的身体哲学的既深且巨的意义首先在于，从“近取诸身”出发，其把身体及其行为作为宇宙之发生的原点和起源，从中构造出“太极→两仪→四象→八卦”这样一种“根身显现”的动态的宇宙论模式。在这里，“太极”的本体即人的身体，“两仪”的天地乃人立身之所，“四象”的四方即人身行为的取向，“八卦”的卦象不过是人身践形的形象。与此同时，也正是基于这一身体本体，使周易把这种宇宙的发生构成与人身体生命自身的发生构成打并归一。这不仅意味着宇宙之道的发生作为男女之感的产物而具有鲜明的性感色彩，而且意味着宇宙万物都“天下为一家”地被比象为作为放大的身体的“家”的成员。在周易中，前者可见之于所谓的“乾道成男，坤道成女”这一阴阳交感的思想，而后者则可见之于《说卦》中把天地、雷风、水火表述为父母子女的观点。这一切最终导致了周易这样一种不同凡响的发现：正如经由男女之感可以使人的身体世代相生一样，在阴阳相交中形成的宇宙之道亦是一生生不已的历时性过程。此即周易宣称“天地盈虚，与时消息”、宣称“知几其神乎”而对所谓“时机”的终极性规定的彰显。对于周易来说，“时机”之所以为其终极性规定，恰恰在于“时机”像日往月来的“天纪”一样是那样的不可逆转、不可改变，恰恰在于日月与生命同辉，“时机”即为身体之得以可能的“生机”的真正体现。

如果说周易主要宗旨在于其从身体出发构建出世界图式的话，那么周礼主要宗旨则在于其从身体出发推衍出社会伦理。与周易互为呼应，周礼中身体哲学的特性亦可展幅为以下三个方面。首先，一如《礼记》所谓的“射有似乎君子，失诸正鹄，反求诸其身”（《中庸》），《左传》所谓的“君子贵其身，而后能及人，是以有礼”（《昭公二十五年》）所云，周礼通过一种“反求诸其身”的方式，把社会伦理返本追源地还原为每一个人亲履的身体。此即《礼记》中所谓的“敬身为大”（《哀公问》）以及“君子之道本诸身”（《中庸》）这一周礼的至上宗旨的推出。其次，在此基础上，周礼又从身体的发生机制导出社会伦理的发生机制，其结果是，一方面，“君子之道造端乎夫妇”（《礼记·中庸》），社会伦理被视为发端于“夫妇伦理”；另一方面，整个社会由此而被看作是经由夫妇结合而形成一温情脉脉的“宗法共同体”或“族亲共同体”，从中导致了周人臻其完备的中国古代所特有的家邦合一的国家模式的产生，还有“以爱释德”这一德性原则在先秦的确立。最后，这不仅意味着周礼业已把伦理与生理融为一体，而且同时意味着其不是从共时性的理性规定，而是从历时性的生命行程出发捕捉人类伦理的意义，从而正如《礼记》中“礼时为大”（《礼器》）所表明的那样，“时宜”被视为人类伦理的最终规定，人伦之理和“与时偕行”的生命之易理已无从区分、一气相通了。

接续周易和周礼，孔子的儒家学说亦可目为一种在新的历史背景下回归身体的学说。翻开《论语》一书，无论其观点其内容是如何丰富的难以穷尽，然举其要者，可一言以蔽之为“反求诸其身”。什么是孔子的“仁”?“仁”即所谓的“能近取譬”，也即由自己最切己的身体出发，设身处地，由己推人。什么是孔子的“道”?“道”即所谓的“躬自厚而薄责于人”，也即严格要求自身，而非一味地苛责于他人。什么是孔子的“学”?“学”即所谓的“学而时习之”，这里的“习”并非之于文本的温习，而是“身实习之”之“实习”。什么是孔子的“思”？这里的“思”并非是好高骛远之“思”，而是“切问近思”之“思”，也即“吾日三省吾身”这一对人自身的返躬自问。

因此，孔子所谓的“为己之学”的“己”乃是亲身的自己，孔子所谓的“人能弘道”的“人”亦非他人的“人”而是出于自身的“人”。也正是拔本塞源于人自身的身体，才有了孔子所谓的“不怨天，不尤人，下学而上达”（《论语·宪问》）之说，才使孔子之所以罕言性与天道并敬而远之于鬼神。同时也正是由于身体被置于视域的中心，才使孔子如此敬慎恐惧于视听言动，主张人的一切行为举止应“非礼勿视，非礼勿听，非礼勿言、非礼勿动”地一以礼为准；才使孔子如此痴心不改于“刑于寡妻”“孝悌为本”，而一心独钟以身体血缘为其纽带的“家庭伦理”；才使孔子一方面如此力倡“讷于言，敏于行”而推重身之躬行，另一方面又如此坚持“用之则行，舍之则藏”“有道则见，无道则隐”，主张勿必勿固地在历史的境遇和时机中从容自如地把握自己的命运。故孔子学说既先发其覆地开出之于周礼的“复礼”之说，又尽发其覆地而为中国古代身体伦理学的金声玉振的集大成者。

孟、孔并称。孟子之所以和孔子同为先秦儒学之翘楚，乃在于孟子对于孔子这种身体主义的学说既有承继又有发展。这种承继表现为，上续孔子，一种身体本体的思想在孟子的学说中被得以进一步的坚守和肯定。所谓“反身而诚”，所谓“守身为大”，所谓“以道殉身”，所谓“汤武身之”无一不为其明证。而这种发明则表现为，与此同时，这种身道又被激进而深入地向社会的治道和宇宙的天道推进。从前者出发，形成了孟子所谓的“天下之本在国，国之本在家，家之本在身”（《孟子·离娄上》），以及“其身正而天下归之”（同上）这一身国一体的学说；而从后者出发，则为我们推出了孟子“形色”“天性”不二的所谓的“践形说”，还有孟子所谓“居天下之广居，立天下之正位，行天下之大道”这一“大丈夫”理论。值得注意的是，在孟子所处的时代，为其念兹在兹的那种经邦治国、顶天立地的身道其实早已在现实社会中分崩离析。这一无情的事实虽并没有使孟子放下身段屈学以阿世，但却使孟子另辟蹊径地“退藏于密”，也即开始从内外一如的“身”退隐于内在化的“心”的领域，遂有孟子“尽心知性”及作为仁义礼智“四端”的“四心”的推出。对于孟子来说，不仅“心”以其千古不磨、万劫不移而可以为“身”提供内在的根据和坚定的支持，而且也正是在“心”这一一隙之明里能使我们窥到古人身道的复兴的契机。我们看到，这种“以留人心之一线”，使孟子被后儒得以特殊的礼遇，并作为重要的思想资源之一而为宋明的“心性”之学的崛起埋下了深深的历史伏笔。

在先秦之际，在古代的身体性哲学之中，除了上述以孔孟为代表的儒家学说之外，亦出现了以老庄为代表的道家学说。尽管老子提出“贵大患若身”，认为“吾所以有大患者，为吾有身，及吾无身，吾有何患”（《老子十三章》），然而细绎其意，此处老子所谓的“身”乃“以我观身”的那种业已遮蔽的“肉身”，而非“以身观身”的那种作为身本身的“道身”。而后者的这种“道身”不惟不为道家所菲薄而且恰恰为其备受推崇。这种对身体本身的推崇除了明确见之于老子的“修之于身，其德乃真”提出外，几乎众论所归地成为其整个论说的主旨。例如，在道家学说里，其对“和光同尘”“功成身退”的鼓吹乃是旨在明哲保身，其对“名与身孰亲，身与货孰多”的致诘和对“以身为殉”的揭露代表了对身体异化的最早的抗议之声，其所谓的“道生一，一生二，二生三，三生万物，万物负阴而抱阳”不过是对男女生成之道的又一重述，而其所谓的“物壮则老”“吾以观复”则可视为之于身体作息律之明申。然而，这种与儒家身道的同旨却难掩儒道两家的分歧。而这种分歧表现为，如果说儒家之于身体的立论更多的是以社会伦理为其纲维的话，那么，道家之于身体的立论则更多的是以自然宇宙为其畛域。这种之于社会身体和自然身体的不同侧重，同时也决定了儒道两家在身体性别上的分歧：如果说儒家的身体更多地代表了一种男性化的身体的话，那么道家的身体则更多地代表了一种女性化的身体。与儒家崇阳、崇刚、崇强、崇动、崇进的男性话语相反，道家则引领着一种尚阴、尚柔、尚弱、尚静、尚守的女性话语。无疑，这一儒道两家性别差异之破译，无论对于中国哲学还是对于整个人类哲学来说都具有非同寻常的意义。它不仅是以一种更为本源的身体语言对中国哲学“儒道互补”之谜的真正索解，而且还使我们由此发现道家学说尤其是老子的学说既为人类“女性主义”学说的真正鼻祖，又从中大音希声地最早开出了人类哲学之于男权话语、父权话语批判的宣言。而男女两性之所以尚能在中国古代“家”的生活中顽强地维系着一种互为消长的动态的平衡，中国文化中之所以既有后儒的男尊女卑的“从一而终”，又不失有曹雪芹的“千红一哭”“万艳同悲”的“红楼之梦”，老子实居功伟矣。这也不正表明，后人将老子的学说或视为一种男性社会所热衷的“权谋”，或视为一种与无身无性的佛学同旨的“异端”，此乃为中国哲学史上最张冠李戴，也最莫须有的千古奇冤吗？

（二）宋明哲学：身体的退隐

众所周知，宋明哲学一直被人们目为中国哲学中继先秦哲学之后的第二个黄金期，并同时也被标识为是在历史新时期对行将沦胥以亡的古之“道统”的再继。然而，一旦我们把中国古代哲学定位于一种身体性哲学，我们就会发现，这一所谓的“兴灭继绝”之说所下的结论失之匆忙，其间仍大有商榷的理论余地。这是因为，尽管宋明哲学与中国传统的经典哲学之间存在着究不可掩、千丝万缕的联系，然就其性质内容上二者实际上却大异其趣。二者的歧异表现为，如果说先秦古典哲学以开凿鸿蒙的气概代表着身体的挺立的话，那么宋明哲学则渐昧于这一起源而意味着身体的退隐，和与之相伴的心识的觉醒。这一历史性的转捩既与佛学这一全新的哲学视域的融入有关，又更重要的乃是该时代的现实的社会历史之巨变的理论体现。

这种社会历史之巨变即秦汉以降周的家国一体的血缘宗族型的社会结构的瓦解，以及“汉承秦制”，汉以后的中央集权和官僚科层日益强化这一“外儒内法”的新的历史形态的出现。而以董仲舒的学说为代表的政治意识形态化的儒学的推出，则恰恰是这一新的历史形态在思想上的集中反映。在董氏的这一政治意识形态化的儒学里，尽管其闪烁其辞地以儒家学说为其缘饰而被尊奉为“一代儒宗”，尽管其的确把很多原始儒家的思想纳入到自己的哲学体系之中，诸如其“身犹天也”的提出，其对天地之间“阴阳”理念的推崇，对“终而复始”的“四时”的肯定，如此等等，然实际上，该学说却与以身为本的原始儒家形似而神异地大相径庭。这种区别表现为，在董氏的学说里，儒家以身训天的“天”被其摇身一变为“君王”的代称，儒家的“阴阳相须”被其偷梁换柱为“阳尊阴卑”的等级分明，而儒家的对“革之时”的推崇则被其径直取而代之为“有改制之名，无易道之实”和“天不变，道亦不变”这一宿命论。这样，在其治道领域，一种公然鼓吹“君为臣纲，父为子纲，夫为妻纲”这一辩护主义的“三纲说”的推出就成为顺理成章的事情。而在这种“三纲”中，“君纲”则是其纲中之纲。这种“君纲”要求我们“善皆归于君，恶皆归于臣”（《春秋繁露·阳尊阴卑》），要求我们“君之所好，民必从之”（同上）。故董氏学说的推出，从中不仅意味着对话主义的“和”的原则开始让位于独白主义的“同”的原则，而且标志着中国古老的“家天下”的社会形态的历史退隐，一种以纲统目、高度专制的“君天下”的社会形态的正式奠定，尽管这种推陈出新并不排斥两种形态在整个中国历史中始终具有一定的兼容性。

因此，董仲舒学说所开启的时代实际上是一“无家可归”的家的危机的时代。同时，也正是这一“家的危机”，使中国古代社会“离家出走”的自我意识的独立成为可能。明于此，我们就不难理解为什么汉代以降随着专制王权和纲常名教的加强，旋之而来的是对作为家庭伦理的“礼”的无情涤荡的玄学思潮的兴起，以及鼓吹“出家”、鼓吹“沙门不敬王者”的外来佛学的日益风靡。前者以追求玄意幽远的“无”为其旨归，而后者则以证成四大皆空的“空”为其正果。然而，无论二者立论如何不同，二者名号如何殊异，“希无之与修空，其揆一也”（《出三藏记集卷九·无量义经序》）。而这种“其揆一也”的“一”恰恰在于，二者都坚持其为“独善”而非“兼济”的“度己”之学；同时，这种“己”都非原始儒家意义上的身体的“己”，而是一如以“觉”释“佛”这一佛义所示，其为佛学意义上的心识的“己”。程颐云：“圣人本天，释氏本心”（《二程遗书卷二一下·伊川先生语七下》），智圆云：“儒者饰身之教，故谓之外典；释者修心之教，故谓之内典也”（《闲居编卷一九·中庸子传》），此之谓也。

我们看到，也正是这种自我心识的觉醒为中国哲学从“外王”转向“内圣”，从“行动的人生”转向“静思的人生”提供了契机，并最终导致宋明之际“心性形而上学”这一新的哲学形态的异军突起。按中国古人的说法，这种“心性形而上学”也即其孔孟“以心传心”的所谓的“道统”。刘宗周谓“臣闻古之帝王，道统与治统合二为一，故世教明而人心正，天下之所以久安长治也。及其衰也，孔孟不得已而分道统之任，亦惟是托之空言，以留人心之一线，而功顾在万世。又千百余年，有宋儒继之”（《刘蕺山集卷三》）。一如刘宗周所述，在这里，“道统”之“道”已并非是前孔孟时代的身心一如、兼综道统治统之“道”，而是后孔孟时代的身心分离、独立于治统之“道”，其乃“托之空言”而非“体之实事”，换言之，该“道”已并非下学上达的身行之道，而为不无纯粹形而上学的心识之道。因此“道可道，非常道”，为宋儒所开创的道实际上作为“自家拈出来”的道，其业已出离了中国古代原生态的庸常之道的轨道。无疑，这一道的本来面目的厘清是极其重要的，因为否则我们不仅不能真正把握宋明哲学其特有的性质和风貌，而且甚至会如同那些总喜欢“接着宋明理学讲”的现代新儒家（如冯友兰）那样，从宋明的形而上学出发以此类彼地将中学与西学判为一途、两相混淆。

因此，正如孟子“颂其诗，读其书，不知其人可乎？是以论其世也”这一“知人论事”的观点所示，在这里，我们对于宋明哲学家思想的定位更多的不是从不无先验的哲学思想谱系出发，而是从作为其身处境遇的“历史世界”出发。正是基于哲学家身处的这一特定的“历史世界”，使宋明人立说之道以其全新的面貌迥异于先秦古人之原道。它与其说是中国哲学的“嫡系”之道，不如说更多地体现为一种“别子为宗”之道、一种以佛训儒之道。故我们看到，一方面，宋明诸子无不力辟佛老，视“外人伦”“遗事物”为异端之学，斥“万法唯识”“一切唯心”为邪恶之教；其也无不主张“返之六经”，以《易》《庸》《论》《孟》《大学》为道之原典，以阐扬察人伦、明庶物的周孔之教为终其一生的学术怀抱；然而，另一方面，这一切并不能完全改变宋明哲学与佛学暗道款曲的性质，因为其所建立的体系不过是一种“准形而上学”的体系，其所孜孜以求的“道体”乃为一种永恒而普遍的精神实体。朱熹说：“佛氏之学与吾儒有甚相似处”（《语类卷一二六·释氏》），一语道破天机，其表明宋儒的一瓣心香最终是祭之于佛学化的“修心之教”，而并非原始儒家的“饰身之教”。这一事实也为我们表明，一如现代的批判解释学家哈贝马斯所言，古与今、传统与现代之间的思想对话及视域交融实际上是不对等的，后者挟其强势的权力话语地位不仅往往极大地挤压了前者的表达空间，而且还使前者削足适履地成为后者的附庸，以致最终使所谓传统的复兴实际上以传统的失语而告终。

众所周知，在宋明哲学中，这种“准形而上学”的“道体”也即其所谓的“天理”。一如小程“吾学虽有所受，天理二字却是自家拈出来”（《宋元学案卷二十四》）所述，该“天理”概念乃为小程孤明先发地推出。然而，对于“天理”小程虽先发其覆，此处的“自家拈出”之说却言伪而不真。诚如前人所指，宋人的“理”的概念的出处实可溯自佛学中华严宗的理事说。起源即明，天理之理其具有鲜明的形而上学的超验性质也就不足为奇了。因此我们看到，也正是从天理之理的这种形而上的超验性质出发，程氏不无激进地批判了张载的具有经验色彩以“太虚之气”为本的“气本论”。其谓“凡物之散，其气遂尽，无复归本元之理”（《二程遗书卷十五》），“‘形而上者谓之道，形而下者谓之器’。若如或者以清虚一大为天道，则乃以器言，而非道也”（《二程遗书卷十一》）。同时，也正是从天理之理的这种形而上的超验性质出发，该天理之理被程氏理所当然地视为是超历史、超时空和超感性的圆融自足的宇宙本体。其谓“天理云者，这是一个道理，更有甚穷已。不为尧存，不为桀亡。人得之者，故大行大加，穷居不损。这上头更怎生说得存亡加减。是佗元无少欠，百理具备”（《二程遗书卷二上》），“理在天下只是一个理。故推至四海而准。须是质诸天地，考诸三王不易之理”（同上），“‘寂然不动，感而遂通’此已言人分上事。若论道则万理皆具，更不说感与未感”（《二程遗书卷十五》）。

师承程学，朱熹不仅以“天理”为核心，以诸如形上形下、无极太极、道器为中心范畴，为我们建立了一个“尽广大”和“尽精微”的宇宙本体论体系，而且在其学说中这种理的形而上的超验性质被进一步推向极致。朱熹谓：“未有天地之先，毕竟也只是理，有此理便有此天地，若无此理便亦无天地，无人无物，都无该载了。有理，便有气流行，发育万物”（《朱子语类卷一》），“若在理上看，则虽未有物，而已有物之理，然亦但有其理而已，未尝实有是物也”（《朱文公文集卷四十六·答刘叔文》），“未有这事，先有这理，如未有君臣，已先有君臣之理；未有父子，已先有父子之理。不成元无此理，直待有君臣父子，却旋将道理入在里面”（《朱子语类卷九十五》），“阴阳气也，形而下者也；所以一阴一阳者理也，形而上也。道即理之谓也”（《周濂溪先生全集卷五》）。此即朱子“理在气先”“理在物先”“理在事先”之说的推出。故在朱子的学说里，理作为太极不仅被其进一步高标特立为宇宙的终极本体，以至于朱子不无杞人忧天地宣称“若无太极，便不翻了天地！”（《朱子语类卷一》）而且还太极而无极地被视为无形无迹、无声无臭的“长在不死之物”“净洁空底世界”。此世界也即为朱子援用“有物先天地，无形本寂寥，能为万象主，不逐四时凋”这一佛学偈中所描述的世界。就此而言，朱子理学的推出与其说是在“证道体”不如说更像是在

“证涅槃”，从中还使我们可以断言。“后世所谓‘理学既出，佛学便衰’，是无根的宣传”[①]，因为该宣传不过是出于一种反历史主义的“道统的神话”，不过是以一种“大叙事”（grand narrative）的方式解读中国哲学史而导致的偏见。

对程朱来说，其所鼓倡的这种天理既从属于合规律性的事实判断，又相吻于合目的性的价值判断；其既是“万化之根底”，又是万善之本源。这样，“学而不论性，不知所学何事”，宇宙论最终落实到伦理学，天命说最终归结为人性论。故程氏谓“斯理也，成之在人则为性（成之者性也）”（《遗书卷十八》），“性与天道，一也。天道降而在人，故谓之性”（《河南程氏经学·中庸解》），朱子也说“性即理也，在心唤作性，在事唤作理”（《朱子文集卷七十》），“命犹令也，性即理也，天以阴阳五行，化生万物，气以成形，而理亦赋焉，犹命令也。于是人物之生，因各得其所赋之理，以为健顺五常之德，所谓性也”（《四书集注·中庸注》）。综上所言，无论程子还是朱子，都无一例外地坚持“性即理”而使天理与人性在其学说中得以内在的勾连。

同时，与之枹鼓相应的是，正如在其学说里该天理乃为形而上的超验之天理一样，程朱所谓“性即理”的人性亦理应为一种形而上的超验的人性。于是，我们看到，作为对张载的“天地之性”与“气质之性”二分的发明，并与“理在气先”的逻辑一致，在程朱学说里一种在“天理”与“人欲”、“道心”与“人心”画地为牢的人性论理论的推出也就在所难逃

---

① 余英时：《朱熹的历史世界》，北京：生活·读书·新知三联书店，2004 年，第 106 页。

了。这种人性论宣传“人心惟危，道心惟微”，“道心”“微妙而难见”，“人心”“危殆而不安”，宣传“天理存则人欲亡，人欲胜则天理灭，未有天理人欲夹杂者”“革尽人欲，复尽天理”（《语类卷十三》），乃至缘此程子不近人情地提出了“饿死事极小，失节事极大”这一极端清教主义的伦理思想，乃至缘此朱子不无极端地提出了“千五百年之间，……尧、舜、三王、周公、孔子所传之道，未尝一日得行于天地之间也”（《文集卷三十·答陈同甫书》）这一彻底反历史主义的历史理论。从中不仅依稀仿佛使我们窥见来自《圣经》坚持“德行并不许诺幸福”的那种尘世与天国二分的思想，而且还如雷贯耳地使我们听到了康德在其实践理性批判中所发出不可抗拒的道德的“绝对命令”的呼声。因此，也正是在这一点也只有在这一点上，正如现代新儒家为我们所揭示的那样，中国古代哲学之形而上学与西方哲学之形而上学之间才具有可比较性。

故无论是在宋儒的宇宙论领域还是在其伦理学领域，都有一条巨大的鸿沟横亘其中。该鸿沟的一侧为作为超验本体的“理”的世界，而另一侧为经验现实的“物”的世界。这样，如何沟通两个世界的问题就不能不被宋儒提到议事日程。而所谓的通过“致吾之知”以“格物穷理”则被宋儒视为是解决该问题的唯一途径。关于这一点，朱子写到：“所谓致知在格物者，言欲致吾之知，在即物而穷其理也。盖人心之灵，莫不有知，而天下之物，莫不有理。惟于理有未穷，故其知有不尽也。是以大学始教，必使学者即凡天下之物，莫不因其已知之理而益穷之，以求至乎其极。至于用力之久，而一旦豁然贯通焉，则众物之表里精粗无不到，而吾心之全体大用无不明矣。此谓物格，此谓知之致也”（《大学章句·补格物致知传》）。

这一耳熟能详的朱子语录之所以在此为我们再次援引，恰因其不啻为自先秦以来一最重要的哲学宣言尽其曲折地破土而出。而该宣言的独特意谓乃在于其代表了中国哲学史又一具有哥白尼意义的历史性转向，即从传统的“身之行”向反传统的“心之识”这一知识论转向。该转向的奠基者在坚信“盖人心之灵，莫不有知，而天下之物，莫不有理”的同时，要求我们对无论是自然的“所以然”的物理，还是社会的“所当然”的伦理一并加以穷尽，以期最终豁然贯通、心物一体地臻至从中派生出世界万殊的至极的“理一”之境。

我们看到，也正是从这一全新的“知识论”的取向出发，才使朱子义无反顾地发起了对中国古老的“反求诸身”传统的反击。故当杨时拾孟子余唾主张所谓的“反身而诚”时，不料却遭到朱子的当头棒喝，其谓“万物之理须你逐一去看，理会过方可。如何会反身而诚了，天下万物之理便自然备于我成个什么?”(《朱子语类卷六十二》)。同时，也正是从这一全新的“知识论”的取向出发，才使朱子一反中国古人一贯重视躬行的主张，而把所谓的“知先行后”视为当然之则。故朱子提出“夫泛论知行之理，而就一事中以观之，则知之为先，行之为后，无可疑者”(《文集卷四二·答吴晦叔》)，提出“先知得，方行得。所以《大学》先说致知”(《语类卷一四》)，以及提出“既知则自然行得，不待勉强，却是知字上重”(《语类卷一八》)。在这里，由于坚持伦理行为的“应当”取决于思维认识上的“必然”，这使朱子的思想既与先秦古人“以履训礼”“以行训德”的思想相去甚远，又与古希腊哲学家“美德即知识”“恶行即无知”的思想不期而然地如出一辙。

如果说从古希腊哲学家的上述思想中最终发育出近代西方“启蒙主义”的话，那么，可以说，以朱子学说为代表的宋代理学则独辟中国历史“启蒙主义”之先河。因此，尽管朱子学说与后来的文化保守主义及官方意识形态之间存在着如何多的纠缠和瓜葛，乃致于其峨冠巍服地被礼遇为官方哲学家而有所谓的“中国的黑格尔”之说，也尽管后世诸儒对朱子学说的批判一波接着一波，乃致于王夫之直斥其“知先行后”乃为“已异于圣人之道”的“异学”（《尚书引义·说命中二》），然而，就其所处的历史境遇而言，朱子学说当有其无可厚非和不容低估的时代意义。这种时代意义即，在秦汉以降延续千年的“上尊下卑”“士贱君肆”的中国历史长河中，朱子学说的推出，标识着士的理性意识的崛起，以及士以之为己任、以之为托庇的“道统”之于“君统”“政统”的分离和独立。

余英时在其《朱熹的历史世界》一书中，在谈及宋代思想史时指出，“我企图说明的只是一个简单的事实，北宋释氏之徒最先解说《中庸》的‘内圣’涵义，因而开创了一个特殊的‘谈辩境域’（“discourse”）。通过沙门士大夫化，这一‘谈辩境域’最后辗转为儒家接收了下来”。[①] 故而，以朱子为代表宋儒的历史地位乃在于，其经由沙门援佛于儒地从“身”走向“心”，从“外王”走向“内圣”，把孔子所罕言而《孟》《庸》所独揭的“性与天道”大力发明，并以这一新辟的“谈辩境域”为依凭而为自己赢得了前所未有的话语身份，

① 余英时：《朱熹的历史世界》，北京：生活·读书·新知三联书店，2004 年，第 95 – 96 页。

以与曾经不可一世无可匹敌的王权话语相抗衡。明乎此，我们就不难理解，为什么中国历史中唯有在宋代人文知识分子即“士”的社会地位才得以真正提升，不仅宋代独开“不杀士大夫”之文治新风，而且宋代皇帝和朝廷“焚香礼进士”，其对士的尊崇和礼遇前越汉唐而后逾明清。明乎此，我们就不难理解，为什么中国历史中唯有在宋代“以道学自负”的“士”的自我意识才得以空前觉醒，其不仅以公共领域的“天下”而非一己之隅的“家邦”为寄身之所，其不仅振聋发聩地发出了君臣“迭为宾主”，君臣“同治天下”的历史呼声，而且像朱子那样一反中国古代“君子不党”的传统，主张“君子”不但应该有“党”，而且“惟恐其党之不众”，自觉组建以书院、学社为其形式的“精神共同体”“思想的共同体”，以其同声相应、伟节相望令整个世风为之一振。而这种“政党意识”初萌于洛阳与汴梁之间的对峙，在朱熹的时代随朱学朱党被朝廷宣判为“伪学”和“逆党”而被推向极致。故在朱子的时代，此哲学家已非彼哲学家，该时代的哲学家的人生使命并非“明哲保身”，并非“有道则见，无道则隐”地与时进退，而是“乐以天下、忧以天下”地“以天下为己任”，以及知其不可而为之地“与道进退”。“经济夙所尚，隐沦非素期”，从朱子这一自述诗中，我们读出的不正是不仅有那种“义难阿世非忘世”的悲慨和无奈，还有那种在西方近代启蒙主义思想家身上所看到的“在一切社会事务中运用理性”的救世之襟怀吗？

然而，宋儒的这种启蒙理性的“理性”，既与西方近代那种康德式的“理性”有相通之处，又与之不尽相同。这种不同之处体现为，如果说康德式的“理性”是一种所谓的“纯粹理性”的话，那么宋儒的“理性”则为一种我们称之为的“不纯粹理性”。也就是说，与康德的那种完全出自古希腊传统的“理性”不同，宋儒的“理性”由于与中国古代先秦传统有着千丝万缕的联系而其性质具有双重性，即该“理性”既为源自异域哲学的“心识”的“理性”，又从本土哲学脱胎而出而打上了鲜明的“身体”的烙印，从而使该“理性”不可避免地具有身心兼有的特征。故我们看到，一方面，宋儒强调“理在气先”，另一方面其又主张“理在气中”；一方面，宋儒强调“存天理灭人欲”，另一方面其又主张“人欲中自有天理”；一方面宋儒强调“知先行后”，另一方面其又主张“知行相须”。因此，正如在宋代沙门业已开始士大夫化，佛学业已开始儒学化一样，从中生成的“理学”其佛学原教旨意谓也业已大为褪色。也正是在这一点上，我们才把宋儒的理学定位为一种心身尚未完全脱节的所谓的“准形而上学”，其性质恰恰与“君法”时时托身于、反哺于“家法”这一当时的中国社会形态若合符节。故为朱子集其大成的理学体系，乃是一兼容了心识视域与身体视域的“心统性情”“心本身末”的矛盾混合体，而正是为了解决这一混合体中“心”与“身”之间的内在矛盾，导致了宋儒向中国古老身体哲学中所固有的现象学一元论思想的乞援和求助，此即为朱子畅发的“体用一源，体虽无迹，中亦有用。显微无间者，显中便具微。未有天地，万物已具，此是体中有用；天地既立，此理已存，此是显中有微”（《语类卷六十七》）这一“体用一源”“显微无间”的学说的推出。我们看到，也恰恰是由于这一学说的推出，愈加彰显了理学体系内部难以克服的心身悖反，而该悖反不仅导致了理学阵营内部以王阳明为其代表的“心学”的陡然崛起，而且还最终激起了明清之际哲学家对理学的全面反叛，并在理学这一先验理念大厦土崩瓦解的同时，使中国哲学从心识哲学向身体哲学的回归成为历史的必然。

也就是说，朱子的理学体系乃是一以“知性”为其主导取向的体系，一方面，该“知性”不仅意味着在认识论上我们实际上无力克服一种康德式的析心与物为二、物为“自在之物”而非“为我之物”的困难，王阳明“格竹子”的身心俱疲的失败，以及其谓“先儒解格物为格天下之物，天下之物如何格得？且谓一草一木皆有理，今如何去格？纵格得草木来，如何反来诚得自家意?”（《传习录下》）都为我们表明了这一点；另一方面，这同时也意味着在宇宙论上该“知性”最终也难以解决心识本体与世界现象之间的对立和两元，尽管朱子看似比任何人都坚定地相信二者原本是“体用一源”和“显微无间”的。因此，对于王阳明来说，为了把理学推向前进，为了建立一种更为圆融的理学体系，对朱子学说中所坚执的知性主义的批判就势所难免。这种批判要求我们对妄而不真的“知性”意识从事一种现象学式的还原，即从知性主义的“驰物外求”走向现象学的“切己自反”，从理学的“外在超验”走向后理学的“内在超验”，从而不是朱子的客体主义的外源性的“天理”，而是陆子的主体主义的内源性的“此心”就不可避免地成为王阳明哲学的真正的阿基米德点。

故朱学与王学虽同为心识哲学，但二者的区别却不啻霄壤之间。这种区别并非一为“客观唯心主义”，一为“主观唯心主义”，而是体现为，如果说前者是一种“即物穷理”的前反思的心识哲学的话，那么后者则为一种“反身而诚”的业已反思的心识哲学。就此而言，王学与其说是贝克莱的同僚，不如说与禅宗的“若识自性，一悟即至佛地”（《六祖法宝坛经·般若品》）若合符节，乃可被视为一种中国式的“意识现象学”的学说。唯有将王学定位于一种中国式的“意识现象学”，我们才能理解何以王学别有深意地以“致知格物”的“致良知”取代朱学的“格物致知”，因为一如王阳明“格物如孟子大人格君心之格，是去心之不正以全其本体之正”（《传习录》）一语所说，王氏的“致知格物”实际上并非是格理学的那种外在之物，而是格心中之物，即去除心的种种蔽障，以使心由外在性知觉意识回归到内在性纯粹自我意识这一“现象学还原”的过程。唯有将王学定位于一种中国式的“意识现象学”，我们才能理解何以王学从容自如地步出了朱学析心物为二的困境，“心外无物”地使心与物“妙合而凝”，因为一如王阳明“意之所在便是物”“有是意，便有是物；无是意，即无是物”（《传习录·答顾东桥书》）一语所云，在王阳明的良知领域，物并非是知觉意义上的自在之物，而是现象学意义上的意向之物，从而我们既不能“外吾心而求物理”，又不可“遗物理而求吾心”，二者实为间不容发的“意向连续统”。同时，也唯有将王学定位于一种中国式的“意识现象学”，我们才能理解何以王学一反朱学“知先行后”之传统，而使“知行合一”成为其学说中的不易之论，因为一如王阳明“良知只是个是非之心，是非只是好恶，只好恶，就尽了是非”（《传习录》）一语所示，一种致其良知的“知行本体”，意味着伦理行为的价值取舍与认识行为的事实取舍实际上绾合为一，意味着我们可以“见父自然知孝，见兄自然知弟，见孺子入井自然知恻隐”（《传习录上》）而不假认知地实现伦理践履，而这一切最终宣告了在推出一种胡塞尔式的现象学的本体论的同时，一种舍勒式的直觉主义的伦理学在王阳明哲学中的真正确立。

总之，由于通过“切己自反”这一现象学还原而使理学回归于一种更为直接的经验领域，这使王学不仅有力地克服了理学体系中诸种二律背反，而且还因之臻至“即知即行，即心即物，即动即静，即体即用，即工夫即本体，即上即下”（《明儒学案·师说》）这样一种“无之不一”的领域。这种“无之不一”的“一”，已不是朱子所谓的“理一分殊”的“理一”，而是“万化根源总在心”的“心一”，中国哲学的“内圣”思想由此而被王学推向了其极致。显而易见，这种近乎极致的“内圣”思想的出现，既是中国哲学史思想逻辑发展之必然，又逻辑与历史一致地与王阳明学说所处时代的特定的历史语境有关。这种特定的历史语境即：“秦汉的帝国是统一的，只勉强可以说是集权的。……明清的皇帝，才是专制主义了，绝对皇权了。”① 正是专制皇权在明季的空前的加强，使知识分子通往“外王”之途彻底壅蔽昧没，使知识分子在身行之道已无隙可觅之际只能转而乞援于“人心之一线”。这同时也说明，由于“心”与“身”、“内圣”与“外王”的严重脱节，在王阳明的心学里，早在宋儒身上就体现出的那种“如壁上行”的理想主义色彩更为明显，其更加不合中行不合时宜而以狂狷之姿出现，以至于被目为不无异端之“狂禅”。更有甚者，一些人从“平时袖手谈心性，临危一死报君王”这一士风出发，竟然将明亡之难溯源于王阳明心学所谓的“明心见性之空言”。

---

① 何兹全：《中国古代社会》，北京：北京师范大学出版社，2001 年，第 282 页。

无论这些看法如何失之偏颇，它都指向这样一个不容否认的事实，即在中国哲学史上，王学的出现标志着一种身体退隐和与之相偕的心识觉醒这一历史发展之极端。“亢龙有悔”(《易经·乾卦》)，这同时不也正表明，翱翔在思想之云端的中华之龙，在历经云游世界之后行将休养生机而重返其安身立命的大地。

（三）明清哲学：身体的回归

汤用彤说：“大凡世界圣教演进，如至于繁琐失真，则常生复古之要求。耶稣新教，倡言反求《圣经》(return to the Bible)。佛教经量部称以庆喜（阿难）为师。均斥后世经师失教祖之原旨，而重寻求其最初之根据也。”① 这一思想的回归的逻辑对于中国哲学史来说尤为凸显。这不仅是由于“笔头去取千万端，后世遭它恣意瞒”，中国哲学的原典经由后人的不断的解读而日益真伪难辨，而且更由于中国哲学史作为身体的生命史而非思想的演进史，其流与源之间存在着一种更为有机的张力而始终首尾相衔。故中国哲人心中总有一种挥之不去的复古之梦，中国哲学史中其今与古、现代与传统之间是那样如影随形般地难舍难分。这意味着在中国哲学史上思想的每一次大的突飞猛进，其结果必然是重新向历史的原点的回归。这一点在中国的明清之际表现的尤为明显，也就是说，明清哲学乃中国哲学史上心识哲学发展的物极必反，其代表了新时期再次复兴先秦身体哲学的历史运动。梁启超在谈及明末以来的思想史时所谓“道学的反动时期”、所谓“中国文艺复兴”云云，当

① 汤用彤：《魏晋玄学论稿》，北京：人民出版社，1957 年，第 87 页。

对此有照明作用。

而追溯这种身体复兴运动的思想轨迹，就不能不使我们再次回到王阳明。王阳明的哲学实际上是这样一种极其矛盾的复合体，以至于一方面其代表了宋明心识哲学的进一步的深化，并把这种心识哲学推向了极致；另一方面，其“切己自返”的思想路线不仅为一种通向“此心”“本心”的哲学敞开了大门，同时必然也为一种更为彻底的直抵“此身”“本身”的哲学提供了契机，因为“亲己之切，无重于身”，唯有“身”而非“心”才是真正的“当下”和“自己”，才是经过现象学还原的真正的“此在”本身。故在王学中，其超越一切的“心”其实并不外于血肉形躯的“身”，其对“心者身之主宰”（《传习录下》）的强调并不妨碍其同时明确提出“无心则无身，无身则无心”（同上）这一身心不二的理论。因此，我们看到，也正是从这种身心不二的理论出发，才使王阳明既强调“良知”的“心知”，又强调“致良知”的“身行”，既反对“不能精察明觉”的“冥行”，又反对“不能真切笃实”的“妄想”。同时，也正是从这种身心不二的理论出发，才使王阳明比先前宋明诸儒更多注重“事上磨炼”的功夫，并对之身体力行而使自己的人生更多的体现为一场“行动的人生”而非“静思的人生”。故王阳明的哲学无疑具有鲜明双重性格，其既是宋明心识哲学的集大成者，又创榛辟莽地开出了后来的身体哲学之先河。就此而言，王阳明与其说是中国的费希特不如说是中国的胡塞尔：其像胡塞尔一样，既是哲学史上所谓的“最后的先验唯心主义者”，又同时为哲学史上率先向经验的生活世界的回归的先知先觉。

一旦我们将王阳明的哲学如此定位，我们才能理解为什么作为王学左翼的泰州学派旋即异军突起之必然，以及为什么一如黄宗羲所言，该学派的出现既使王学“风行天下”，又使王学“渐失其传”。这是因为，正是由于泰州学派的出现，才使王学中所隐而未彰的身体哲学的思想发扬光大，从而最终在明清之际为我们率先发起了对心学的蹈空取向的批判，并从中开始实现了中国哲学从“心”的哲学向“身”的哲学这一历史性转变。所谓“赤身担当”，所谓“赤手搏龙蛇”，所谓“掀翻天地，前不见有古人，后不见有来者”，这些见之于《明儒学案》中的话语不正使我们对泰州学派的度越前代的精神可见一端。

“若能握其要，何必窥陈编”。泰州学派的为学之要，乃是作为心学的切己路线的继续，其并非是从历史的故籍中求学问道，而是诚如王阳明“学者能时时当下，即是善学”（《明儒学案·泰州学案五》）所说，从我之“直下承当”的所谓“当下”入手提纲挈要。故罗汝芳谓“当下即是工夫”（《明儒学案·泰州学案三》），杨起元谓“当下者，学之捷法”（同上），周汝登谓“当下自身受用得着，便是有下落”（《明儒学案·泰州学案五》）。然而，其名虽同，其指却异，此“当下”已不同于彼“当下”：其间不容不有辨的是，如果说王阳明所谓的“当下”是我之“心”的“当下”的话，那么作为王学弟子泰州学派诸儒的“当下”则移形换步为我之“身”的“当下”。因此，这一不同的“当下”观表明，同为“切己之学”，泰州学派所切入的“己”，已不是“心”之“己”而是“身”之“己”；同为“切己自反”，泰州学派所诉诸的“反”，已不是“反思”之“反”而是“反身”之“反”。这样，随着泰州学派之于我之“当下”的重新解读，沉睡了千年业已退隐的中国古代的此在之身又一次重新朗现在明儒的视域，“身在是而学即在是”（《明儒学案·泰州学案三》），不是“明道见心”而是“明哲保身”成为泰州学派的中心主题。

也许，在先秦后的中国哲学中没有任何人像泰州学派那样，使身体的哲学意义得以如此明确地揭橥和提撕。这一点除了可见之于王艮所先发其覆的《明哲保身论》外，还可见之于王艮和其他泰州学派学者的众多论述中。所谓“诚明之至，无物不复，反求诸身，把柄在手”（《语录上》），所谓“止至善者，安身也。安身者，立天下之大本也”(同上)，所谓“身与道原是一件。圣人以道济天下，是至尊者道也。人能宏道，是至尊者身也。尊身不尊道，不谓之尊身；尊道不尊身，不谓之尊道”（同上），所谓“都道苍苍者是天，岂知天只在身边”（《咏天下江山一览增友》），所谓“方信大道只在此身”（《明儒学案·泰州学案三》），所谓“大人通天下为一身”（同上），如此等等无一不为之于身道的推明。对于泰州学派来说，正如王艮“能爱身，则不敢不爱人”“能敬身，则不敢不敬人”（《明哲保身论》）这一观点所表明的那样，这种本己的身体既是宇宙万化之源，同时亦为社会人伦之本。而这种对伦理学的身体性的肯定必然导致对伦理学的生理意义的肯定，从而使伦理与生理融为一体，并最终意味着理学中伦理唯心主义、伦理超验主义的行将寿终正寝。故不仅“莫谓天机非嗜欲，须知万物是吾身”这一王阳明的思想被奉为正统，而且在泰州学派中所谓“是制欲，非体仁也”（《明儒学案·泰州学案三》）、所谓“只是率性而行，纯任自然，便谓之道”（《明儒学案·泰州学案一》）、所谓“性而味，性而色，性而声，性而安适，性也”（《何心隐集》），所谓“人有困于贫而冻馁其身者，则亦失其本，而非学也”（王艮《语录上》），所谓“乐是乐此学，学是学此乐”（王艮《乐学歌》）等观点业已解缆放船地纷纷推出，使泰州学派“遂复非名教之所能羁络矣”（黄宗羲语）。于是，随着有别于心识伦理的这种“生命伦理”的推出，在泰州学派中，其不仅提出“孔门《学》《庸》，全从周易‘生生’一语化得出来”（《明儒学案·泰州学案三》），也即从大易之生生中追寻伦理的源头，而且最终将万物的“化生”落实到人物的“形生”，长期被理学家所忽视的“民生”问题由此而得以高度的肯定，而王艮的“百姓日用即道”的推出即为其明证。故泰州学派的出现，标志着长期占统治地位并留连于玄虚光景的“心性之学”的行将衰敝，和一种以经世致用为宗旨的“实学”思潮在明清之际业已初现端倪。

人们看到，这种从“心”向“身”的“实学”转向，随着明亡这一“天崩地析”的时代到来而陡然崛起，并呈万牛莫挽之势。黄宗羲、顾炎武、王夫之这三大巨儒的学说的横空出世即为其显征。无论这三者的学说之间如何不同，他们都无一例外地对当时风靡的“心性之学”起而矫之，并激于时弊从对其的理论辨难走向对其的历史批判，故顾炎武下述议论以其痛定思痛乃代表了历史之深刻辨证，其谓“不习六艺之文，不考百王之典，不综当代之务，举夫子论学论政之大端一切不问，而曰一贯，曰无言，以明心见性之空言，代修己治人之实学，股肱惰而万事荒，爪牙亡而四国乱。神州荡覆，宗社丘墟”（《日知录卷七·夫子之言性与天道》）。同时，也正是基于这种历史之深刻辨证，使他们在从“心”走向“身”的同时，从宋明理学的“内圣”走向中国传统的“外王”，从思想的批判走向现实政治的批判，复兴“修己治人之实学”和重建更为合理的政治制度成为其不约而同的共同纲领。而无论是黄宗羲之于古之“原君”“原法”的推崇，还是顾炎武之于“亡国”与“亡天下”的区分及王夫之之于“虚君共和”理念的发明都无不表明了这一深衷。然而，在这一身体哲学转向之中，真正使古之身学光而大之并集其大成的则非王夫之莫属。梁任公在其《清代学术概论》引谭嗣同的话说：“五百年来学者，真通天人之故者，船山一人而已”，章太炎在其《船山遗书》序中亦云：“当清之季，卓然能兴起顽儒，以成光复之绩者，独赖而农一家而已”，此诚为不虚之语。

一旦我们把王夫之学说视为集古之身学之大成，一旦我们从身体视域出发进入王夫之的理论，我们就会发现，既不是横渠之学，又非《论》《孟》《学》《庸》，而是作为中国古代身体哲学之真正原典的《尚书》，当为王夫之以资借鉴的最重要的也最具奠基性的思想资源，而在其真正转入学术生涯时所完成的对《尚书》重新阐释的《尚书引义》一书，应被视为是其可以等身的著作中的最具原创性思想的一部。我们之所以坚持如是说，乃在于在其《尚书引义》一书中，王夫之以史为鉴，从独夫殷纣“罔顾天显民祗”而最终导致其上帝不保、天命殛之这一沉痛的历史教训中，为我们别有深意地独揭“天显”这一古老概念的极其深刻的哲学奥义，而把“天有显道”视为其哲学立论的真正理论基石。按王夫之的理解，所谓“天有显道”，即“且夫视而能见，听而能闻，非人之能有之也，天也。‘天有显道’，显之于声色，而视听丽焉”（《尚书引义·泰誓中》），也就是说，宇宙最根本、最绝对的“天之道”即“显之道”，也即不假人为、自然而然地经由视听所显现的有形世界之道。故“天有显道”乃对终极性的“天”给予一种

“现象学还原”之道，并经此还原而使“天”从“形上之天”回归于“形下之天”之道。同时，对于王夫之来说，也正是经此“现象学还原”，使道最终与视听之具体的“身”而不是思维之抽象的“心”得以内在勾连，从而使道不再拘泥为所谓宋明之儒的“心性之道”而回归于汤武的“身之之道”，此即“道恶乎察？察于天地。性恶乎著？著于形色。有形斯以谓之身，形无有不善，身无有不善，故汤武身之而以圣”（《尚书引义·洪范三》）这一论点的推出，而该论点最终可醍醐灌顶般地一言以蔽之为一句话，即：“即身而道在”（同上）。

我们看到，在王夫之的学说里，也正是基于这种作为“天显”的“身”，为理学所高标特立的“心”和“性”业已失去了其自在的独立性，形上之“心”“性”唯有通过形下之“身”才能得以真正体现和发明。故王夫之谓“不发而之于视、听、言、动者，不可谓之心也”（《尚书引义·仲虺之诰》），谓“心者即目之内景，耳之内牖，貌之内镜，言之内钥……非别有独露之灵光”（《尚书引义·洪范三》），谓“性焉安焉者，践其形而已矣。……然则唯有人之形也，则有人之性也”（同上）。进而，也正是基于这一极为自觉的“身以内，身以外，初无畛域”的思想，王夫之对先前种种“一切唯心”“万法唯识”的唯心主义和超验主义发起了入室操戈、空前彻底的批判。其不仅力辟佛老的“断声见”“除我相”“不净观”“臭皮囊”“清静法身”等观点，视“以秉为患，以为为妄，以百姓为刍狗，以父子夫妇为火宅，以游戏为三昧，以空诸所有为正觉”为罔顾天显民祗之“纣道”的再现(《尚书引义·多士》)，而且从“父母未生以前，今日是已；太极未发以前，目前是已”这一身的当下出发，对“悬一性于初生之顷，为一成不易之侧”的王阳明“无善无不善”的“心体说”给予了不依不饶的讨伐和清算(《尚书引义·太甲二》)。而这种批判既是对先前佛学、理学的“头脚倒立”的哲学的根本性颠覆，又可被视为是对先秦的身体本体的古典传统的历史性再建。而在王夫之的学说中，其所谓“有形而后有形而上”“无其器则无其道”“理在气中”“能必副所”“行可兼知”等命题推出，都无一不为其理论体现，并缘此而尽发其覆地使中国古老的身体本体思想得以空前彰显。

值得注意的是，在王夫之的学说里，这种对身体本体的古典传统的再建，不仅表现为其提出“即身而道在”而重新恢复了身体在中国哲学中的根本的地位和尊严，而且还表现为其进一步追本溯源于“一阴一阳之谓道”，从而使男女两性之感再次凸显为身道的原发之源。王夫之释张载“乾称父，坤称母”曰：“从其大者而言之，则乾坤为父母，人物之胥生。生于天地之德也固然矣；从其切者而言之，则别无所谓乾，父即生我之乾，别无所谓坤，母即成我之坤；……而父之为乾，母之为坤，不能离此以求天地之德，亦昭然矣”(《张子正蒙卷九·乾称上》)。故对于王夫之来说，正如我的身体源自男女一样，同理，那种即身的天地之道实际上亦不过是男女之道的体现。这样，不是理学“以一该万”的“唯一”，而是大易“不有两则无一”的“两一”就成为天地之道的原发机制，而“惟异生感”的两性之“感”就成为宇宙万象得以氤氲化生的最终根源：“阴阳合于太和，而性情不能不异；惟异生感，故交相欣合于既感之后，而法象以著”(《张子正蒙注卷一·太和》)，“天下者，万事万物之富有，而皆原天道自然之化，阴阳相感”(《张子正蒙注卷六·有德》)。易言之，在王夫之的学说里，与张载“感者性之神”这一思想一致，终极性的道已并非是理学家的那种超感的“一阴一阳”之“所以”，相反地其本身就太极而太和地为一阴阳互感体。

此乃是宋明以来接续张周而对宇宙之道的性感特质的至为明彻的洞揭。其结果是，一方面使宇宙之道因感而生而成为一种日新又日新的历时性的生成过程，故有王夫之所谓“天地之德不易，而天地之化日新。今日之风雷非昨日之风雷，是以知今日之日月非昨日之日月也”（《思问录外篇》），所谓“江河之水今犹古也，而非今水之即古水；灯烛之光，昨犹今也，而非昨火之即今火”（同上）之论；另一方面又使王夫之一反宋明理学种种“气禀有定”“一成不易”的先验主义人性论，坚持“尽人道者，动以顺生之几”（《周易外传・无妄》），在其学说中一种与时偕行的历史主义的人性论的推出成为可能。这种人性论既坚持“夫性者生理也，日生则日成也”这一性的“日生”（《尚书引义・太甲二》），又主张“未成可成，已成可革”这一性的“可革”（同上），并在此基础上使一种迥异于宋明治道的全新的治道理论得以推明。而该治道理论既不失其对“孤秦陋宋”政体批判的锋芒，又不愿躐等于朱子“古是今非”的绝对原教旨主义的理论，而是以“今胜于古”“势异而理异”为其规定和使命。凡此种种，不仅意味着在中国哲学中“冥思”业已开始让位于“健行”，意味着宋明人的“静思的人生”开始让位于古老的“行动的人生”，而且宣布了久已被遗忘的“时机”“境遇”及“历史”重新究不可掩地出现在哲人的视域之中。

“六经责我开生面，七尺从天乞活埋”，王夫之的这一铭句与其说是他人生的自励，不如说更可视为是其哲学的不无酷肖和生动的写照。易言之，王夫之的哲学乃是基于真正的中国古代传统，从我之身体出发开出新的生面和广阔天地的哲学。该哲学既以其包罗宏富集中国古代身体哲学之大成，又以奠基者的身份规定着其身后的中国哲学运行的轨道。虽然整个清季训诂考据的“小学”骤盛一时，然而在义理的“大学”层面，以明经为宗旨的清代思想却具有鲜明的“后王夫之哲学”的特色。从颜元“身实学之，身实习之”这一对学的揭示，到戴震“出于身者，无非道也”这一对道的解读，再到章学诚“六经皆史”这一对经的检讨，其间都有这样一条主线一以贯之，即：他们都主张从宋明理学回到先秦的周孔之道，并坚持这种周孔之道其实质并非“心教”而是“身教”。因此，由泰州学派开其端倪，由王夫之大力发明，并由颜、戴、章诸清儒接其余绪的明清哲学实际上乃为中国哲学之于身体的回归运动，并从中使中国哲学由身到心、再由心到身这一历史的否定之否定的过程成为可能。而“复，其见天地之心乎”，这一“一而立，再而反，三而如初”的历史的逻辑再次为我们雄辩地表明，中国哲学的“天地之心”、中国哲学的“事物本身”，最终不是宋明人援佛于儒的理念化的“心体”，而是从先秦古老的六经中所径直开出的活生生的“身体”。

无疑，中国哲学中的这种身体本体的揭示，无论是对于中国哲学还是对于整个人类哲学其都有不容低估的意义。它不仅是对有别于西方传统哲学的中国传统哲学所特有的本质的真正破译，而且从中为我们洞显出一种步出现代主义哲学危机的后现代主义的哲学视域。它对身体的“此在”的还原乃体现了对生活世界的更为彻底的还原，并代表了对现代主义的种种“以身为殉”价值取向的最早的抗议和批判；它对身体的“性感”关系的发现乃是对宇宙对话关系的至为根本的发现，可为消解现代风靡的“以一驭万”的独白话语提供深刻的镜鉴；它对身体的“历时”的肯定作为对时间的生生不息意义的真正的肯定，从中使我们预感到今人所使用的那种机械化的钟表行将过时，一种更具生动气韵也更具时代感的生命之钟即将钟声长鸣。因此，在这个资本主义生产逻辑无往而不胜地普泛化为全球话语的当代，在这个抽象取代了具体、同一代庖了关系、效率偷换了时间而人类日益远离其原发生命之源的今天，那种以启蒙为其旗号而风光无限的西方传统的意识哲学正在走向其历史的反面，与此同时，时代也正在呼唤着一种面目一新的身体哲学的出现。这种全新的身体哲学的出现不仅意味着从根本上改变现代人所皈依的知行取向，使我们从抽象的“思想的启蒙”走向更具始源性的具体的“身体的践形”，而且也意味着人们将更多地关注的不是物质生活和生产而是人自身的生活和生产，而对德留兹所谓的资本主义生产逻辑赖以成立的“生命学基础”实行釜底抽薪的批判，并缘此而对当代人类社会生活的安身立命之基从事历史性重建。而今天所出现的由“无家可归”所催生的“家的回归”的社会运动，基于“克隆”所引发的“生命伦理”的热烈讨论，以及反叛男权独霸而导致的西方女性之于总统宝座的纷纷问鼎，不正是可以看做是这一批判和重建的端倪初现，不正是可以从中使我们感受到了一种扑面而来的人类身体哲学时代的春天吗？

故而，中国古代的身体哲学不仅是从属于中国的，也是从属于世界的；不仅是从属于历史的，也是从属于今天的。唯有从一种身体性的中国哲学出发，我们才能有力克服要么使中国哲学成为一种“私人话语”，要么使中国哲学成为一种西方哲学的附庸的理论窘境。唯有从一种身体性的中国哲学出发，我们才能真正摆脱要么将中国哲学视为一种业已死亡的过去，要么将中国哲学寄希望于一种遥遥无期的未来的悲惨命运。因此，身之时义大矣，身体既是中国哲学走向世界的桥梁，又是中国哲学步入今天之通途达道。故我们相信，正如当年我们祖先通过“反求诸身”开创出让世人叹为观止的辉煌的中华文明一样，值此后意识哲学即将大行其道的今天，之于中国古老的“身体之书”的重新解读也必将使我们的文明再次引领世界文明的风骚。

下　篇

第五章
中国古代“家”的哲学论纲

一、西方传统哲学的"无家性"（homelessness）

案头上的杨效斯博士的"家的哲学纲要"一文引起了笔者极大的兴趣。① 之所以如此，是由于杨文以一种令人几乎触目惊心的方式，为我们体无完肤地揭示了西方传统哲学对人类生活极其重要的领域的"家"的轻蔑和无视。在该文的第一部分，作者就罗列出了醒目的六大证据对此予以说明：①西方哲学界缺乏关于人类家的值得重视的著作；②西方哲学家缺乏认真研究家范畴的兴趣；③在西方哲学概念、范畴体系中，"家"没有重要地位；④在西方哲学教育中，家不是一个典型题材；⑤西方社会上的哲学普及读物里，很少论及家庭；⑥一

① 参见牟博编：《留学哲学博士文选：中西哲学比较研究卷》，北京：商务印书馆，2002 年。

些哲学家坦率地承认家从不曾是西方哲学的中心课题。

固然，在西方的社会科学中，家的研究确被很多学者所关注和涉猎；固然，随着诸如对老人的遗弃、对儿童的虐待、婚姻的脆弱、家庭的变异和不健全、家庭幸福的减少等社会问题日益凸显，对家本质及其意义的深入思考已势所难免，然而，正如杨文所指出的那样，对家的形而上的思辨的研究却由古迄今似乎从未进入西方哲学家的视野，西方哲学中始终存在着一种"家学"研究的空场。以杨文之见，之所以造成这一局面，实出乎西方哲学所偏爱的两极语言的弊端。这种两极语言不仅造成了人类事务的个人与社会的极其严格的分判，而且自然也使家这一"中间单位"难以在理论上自圆，从而最终形成了长期以来西方哲学之于家的学说根深蒂固的理论偏见。

杨文告诉我们，这种对家的偏见早在古希腊的荷马史诗中就初见端倪。充斥在荷马神话中的人间英雄身上的乱伦、通奸、杀子女、弑父母的现象，使荷马神话中的家庭成为十足的"问题家庭"，并作为原始的家庭典范为西方人的家庭观蒙上了难以祛除的阴影。殆其稍后，古希腊哲学则开始在使家庭蒙耻、贬低家庭的道路上越走越远。以柏拉图学说为例。其以斯巴达为城邦样板，认为家庭是妨碍公共精神的，故其不仅不应存在，而且应从政治上加以取缔。我们看到，正是这一观点的推出，使柏拉图成为西方历久不衰的"家庭消亡"理论的真正的鼻祖和开山。尽管在柏拉图之后亚里士多德在其《政治学》中明确反对取缔家庭，也尽管亚里士多德在其论著中多次谈论到家庭，然而，由于亚氏主要是把个人，即希腊男性公民作为考查社会问题的起点，由于他把非血缘的"友谊"看作是人际关系的典范，这使亚里士多德与他的老师一样，依然没有给予家以足够的理论重视，并最终错失了对家的本质的深刻的哲学洞观。

在杨文里，这种对家的偏见在作为西方文化精神的另一思源的犹太—基督教中亦难以幸免。诚然，这两大宗教确有保护家庭的一面，例如，《旧约》的摩西十诫中就有所谓的“荣耀你的父母”之说，而当今西方宗教界人士亦成为维护“家庭价值”的社会中坚。但是从根本上说，两大宗教学说中不利于家庭文化的一面，却显而易见地压倒了其有利于家庭文化的一面。《旧约》中把亚当夏娃的结合视为人类原罪的观点，亚伯拉罕杀子祭神的故事，还有雅各欺兄侮父的行径无一不是其明证。《旧约》是如此，《新约》亦基此而更为复本加厉。《新约》教导人们：“弟兄要把弟兄，父亲要把儿子，送到死地；儿女要与父母为敌，害死他们”（《马太福音》10 章 21 节），耶稣还说：“爱父母过于爱我的，不配作我的门徒；爱儿女过于爱我的，不配作我的门徒”（同上，10 章 34—37 节）。这一切都告诉我们，对于西方的宗教学说来说，无父优于生父，教友优于兄弟姐妹，上帝之家优于世俗之家，一如古希腊哲学，在西方宗教中家的存在依然被弃如敝屣，乃至被完全的妖魔化。

因此，无论是西方的古希腊精神，还是西方的希伯来精神，其都具有一种突出的无家性特征。同时，也正是从两希精神这种无家性出发，使整个西方哲学不仅始终不能走出个体主义和社团主义、个人自由与集体意志、私人领域与公共空间两者非此即彼的哲学困境，而且也从中直接派生出其理论上的一系列先天的缺陷，诸如对唯我的执迷、对男女性别意识的缺失、对亲情乃至整个人类情感的漠视、对个体生死与家族传承关系的淡化，以及所谓的成年中心主义等等。无疑，这种与生俱来的先天的缺陷，意味着以所谓“万有”“普遍”“大全”自诩的西方哲学乃是一种徒有虚名的不健全的理论，并且同时造就了献身于该理论的西方哲学家的一种不无片面和畸形的人生，为杨效斯所罗列出的终生独身的西方哲学家的长长的名单即此明证。在这个名单里，既有作为西方哲学鼻祖的柏拉图，还有像笛卡尔、斯宾诺莎、莱布尼茨、洛克、休谟、贝克莱、卢梭乃至康德这样一些大名鼎鼎的人物。

西方学者沃尔沙默写道：“也许在道德哲学的文献中讨论得最少，处理得最糟糕的内容恰好是绝大多数人的生活中最重要的事务，即我们的家庭关系”。① 在此谨请注意，为杨效斯的文章所援引的这一批评仅仅对西方哲学成立，而对于中国古代哲学则应另当别论。这是因为，与西方哲学完全不同，家的问题不仅为中国古代哲学高度关注和极其熟谙，而且其始终被置于其学说的腹地和中心，换言之，就其实质而言，中国哲学乃是一种地地道道的“家本主义”的理论。

二、中国古代的“家本主义”的哲学理论

（一）中国古代哲学中的家的基本结构和性质

正如 F. 福山“中国儒教的本质是家庭主义”这一观点所

---

① 牟博编：《留学哲学博上文选：中西哲学比较研究卷》，第 268—270 页

断言的那样，以儒家为代表的中国古代哲学的家本位思想似乎早已成定论。然而，究竟在什么意义上是中国哲学所谓的家，却歧义纷出，其涵义不容不辨。

依笔者之见，既然“中国的形而上学是从身体出发”（汤浅泰雄语），既然中国哲学是一种以身为本的理论，那么，在中国哲学的家本主义意义上的家其实是与身同旨的，家不外乎为身的别称。故中国古人有所谓“身家性命”之说，《吕氏春秋》亦指出：“以身为家，一家为国，以国为天下。此四者异位同本，故圣人之事，广之，则极宇宙，穷日月；约之，则无出乎身者也”（《吕氏春秋·审分览·执一》）。在这里，家（乃至国和天下）与身其实是异名同谓的：身推而广之谓之家，而家反而约之谓之身。换言之，中国哲学所谓的家不过是中国哲学所谓的身的体现、践行、推扩和放大，其乃为一种“身体场”之身，一种展现出身的生成形态和包含着身的所有丰富规定性之身。

必须提及的是，中国古人之所以坚持家与身本体意义上的同旨，其真正的原因在于，中国古人的身已不再是单纯物理意义、生理意义的一架机器或血肉形身，而是现象学哲学意义上的一天人、合内外之身；其已不再是作为一己之私的小我之身，而是无间尔我的大我之身。我们看到，也正是这种对身的独特理解，才使古人的身家一体观成为可能，并同时决定了中国哲学家的理解与西方哲学家的理解的差异性。也就是说，中国哲学之家既非物理意义的遮风避雨之所，也非生理意义的一群生物体的集合，而是乾父坤母、民胞物与之家，也即王阳明所提出的由于“以天地万物为一体”，则必然视“天下犹一家”这一“天下之家”。

这种哲学本体论意义上的家的确立，同时也意味着中国古人的一种特有的世界结构，即一种有别于西方式的世界结构的中国式的家世界结构的推出。概而言之，如果说西方式的世界结构是一种意识论的世界结构的话，那么这种中国式的家世界结构则为一种身体论的世界结构。细而绎之，如果说西方式的世界结构一如康德哲学所示，是循着意识→范畴→宇宙这一理路来构成自身的话，那么中国式的世界结构则一如《易经》所示，是以身体→两性→家族这一途径来构成自身。因此，这意味着，对于古人来说，正如其坚持身体的界限也即世界的界限一样，其也坚持家庭的界限也即世界的界限。这也意味着，对于古人来说，与其说“家庭是人类的第一世界”（巴士拉语），不如说家是无处不在的，家就是整个世界本身，家就是人类生活中的一切。

同时，一旦在中国哲学里家与身同旨，这表明了身的性质亦不失为家的性质，笔者所提出的身的根本特性对于家来说同样成立。这样，与中国哲学中的身一样，中国哲学中的家亦具有亲在性、性感性和历时性这三种基本特性。

家的亲在性。家的亲在性是指，正如中国古人坚持“亲己之切，无重于身”（萧统语）一样，从家身同旨的思想出发，中国古人亦坚持惟有家才使人最本己的、最切身的存在，尽管该存在并非是一种个体性、实体性存在而是一种关系性、因缘性存在。这不仅由于人之降生并非像一些存在主义者所断言的那样，是无根据地“被抛”于一个异己的世界，而是首先有根有据地“出身”于亲切体己的家中，家是人真正的“生身之在”，而且还由于唯有在家中，人才能为自己找到自己坚实的安身立命之地，人才能不仅由此出发走向社会和世界，而且也由此出发回顾过去并眺望未来。因此，不是自我而是家庭，实际上是古人真正的有别于“彼在”的“此在”。明乎此，我们就不难理解为什么对于中国古人来说，“伤于外者，必反其家(《周易·序卦传》)”，家被视为人生命唯一可靠的栖息之地和庇护之所；并且同时我们也不难理解为什么在儒家的词典中，“出家”即等同于“出世”，也即对家的出离，实意味着五蕴皆空、六根灭绝这一人的“生活世界”之彻底了断的最大的悲哀。

家的性感性。家的性感性是指，正如中国古人坚持“身体发肤，受之父母”一样，从家身同旨的思想出发，中国古人亦坚持家亦是男女两性互感而孕生的产物。故男女两性互感既是身体的原发生成机制，又不失为家庭的原发生成机制。而古人所谓“有男女，然后有夫妇；有夫妇，然后有父子”（《周易·序卦传》）之说即此明证。因此，一如《楚辞·离骚》中“及少康之未家兮，留有虞之二姚”这一诗句所示，在古人对家字的解释里，家除有身之安顿义外，其还有突出的男女婚嫁之义。故无论是女子的“嫁”抑或是男子的“娶”皆可谓之“家”，皆可以“家”来指称和语及。无疑，认识到这一点，对于我们理解中国哲学的家概念来说是意味深长的。它不仅表明对于中国古人来说，在家庭这一因缘关系集合体中，男女夫妇关系始终被视为一切关系中的至为始源和根本的关系，而且从中也使一种差异相关的“和”而非无差异的“同”的哲学核心范式的推出成为可能。我们看到，尽管在中国历史进程中，这种和而不同的夫妇之道逐渐让位于同而不和的父子之道，并以一种“移孝于忠”的方式最终让位于权威主义政治意识的君臣之道，即使如此，以夫妇关系为其原型的“和”

的精神依然历久不衰地深植于中国古代哲学之中，成为中国哲学中最具原创和最有活力的思想，并与崇尚“无性克隆”的同一化的西方哲学精神形成鲜明对比，成为中国哲学之所以区别西方哲学的最主要的特征。

家的历时性。家的历时性是指，正如中国古人把身视为一种基于男女互感的动态互文的不断生成的过程一样，中国古人亦把家视为以此方式所展开的过程。故中国古人的家实际上是生生不已的“家族之树”之家，这种家既有“嫁”（男女婚嫁）之义，又有“稼”（种植生长）之义，而正是后者使中国古人的“家族之树”之家有“年轮”、有“代际”、有“世系”，并从中最终导致了一种既有别于“还原论”义有别于“整体论”的理论模型的推出。此即为中国哲学所特有的别具一格的“谱系学”或“家系学”（genealogy）的理论模型。根据这种模型，基于男女互感的家族成员的差异相关关系一物两体地展幅为两个方面。一方面，它表现为横向上直系与旁系之间的姓际相关，由此而有古人的“亲亲之统”；另一方面，它又时位相关地表现为纵向上父系与子系之间的代际相关，由此而有古人的“尊长”之统。而无论是哪一种相关，其都表现为一种家庭谱系经由时间而展开的，由近及远、由亲到疏的具有阶梯性和历史深度的“类化”过程。正是这种“类化”过程，使家庭成员与祖先类似，又不失自己独特的个性；使家庭成员同属一体之仁，又体现出爱有差等；使家庭成员本是同根生，又呈树状分布；使家庭成员基于历史生成，又创造着新的历史可能性，如此等等。这意味着家庭谱系乃为一种福柯所谓的“交响乐伴奏出的嘉年华”、所谓的“解放历史知识的事业”，乃为一种具有耗散性结构的永远开放的系统；这意味着随着这一系谱学模型的推出，不仅标志着一种本末一体、源流不二的中国式的哲学思想的确立，而且也将使西方哲学中的还原论与整体论、本质论与现象论、中心论与边缘论等“二律背反”统统失去依据，并最终成为人类哲学中向壁虚构的无意义的“伪问题”。

（二）中国古代哲学的“泛家性”

中国哲学的家本主义使家作为普遍概念泛化在中国哲学的一切领域。下面，我们试从四个领域对此加以说明。

1. 伦理之家

显而易见，伦理之家是中国古代家哲学的最直接形态，中国古人首先是在社会伦理层面把握和体现家的意义的，以至于可以说，中国古代的社会伦理径直就是一种家庭伦理。

众所周知，这种社会伦理与家庭伦理一体化的思想实奠基于中国历史的西周时代，它以该时期极其成熟和完善的家国一体的宗法社会为其坚实的基础。其后，虽有社会政治制度上的郡县制对分封制的变更和取代，以及社会意识形态上的佛学“出家”思潮、理学“心性”思潮的兴起，但在中国历史上，这种以家为本、唯家主义的伦理思想却始终历久不衰。从《周易》的“正家而天下定”，到孔子的“迩之事父，远之事君”、孟子的“国之本在家”，再到《大学》的“君子不出家而成教于国”，以及张载的“家且不能保，又安能保国家”，一直到清代魏象枢的“一家之教化，即朝廷之教化”都无一不为其显证。除此之外，这种以家为本、唯家主义的伦理思想还可见之于中国文化中不无发达的家规家训，种种业已家化的中国式人际称谓，如古汉语把百姓称为“家人”，以及沿袭至今的把所有人称为“大家”，同辈人称为“兄弟”“姐妹”长辈人称为“叔婶”“爷奶”等。

既然中国古代伦理其实质是一种家庭伦理，那么，中国古代家哲学的结构和性质对中国古代伦理同样成立。也就是说，不仅中国古代伦理是以身体→两性→家族这一方式构成自身的伦理，而是中国古代伦理和中国古代家哲学一样，亦具有鲜明的家的亲在性、家的性感性及家的历时性这三重基本特性。

中国古代伦理的家的亲在性体现为，对于中国古人来说，与西方伦理学完全不同，其伦理规定既不是像摩西十诫那样来自上天的神谕，也不是像康德的实践理性那样来自异己于人的道德命令，而是始终直接地导源于与身为一体的每一个人的亲切体己的家中，成为其血缘亲情的自然表露和率性而行。故孟子云“亲亲，仁也”，“仁之实，事亲是也”，《国语·晋语》云“异姓则异德，异德则异类”，《礼记·祭义》云“立爱自亲始，教民睦也；立敬自长始，教民顺也”，而《大学》亦有“孝者，所以事君也；弟者，所以事长也；慈也，所以使众也”之论。这一切，不仅为我们有力克服了西方伦理学所固有身心二元的悖论，而且同时也使社会伦理与个体生理归于一统，一如孟子“礼义之悦我心，犹刍豢之悦我口”所说，使我们走出了伦理学上幸福主义与禁欲主义的非此即彼的困境，并最终导致了“人之性善，犹水之就下也”这一人类性善论理论的真正奠定。

中国古代伦理的家的性感性体现为，归根结底，中国古代的一切伦理关系无一不始自夫妇关系，无一不以夫妇伦理为其伦理原型。《诗经》所谓“刑于寡妻，至于兄弟，以御于家邦”，《中庸》所谓“君子之道，造端乎夫妇”，《白虎通·婚娶》所谓“人伦之始，莫若夫妇”，吕坤所谓“有别先自夫妇始”，杨时所谓“齐家自夫妇始”即此明证。这种作为伦理原型的夫妇伦理的揭示，不仅使中国古代伦理学所特有的重“感”、重“情”的性质从其生命源头上得以说明，而且更重要的是，从中深入浅出地为我们导出了一种以异中求同的“和”为其核心价值的伦理精神。而古人之所以坚持“不同而一夫是之谓人伦”（《荀子·荣辱第四》），之所以坚持“和者德也”（马王堆简帛《老子·五行》），“礼之用，和为贵”（《论语·学而》），其恰恰是以男女的感应和合为原型，恰恰是夫妇之道这一“天作之合”的必然产物。我们看到，也正是从这种“家和”的伦理精神出发，才使儒家既反对杨子的“为我”，又反对墨家的“兼爱”，从容自如地走出“群己对立”这一人类伦理的误区；才使古人提出夫和妻柔、父慈子孝、兄友弟恭、君合臣共，其更多强调的是一种因伦理对象、伦理关系而异的相对性伦理，而非对一切人普遍成立的绝对性伦理；才使中国古代伦理学以鲜明的双向式的对话主义的特色，而大异于固执于单向式的独白主义的西方伦理学学说。

中国古代伦理的家的历时性体现为，正如古人把家视为是一在时间历史中不断展开的过程一样，古人对其家本主义的伦理亦作如是观，伦理始终被打上深刻的时间和历史的烙印。这不仅表现在中国古人坚持伦理行为从来不是一蹴而就的，而是被看作为以夫妇之伦为诸种人伦的圆心的“伦理同心圆”的梯次放大的过程，故有儒家的“亲亲而仁民”这一“差等之爱”之论；而且还表现在其从“家族之树”而非个体的原子出发，注重伦理理性的发育和成熟、注重伦理理性在历史中的来龙去脉和世代传承，从而使伦理的“人伦”不外于“年轮”，而具有极其鲜明“年纪伦理”“代纪伦理”的特征。前者可见之于占人所谓“尚齿”、所谓“杖者出，斯出矣”、所谓“老吾老，幼吾幼”这一“长幼有秩”之说，后者则可见之于古人“传宗接代”“慎终追远”“善生丧死无憾”的诸种理论。无疑，在“成年中心主义”和“年轻崇拜”大行其道的现代主义的今天，对这一注重历史生成的家的伦理的重申理应成为历史的必然，因为它告诉我们，唯有重新植根于“家族之树”之中，唯有重返家庭和作为家庭成员，我们才能真正克服现代人日甚一日的对“老”和“死”的恐惧，我们才能真正意识到无论年幼还是年老，无论活着还是死去，都在历史中有其地位，都不失去其生命的应有的尊严。

2. 宇宙之家

在中国哲学中，人道与天道实际上是“原则同格”的，这决定了中国古人既以家的模式解读社会伦理，又从家的模式中推出万物的宇宙。而这种“天人合一”并非出自一种神秘主义的主观的臆断，而是一种彻底经验和极其深刻的“根身现象学”的一元论的哲学逻辑使然。故中国古代宇宙论不仅为一种不无家化的宇宙论，而且其宇宙亦是循着身体→两性→家族这一结构构成自身。与伦理之家所不同的仅仅是，在该宇宙论里，所谓的“太极”取代了身体，所谓的“阴阳”取代了男女，所谓的“万物”取代了家族成员。然其称虽异，其指却一，二者终归是异名同谓的东西。

明白了这一点，我们就不难理解为什么在中国文化中，家概念的内涵如此丰富多样，以至于其可囊括宇宙中的林林总总，其既可指称空间场所（如居室之家，封地之家所示），又可指称存在的实物（如财产、财富之家所示）；既可指称事物质的规定（如女人家、孩子家所示），又可指称事物量的规定

（如一家饭馆、两家商店所示）。但尽管家义是如此之丰，在其究竟的哲学义上，家的概念仍不脱此在性、性感性及历时性这三种本质属性。故对宇宙之家的真实意蕴的考查亦应从这三种本质属性中给予说明。

古人对宇宙的家的亲在性的理解，可见之于其所谓的“家天下”之说。《汉书·盖宽饶传》谓：“三王家天下”，《论衡·书虚》亦云：“舜南治水，死于苍梧；禹东治水，死于会稽。圣贤家天下，故因葬焉”。这里所谓的“家天下”，即指古人以天下为自己家。这意味着，对于古人来说，无论我寄身何处我实际上都身处家的广厦之下；这意味着，对于古人来说，我们所面对的宇宙已并非一异己和陌生的“野外的世界”，而是一具有人家性质和充满亲情的“家居的世界”。故正如古人从切身性出发“人副天数”地以“五行”比“五官”一样，古人也以一种身家一体的方式同时把宇宙的八种自然现象（天、地、雷、风、水、火、山、泽）视为是家族的八种成员（父、母、长男、长女、中男、中女、少男、少女）。故正如古人把宇宙的万物统统称为手上的“用具”（“形而下者谓之器”）一样，古人也同时把这些用具一无例外地视为是家用的“家伙”（“傢伙”）。凡此种种表明，古人所谓的“家天下”之说，已并非仅仅是一种纯粹的诗意的隐喻，而是体现了一种对世界的不无哲学深意的理解和把握。

古人对宇宙之家的性感性的理解，可见之于其所谓的“乾道成男，坤道成女”的理论。正如中国古人坚持男女两性的性感构成社会之家一样，其也坚持宇宙之家亦是男女两性的性感的产物。因此，正如其在伦理学上提出人伦之道造端于夫妇一样，其也在宇宙论上提出“男女正，天地之大义也”（《易经·

家人》)，把在阴阳名下的男女的结合视为宇宙的原发机制，并且以此为纲，纲举目张地演构出宇宙的万事万物。遂有在《易经》中我们所看到的以阴阳两爻为核心成员，以八卦之间的相互“婚配”为根本途径，八八六十四而生成、衍化出“宇宙家族”理论的推出。这一切不仅使中国哲人的宇宙成为一种既有“感”又有“情”的宇宙，而且也使阴阳能否交合成为事物之泰否之唯一标准，并从中最终导致了一种“尚和主义”的宇宙论范式的正式奠定。而《易经》对所谓的“太和”“中和”“保和”的大力提撕即其显证。正如《庄子》所谓“交通成和而万物生焉”(《田子方》)之说所示，对于古人来说，“和”既是持家之真理，又同时不失为宇宙本来的真谛。这是由于中国古代的宇宙本身就是一种家的宇宙，而“妻子好合，如鼓瑟琴”(《诗经·小雅·常棣》)，家之所以为家，首先就体现在夫妇之间的琴瑟之和之中。

古人对宇宙之家的历时性的理解，则可见之于其“物其有矣，维其时矣”(《诗经·小雅·鱼丽》)这一观点的推出。这里的“时”，即“时鲜”之“时”，也即生生不已的富有生命之“时”，而非那种西方式的与生命无缘的“伪时”。也正是从这种更为真实的时义出发，与西方的“太阳底下没有新东西”的宇宙观形成鲜明对比的是，中国古人的宇宙既是一个宇宙家族不断生生的宇宙，又是一个真正的“与时俱生”的宇宙。在这个宇宙里，不仅有为西方的“日不落的宇宙”所缺失的昼夜作息，而且有为西方的“无季的宇宙”所无视的四季的更替。故在中国古人的宇宙之家里，有晨钟暮鼓，有春花秋月，有春种、夏长、秋收和冬藏，有神奇化为腐朽而腐朽化为神奇，而非我们在西方的无家的宇宙里所看到的那样，仅有地球围绕着太阳日复一日的旋转，还有那所谓的“万有定律”千秋万代的一成不变。因此，无论是在中国古人的伦理之家还是在其宇宙之家里，我们都毋宁说看到了一种与家族生命相系的所谓的“家化的时间”。正如在伦理之家里正是通过这一“家化的时间”，使不同年纪、不同时代的家族成员都同被“众生平等”的人类生命的光辉一样，在宇宙之家里也正是通过这一“家化的时间”，使宇宙的一切历史生成物无论荣枯都与“万物并作”的宇宙大化息息相通。

3. 宗教之家

既然中国哲学是一种以家为本的哲学，既然中国哲学的家亦人亦天地既是伦理之家又是宇宙之家，既然这种家表现为一种家族之树时空双向上的生命不断的生成，这意味着中国哲学意义上的家乃是终极性的本体，乃是无所不包的“大全”(all)，乃是之于有限超越的无限，并最终使一种所谓宗教意义的家的学说在理论上得以成立。在汉语中，家字由宀、豕两部分构成。按清代学者吴大澂说，古人祭祀用豕，故家的始源义应指祭祀祖先的场所。又家庭之家与宗庙之宗同从宀，这又从一侧面有力支持了吴说。除此之外，这种家的宗教性还可见之于古代家字所具有“归依”之义，以及《礼记》所谓“事亲如事天”之说。凡此种种表明，对于中国古人来说，家既是世俗之家，又是具有明确的超越指向的超世俗之家，“神圣家族”之家。可以说，正如《大学》“君子不出家而成教于国”所指，以儒家为代表的中国古代宗教乃不外乎为一种地地道道的“家教”。但是这一家教的宗教显然又是一种迥异于西方宗教的宗教，这种不同表现为它以鲜明的此在性、性感性和历时性为其性质和特征。

宗教之家的亲在性意味着，与西方宗教强调上帝是所谓的“绝对的他在”（whole other）这一学说不同，中国古人坚持神圣恰恰就体现在家这一人的最切身、最直接的“亲缘之在”里。故古人所谓的“形而下的不朽”即家的不朽，古人所谓的“内在的超越”即内在于家的超越。因而，对于古人来说，唯有向自己熟悉之所的家的皈依，而非一如佛学所宣扬的那样彻底了断家的孽缘，也非像孔子所抨出的那样一味地“索隐求怪”，人才能超越生命个体的限囿而回归于无限的生命因缘整体，人才能为自己找到真正的精神故里和灵魂安顿之地，人才能不仅克服自己老的无奈而且也克服死神无情追逐的恐惧。由此才有了古人把家视为生命之旅最终归宿的“视死如归”的成语，以及其所谓“礼，不忘其本。古之有言曰：狐死正丘首，仁也”（《礼记·檀弓上》）这一“归正首丘”的提出。

宗教之家的性感性意味着，与西方宗教视亚当与夏娃的结合为人类的“原罪”这一宗教观迥异，中国古人恰恰认为男女两性的交感代表了至高无上的神圣。这种“性感的神圣”最初体现在中国远古的“姓即图腾”这一“感生神话”里，其后又体现在《诗经》的“悠悠昊天，日父母且”（《小雅·巧言》）、“既右烈考，亦右文母”（《颂·雍》）这一“祖宗崇拜”之中，并最终导致了《易经》所谓“阴阳不测之谓神”这一不乏哲学自觉的“易教”的产生。无论这些“性感的神圣”的表现形式是多么的不同，其都强调神圣就存在于生命之感应里，而“男女之感”实际上乃为这一感应的原发神秘的形式。我们看到，恰恰缘于这种东方式的“性感的神圣”，不仅从中为我们产生了古人所谓的“太和所谓道”之说，并使古人坚持“大乐与天地同和”、坚持“乐者敦和，率神而从天”的“乐教”得以推明，而且也应感而生情地使情的崇拜成为中国古人宗教崇拜的中心内容，并由此而使章学诚所谓的“情深于《诗》《骚》”的中国古代特有的“诗教”成为真正的可能。

宗教之家的历时性则意味着，与西方崇尚超时间的、非历史的永恒的神圣这一观点形成鲜明的对比，中国古人坚信神圣不外乎是在时间和历史中彰显自身。这是一种为中国古代宗教所独具的“时的神圣”“时的上帝”的宗教观。这种尚时的宗教观除了可见之于《诗经》“匪上帝不时”“帝命不（丕）时”，司马谈的“圣人不朽，时变是守”（《史记·太史公自序》）等论述，以及古人注重“青史留名”的人生信仰外，还突出体现在中国文化对族类的“家族之树”的“以似以续”的整个生命历程的顶礼膜拜。这种顶礼膜拜，一方面表现为古人对家族的每一成员人生诸阶段都给以无上的礼遇，从而使冠、昏、丧诸礼都被赋予神圣的宗教意义；另一方面还表现为古人提出“生，事之以礼；死，葬之以礼”、提出“事死如事生，事亡如事存”，在诸礼中尤重丧葬之礼，尤为关注整个家族代际的交接和更替，从而使每个个人乃至每一代人都通过时间之流统系为一体，并最终在其家世的薪火相传中昭显出其生命不朽的意义。此即古人“原始反终，故知死生之说”一语中的宗教深义。而中国古人之所以坚持虽不舍众生却可立地成佛，之所以不像西人那样如此迷恋于死后的天国，恰恰在于其所皈依的是这样一种“知死之不亡”的家的神学而非生死两判的无家的神学；恰恰在于其坚持唯有在家的“始终一如”的时间里，而非在物的“有无之辨”的空间里才能为我们最终揭示那不可诘致的生死的神秘。

4. 认识之家

按照世界观与认识论相统一的原则，家既是中国哲学的一种世界图式，同时又与此相应地为中国哲学的一种认识方法。也就是说，中国哲学的家既是伦理之家、宇宙之家乃至宗教之家，又思在合一地为一种认识论之家。这意味着，家的性质同样也体现在中国古代认识论的方法之中，由此就导致了中国古代认识论所特有的三种方法论特性，即与家的亲在性相关的“体验”的逻辑，与家的性感性相关的“两一”的辩证，以及与家的历时性相关的“类推”的途径。

家既然是人的身体最直接相契的世界，这意味着人对家的世界的把握不是通过思维的间接性的知识来把握，而是通过身体的直接性的体验来把握，故一种“凭身体经验”“凭身体知道”的“无思之思”的所谓“身体思维”实际上成为中国古代认识论的主要特征。从中国医学理论的“望闻问切”，到中国古代易学理论的“象物推理”，再到禅宗的“用肚子去想”、宋明理学的“逆觉体证”无一不为其说明。值得注意的是，中国古人不仅从身体“与天地万物为一体”出发，强调人之于天地万物之体悟，而且从身体与他人一损俱损，一荣俱荣的“一体之仁”出发，坚持我之于社会一切人同样可以“同体感通”，坚持身体体知亦是步入伦理世界的不二法门，遂使“见父自然知孝，见兄自然知弟，见孺子入井自然知恻隐”（《传习录上》）这一道德良知说成为千古不易之论。因此，无论是在宇宙的认识论里，还是在伦理的认识论中，身体体验都一以贯之地被古人视为人之致知之根本。而后来的中国佛教“顿悟成佛”的宗教认识论的提出，则以一种大彻大悟标志着这一致知方法的最终的完善和形成。这一切，不仅使有别于西方“唯识主义”的认识论的一种“唯身主义”的认识论成为可能，而且同时也使我们对中国古代认识论的种种误读得以澄清。它为我们表明，在“坐忘”“禅定”“主静”等等名下的中国古老的认识功夫，与其说是一种不无蒙昧极其神秘的原始思维，不如说是对唯识主义的认识论之坚执的彻底消解，并从中标志着一种人类至为根本的和彻底现象学式的“元认识论”的真正奠定。

家既然从根本上说是男女两性交感的产物，这意味着对家的世界的认识论实际上是不能循着“同一律”的原则，而只能是循着“两一律”的原则。故在中国古代认识论中，不是科学式的“执一”的推理而是哲学式的“两一”的辩证被其奉为无上圭臬。在这方面，中国古代诸子百家学说几乎一无例外，遂有《国语》的“和同之辨”，《易经》的“阴阳合德”，医家的“辨证施治”，兵家的“齐正相生”，老子的“正言若反”，庄子的“彼是相齐”，如此等等。而后来张载所谓“感而后有通，不有两则无一”的观点的形成，则集中国古代两一辩证理论之大成。我们看到，也正是由于这种不无成熟的两一辩证，不仅使中国古人以一种“道并行不悖”的对话精神，步出了西人之于“较真式”的独白真理、对非此即彼的两极性语言的执迷的误区，而且也使自己的辩证法与西方式的辩证法判若两途而大异其趣。之所以如此，是由于与苏格拉底式的那种“以子之矛攻子之盾”的辩证法不同，中国古代的辩证法并非仅仅是对思想的偏执的去蔽，而是对男女两性的“大辨体其至密，而至密成其大辨”（王夫之语）这一“亲密的差异”，这一生命本身的太和之道的彻底洞悉和明喻。

家既然为家族之树的不断生长的历时过程，这意味着我们之于家的世界的理解既不能诉诸分析又不能诉诸综合，而唯有以族类的类推为其致知途径。这样，为维特根斯坦所独揭的“家族类似”的方法，虽从未认真进入西方传统哲学家的视域，但在中国古代哲学中却派上用场而备受礼遇。故《易经》提出“君子以类族辨物”（《同人·大象传》），提出“方以类聚”（《系辞传》）、“万物睽而其事类也”（《睽·彖传》）等等。在这里，我们毋宁说已看到了海德格尔所预言的“诗”和“思”的完全的一体化，不是一种“本质主义”的科学思维，而是一种“诗人感物，联类不穷”“称名也小，取类也大”的具象性诗性思维为中国哲人所真正取法。而该思维之所以成立，不在于一种抽象理论的先定的自给，而在于以一种“近取诸身，远取诸物”的方式，即以我身旁的家族成员及其关系为具体示例和榜样，进行触类旁通、由此及彼的不断递进的和永远开放的类推。实际上，这一为中国古人认识所特有的方法，不啻已成为一切中国文化家族的知识体系赖以建立的真正“族规”，从作为中国古代汉字构字根本法的“转注”，到中国古代医学的“援物比类”，中国古代伦理的“能近取譬”，再到中国古代教育的“举一反三”、中国书法的“临摹”，都无一不体现出一种家族类推的智慧。

三、余　论

在结束中国古代的家的哲学的讨论之前，我们不能不直面家的地位在中国历史中载沉载浮的历史变迁。

无疑，以家为本的思想文化曾给我们民族带来了历史的辉煌，同时它也带给我们民族历史不可承受之重，乃至其成为我们民族文化至今难以释解的至悲至痛。尽管向家的回归始终是中国古代儒家的代代同倡的主旋律，然自魏晋开始，随着玄学思潮的兴起，随佛学的大举进袭，随着宋明理学的骤起和风靡，中国文化中的家的地位受到了不断的挑战。魏晋名士“思长林而志在丰草”而对家庭伦理与亲情的公开诋毁，佛僧以“自了汉”为抱负而视“出家”为人生的正途，理学家标榜“天理”和“心性”而使“身家”在其视域中的淡出，这一切都表明了家在中国文化中的地位并非一成不变，而是面临日益增多的致诘和非难。而明代思想独行者的李贽在其六十一岁时剃发为僧并最终自刎于狱中，则可视为是中国家的历史上的一个标志性事件。它以一种“与汝偕亡”的无畏精神告诉人们，一位曾经对儒家的家的宗教无比虔诚的儒者，如何以燃犀烛照的目光洞穿了业已衰敝的家的痼弊和伪善，如何以不无孤绝的行为彻底埋葬了对家的眷恋，以至于在其生命的尽头不是回到自己温馨的家中，而是宁愿在山野的青灯古刹里了此风烛残年。

自李贽之后，这种与家的彻底决裂在中国历史上可以说是愈演愈烈。这一点除可见之于一代文学巨人曹雪芹在其《红楼梦》中对“贾家”之“假”的无情的揭露外，更可见之于个体本位的西化思潮涌人中国后，近现代中国知识分子对中国家文化的摧枯拉朽和近乎毁灭性的批判和清算。熊十力直斥家为“万恶之源”，而巴金的“家”的小说的推出，则一石激起千层浪般地唤醒了无数青年男女挣脱“家的牢笼”的热望和期盼。出乎此则入乎彼，不是家庭本位而是个体本位由此在中国哲学文化中被隆重祭出，成为近现代中国人精神皈依的新的故乡，和人性之再生、人性之凤凰涅槃的伊甸园。尔后，虽有力倡舍己耘人的“社会本位”思潮在中华大地的迅猛崛起，并使现代中国思潮随之始终此起彼伏地摇摆于个体或社会两极之间，然而，无论是前者还是后者都毋宁说代表了人性理解上的一不无极端形式，都毋宁说与体现了“群己和谐”的家的形式最终无缘。故在现代主义语境下的中国哲学文化，一如以无家性为其特点的西方哲学文化，同样在“离家出走”的道路上往而不返、日行渐远。

显然，这种人类之共同的“离家出走”有其历史的必然。这种历史必然就是，随着人类文明的发展，家所固有的“家产”之家与“家人”之家两者地位的巨大变迁，也即人类家庭生活中物质再生产地位的不断增强，而人类家庭生活中人自身生命再生产地位的不断弱化，而由之导致的人类家庭生活不可逆转的异化。而在人类历史上，群己对立的国的原则战胜群己和谐的家的原则，统治性的工具理性战胜协作性的交往理性恰恰是这一家的历史异化的体现。这一家的异化，在恩格斯的《家庭、私有制和国家的起源》一书里，其表现为家庭财富的增加如何成为私有制、阶级和国家的起源；在中国古老的周易史观里，其表现为人的饮食需要（“需”卦）如何引起争讼不已（“讼”卦），以至冀大举兴师和兵戎相见（“师”卦）以解决争端。我们看到，也正是这种家的异化，使家已不复为人类安身立命的真正的家园，使家的夫妇唱和让位于不无独断专横的男权，使家的父慈子孝的代际交流固化为“父为子纲”的万世不变。同时，也正是这种家的异化，才使无论弗洛伊德还是霍克海默都把家庭视为权威主义的真正渊薮，才使现代中国人一改其对家的无比眷恋而开始了对其避之犹恐不及的“离家出走”，才使人类迎来了《易经》所谓“家道穷必乖，故受之以睽；睽者乖也”（《序卦传》）这一家道没落、人性乖戾的时代。

然而，这一切难掩人类之家的存在的不朽的光辉。诚如中国古代的家的哲学为我们所昭示的那样，家不仅是人类永远生于斯、长于斯的生命之场，而且家的亲在性使人发现了具体的自身，家的性感性使人际的原语言的对话得以肯定，家的历时性使人作为族类而不断地世代生成。因此，正是家的存在，才使人的生活从其根本上有了自由、平等、爱情、智慧和永恒；正是家的存在，才使人以“家人”的身份区别于“野兽”，才使人在作为一种有血有肉、有情有感的存在的同时，使其人性在现实意义上而非抽象意义上成为真正和丰富的可能。

因此，一如人的异化和对象化实际上走着同一条道路一样，人类的“离家出走”与人类的“向家回归”亦并行不悖。明乎此，我们就不难理解为什么人类在面临家庭解体的深重危机的同时，这一危机本身又为家的重新复兴提供新的机遇。故与“无家可归”的激愤的抗议相伴。“家庭伦理”“性别意识”及超越群己对立的“第三条道路”的讨论正日渐成为我们时代的主题。同时，明乎此，我们就不难理解为什么无往不胜的资本主义生产逻辑在无情撕碎人类家的血缘纽带的同时，又为我们铺平了通向“天下为一家”的人类新时代的道路。故随着全球经济一体化时代的到来，带给我们的不仅是前所未有的世界性市场，还有家族之树由灌木成长为参天的森林，以及全球性的“有机团结”，整个人类家族对“家和原则”的视若神明。

这一切都表明，我们所面临的既是一个离家出走、家道没落的时代，又是一个《易经》所说的“伤于外者，必反其家”（《序卦传》）的时代，一个向家回归、家道行将中兴的时代。同时，它也以一种历史的辩证告诉我们，无论星移斗转、世事沧桑，家都是我们人类永远的生命之乡。因此，也许诸如“聚族而居”“五服之制”“三年之丧”这些家规家俗将会被人类放进古物陈列馆里，与石斧、青铜器和兵马俑放在一起，然而家的生活和家的原则却永远不会成为历史的过去，因为惟有家是人类生生不息的真正依据，无论科学定理还是历史规律都终究不能改变“血浓于水”这一家学的最高真理。

第六章
系谱学与周易史观

一、系谱学的诞生

一个与当代人类哲学命运生死攸关而又迫在眉睫的问题是，一旦人类哲学如今日西方哲学进程所示，其一改世袭领地而由意识回归身体，由高翔在云端的思辨世界回归我们生生死死的生活世界，那么我们还能给哲学这一业已“日暮途穷”的“形而上学”留下什么？什么将是哲学学科所新辟的研究主题？显然，这只能是历史，大写的人类的历史，即具有生命超越指向和载荷着文化价值意蕴的历史。由是，哲学将洗心革面为不折不扣的历史的哲学，历史哲学将作为“第一哲学”正式跻身于哲学的领域，而这意味着相形之下，整个传统的西方思辨哲学充其量仅仅是该历史哲学中的一部“前奏曲”或者“大型插曲”。从后期海德格尔之于哲学的“历史性”（historicity）的强调，到更为晚近的罗蒂有关“后哲学的文化”的提出，其实都为我们预示了这一人类哲学的“历史学转向”的新的趋势，预示了一种大写的历史哲学的最终的不期而至。

然而，这种崭露头角的历史哲学将迥异于传统西方哲学史上所出现的种种化约论的历史哲学，无论后者是以因果论立论还是以目的论自诩实际上都与前者判若云泥。这显然是因为，传统西方的种种历史哲学依然笼罩在思辨的形而上学的阴影之下，而这种思辨的形而上学一如在黑格尔的历史哲学所表明的那样，其把历史充其量视为是一种抽象的、纯粹的逻辑理念假手的工具。在这种不无概念化的历史中，不仅历史的全部生动性、丰富性像洗硫酸澡一样被消解稀释殆尽，而且更为置其于非命的是，其使作为历史之真正可能性、历史之真正生成性的历史的时间性实际上已荡不复存，以至使所谓的“历史哲学”实际上是以历史的“非历史性”而告终。

与这种业已形而上学的化约论的历史哲学相反，一种新的历史哲学将是一种堪称“下学而上达”的历史哲学，一种回到历史本身、回到历史的始源发生的“原生态的”的历史哲学。这就要求我们在承认历史的不可化约性的性格的同时，把历史“是什么”的问题转变为历史“如何发生”的问题，要求我们对历史的把握从逻辑概念的演绎走向生命血统生命血缘的分析。也正是在此背景下，一种由尼采发其端而为福柯独树一帜和高标特立的所谓“系谱学”（genealogy，亦称“家系学”）由此应运而生了。

尽管作为一个不无彻底的解构主义者福柯并不情愿对何为系谱学作出体系性的说明，然而从其众多论述中我们依然可以爬梳出系谱学有以下鲜明的特征：

其一，较之传统的历史哲学，系谱学更多突出的是历史的身体性而非意识性。与传统历史哲学只关注历史中的高贵自负的形上建筑的思想不同，系谱学则不忌惮于“与魔鬼签约”，强调历史的任何发生都是“鲜血浇灌的”，而把目光转向历史的“卑微的”“低贱的”的形下基础。这种基础就是作为历史的真正开端的身体，其时生时死、时而强壮时而孱弱的身体，身体的器官，身体的欲望，身体的本能，乃至身体的消化机制及毛细血管。故而，“谱系学，作为一种血统分析，因此，连接了身体和历史。它应该揭示一个完全为历史打满烙印的身体，和摧毁了身体的历史”。① 这意味着，正如尼采所说，系谱学从其学科性质上更多地是与生理学、医学而非哲学结盟。这同时也意味着，就像福柯指出的那样，系谱学旨在使我们身临其境治疗性地“参与历史”，而非把历史仅仅看作为“纪念碑式的”，敬而远之地对冥冥之中的崇高而神圣的某种历史理念致以礼敬。

其二，较之传统的历史哲学，系谱学更多突出的是历史的异质性而非同一性。如果说传统的历史哲学从纯思出发，试图思在合一地为我们抽象出历史普遍的同一性的话，那么系谱学则从复杂系统的身体出发，坚持正如人类没有纯之又纯的种族血统、任何种族的血统都是混血杂交的产物一样，历史所呈现给我们的亦不是同类事物的同一性，而是如万花筒般色彩斑斓的各种事物所谓的“非一致性”或“悬殊性”（disparity）。故福柯宣称，“对血统的搜寻并不是奠定基础：相反，它动摇了那些先前认为是固定不变的东西；它打碎了先前认为是统一性

① 汪民安，陈勇国编：《尼采的幽灵——西方后现代语境中的尼采》，北京：社会科学文献出版社，2001 年，第 123 页。

的东西；它显示了先前想象为保持固定不变的东西实质上是异质的”。[①] 同时，也正是从这种历史的异质性出发，福柯反对历史有所谓坚如磐石的“基础”，提出不为历史苦心积虑地“寻找规律”，认为历史实际上为“群现”和“复数”的，断言历史是“由断层、裂缝及异质层构成的不稳定的集合”，是“相互对立的力量构成的一种关系”，是“大量错综复杂的事件”，如此等等。

其三，较之传统的历史哲学，系谱学更多突出的是历史的历时性而非超时性。其实，被福柯视为历史的真正载体的身体既是一种复杂的身体，又是一种所谓的“流动的身体”。这种流动的身体观决定了其系谱学必然把历史生成流变的过程性引入历史，而重新恢复了时间性在历史中的尊严。因此，与传统的形而上学的历史哲学形成鲜明对比的是，福柯历史系谱学不是从思想的“已经是的东西”出发，去揭示历史的“确定本质”“不变常项”“原初的坐标”及“理念的连续性”，而是从身体的日新又日新的生命发生出发，认为“历史是一种不断生成的机体”，[②] 是“稍纵即逝的事件的繁衍滋生”，其充满了或然、偶发、机遇、断裂。故历史不仅没有命运，“没有结局”，而且还使我们直面着波谲云诡和难以预测的种种风险，以至于投身历史不外乎像掷骰子一样地去参与一场“赌注”。

总之，福柯的系谱学是一种旨在从历史的逻辑理念回到历史的族类血缘发生的全新的历史学。这种全新的历史学用历史

---

① 汪民安，陈勇国编：《尼采的幽灵——西方后现代语境中的尼采》，第 122 页。

② 汪民安，陈勇国编：《尼采的幽灵——西方后现代语境中的尼采》，第 120 页。

的具体性取代历史的抽象性，用历史的差异性取代历史的同一性，用历史的可变性取代历史的不变性，从而最终以一种“离散构形”，为我们全面而彻底地颠覆了传统历史哲学研究中的规范性思维的独裁和霸权。这一切，也使有别于传统的独断的历史哲学的，一种所谓“批判的历史哲学”在西方哲学中成为可能。缘乎此，我们就不难理解为什么福柯在其《性史》一书中，提出系谱学乃是一种“对欲望和欲望主体进行一种历史的和批判的研究，”① 在其哲学语汇里，“历史”一词与“批判”一词实际上是异名同谓、异指同归的。同时，也正是基于这种历史所固有的批判性的理解，使福柯紧步尼采哲学的后尘，着手对传统元历史学所不遗余力奠定的历史的绝对“起源”给予进一步的摧毁，并与柏拉图式的唯理主义的历史方法针锋相对，用“戏仿”的方法来消解历史中记忆的现实性，用“分解”的方法来消解历史中系统的身份性，用“献祭”的方法来消解历史中知识的真理性。这样，福柯所推出的系谱学无疑成为使传统历史哲学彻底葬身的坟场。它使历史所谓的“终极根源”“永恒价值”“普遍理想”无处栖身，使历史哲学家精心营造的一座座巍峨的形而上学大厦轰然倒塌，而为启蒙主义浓墨重彩书写出的历史主体——理性化身的“人”，也随之成为一个如泡如影而终将破灭的美丽神话。

一旦福柯为我们识破了传统历史哲学中的种种“屠龙之术”的虚伪，这同时也意味着在福柯的系谱学中历史的“真龙天子”的真实存在必然岌岌可危。也就是说，正如福柯坚持

① 福柯：《性经验史》（增订版），上海：上海世纪出版集团，上海人民出版社，2005 年，第 109 页。

历史中的权力其实并非是君主和法律的权力，而是知识话语统治的权力，即一种策略性命名的“唯名论的权力”那样，对历史中的知识性体系的消解实际上乃是对历史中的真正权力的消解。因此，福柯系谱学的推出不仅是对传统历史哲学中非凡宏伟的叙事理论的无情颠覆，而且同时也是对社会至高无上的统治性权力所发起的一场激进的革命，其最终为人从威权主义统治中获得解放，为人超克历史决定论的普世魔咒开辟了希望之径。故不无吊诡也不无率真的是，福柯的学说乃是一种堪称“置之死地而后生”的学说，其宣称理性主体消解的“人之死”，乃是对业已沦为行尸走肉的现代人生现状的抗议，乃是旨在使我们从理性木乃伊回到更为生动、更为鲜活和更为真切的“人之生”，从而一种彻底生存论的“没有人的人本主义”才是其历史系谱学的根本初衷，才是其历史系谱学本来面目的真正澄清。

二、周易史观中的历史批判性

如果说福柯系谱学的历史批判理论作为后现代主义的思潮产物，在西方历史哲学中尚属孤明先发的话，那么在中国哲学中该理论早就似曾相识地体现在其历史学传统之中。而中国古老的周易史观的推出即其明证。

把周易视为史观之作这一观点在中国历史上似乎并不罕见。然而，这里所谓的周易史观，既非把周易先验主义化而以某种先定图式解读历史发生的周易理论，也非以《序卦传》及其解读为宗旨而把《周易》视为历史事件连续剧和编年史意义上的周易理论（民国胡朴安的《周易古史观》即其代表），而是那种承敝易变、因困思革，富有充满历史批判精神的大易理论。《系辞传》曰："易之兴也，其当殷之末世。"这种周易理论诞生于中国历史剧变的殷周之际，以曾经不可一世的殷王朝迅速败亡为时代背景，在对"天命靡常"的历史反思中，其从形上的天命回到了形下的人生，从昊天之命的"一成之侧"回到族类生命的"两一发生"，回到大化流行的变易和生生，从而最终使我们民族走出了长期以来与王权结为神圣同盟的历史宿命论话语的阴影，并使一种极具批判性的原生态历史哲学理论如如呈现和蔚为发明。而《系辞下传》第八章如下的论述，无疑可看作是对周易历史批判性的集中阐发和申明：

易之为书也不可远，为道也屡迁，变动不居，周流六虚，上下无常，刚柔相易，不可为典要，唯变所适。

按王夫之的解释，"'书'，其辟也。'不可远'，谓当切问近思之也。'为道'，辞与象相应之理。'屡迁'，不可执成法以推测之也"。"'变动不居'，其变动无定在也。阴阳之气，絪缊而化醇，虽有大成之序，而实无序。……易之为道本如是，以体天化，以尽物理，以日新而富有，故占者、学者不可执一凝滞之法，如后世京房、邵子之说，以为之典要。故'得位'，正也，而有非正；'居中'，吉也，而有不吉；'相应'，利也，而有时不利；坎或为云，而或为雨；巽以上人，而其命下施；不可为典要也类如是。读易者所当唯变所适，以善体其屡迁之道也。"（《周易内传》卷六上）

在这里，正如王夫之所解释的那样，不仅易之书不离切问近思的人类的生活世界，而且易之道亦由于该生活世界阴阳化醇的性质，以其生成性而日新，以其多样性而富有，故其“虽有大成之序，而实无序”，乃至“不可执成法以推测之”。因此，究极而言，易学乃是一种彰显“生物不测”和“善为易者不占”的历史生成学说。故在易学里正如在福柯的系谱学一样，我们毋宁说也看到了一种之于历史的“离散构形”的高度自觉，看到了对固执于历史抽象性、同一性、不变性的历史规范性思维的彻底颠覆和消解。所不同的是，如果说在福柯那里，这种颠覆和消解仅仅停留为书斋和学院里的一种知识论意义上的造反的话，那么在易学那里，由于中国文化彻底的经史合一的传统，其则直接系身于现实社会中王冠落地、旧制瓦解这一中国历史翻天覆地的变革，而使易学之于历史批判性的洞悟尤显入室操戈的深刻。

也正是易学的这种之于历史批判性的深刻理解，使周易的推出实际上代表了对中国历史上形形色色独断论的史学观的真正彻头彻尾的决裂。而这种决裂首先体现在它乃是对中国传统元历史主义中故作高深的“终极根源”说的迎头棒喝。

把人类历史化约和还原为某种形上的、绝对的“终极根源”，不惟为西方传统历史哲学中长盛不衰的观点，亦在中国古代的历史哲学中屡见不鲜。在中国历史上，无论是早先的“上帝”“天道”，还是后来的超验“太极”“天理”等绝对理念的推出都无不可视为该“终极根源”的体现。然而，无论这种“终极根源”以何种方式出现，它实际上都是纯意识的抽象的、形上的思致的产物，其都与我们亲切可感的具体的、形下的生活世界无缘。与这种“超验主义”的历史观不同，周易则“返取诸身”地从我们每一个人具体的、形下的身体出发，从身体的感应之象和身体的利用之器出发，不仅坚持“八卦以象告”“易者象也”（《系辞传下》），而且坚持“以制器者尚其象”“形乃谓之器”（《系辞传上》），从而在奠定了即象以见理、即器以体道这一显微无间、体用不二的易理和易道的同时，最终宣布了妄求抽象的、形上的“终极根源”这一超验主义的历史观的消亡。

周易这一彻底经验主义思想，毋宁说已成为中国历史哲学反超验主义理论的活水源泉。我们看到，也正是基于易学的这一思想，明末清初的易学巨擘王夫之不仅为我们明确推出了“即身而道在”（《尚书引义》四）这一彻底身体主义的观点，而且还借以发起了对玄学和理学的超验主义路线前所未有的批判和清算。他力辟那种既超乎万有又臣妾乎万有的形而上的“一”学说，提出“异端之言曰‘万法归一’，一归何处？信万法之归一，则一之所归，舍万法其奚适哉？是可截然命之曰‘一归万法’”（《周易外传卷六·系辞下传第五章》），并认为“曰‘一生三，道生天地’，其说诎矣”（《周易外传卷五·系辞上传第一章》）。他把矛头直指那种游离于一切卦象之外、业已超时空的先天化的“太极”的概念，提出“是故易有太极，无极而太极。无所不极，无可循之以为极，故曰无极。往来者，往来于十二经之中也。消长者，消长于六阴六阳之内也。于乾、坤皆备也，于六子皆备也，于泰、否、临、观、剥、复、遯、大壮、夬、姤皆备也，于八错之卦皆备也，于二十八综之卦皆备也。错之综之，两卦而一成，浑沦摩荡于太极之全；合而见其纯焉，分而见其杂焉，纯有杂而杂不失纯，孰有知其终始者乎？故曰：‘太极无端，阴阳无始’”（《周易外传卷七·序卦传》），并断言“阴阳之外无理数，乾坤之外无太极……是则‘易有太极’者，无卦而不有之也”（《周易内传发例》七）。这样，在王夫之的学说里，通过对周易的深入解读，其把中国传统历史哲学家所奠定的种种形而上基础统统被判为“异端”。而这种对基础主义的去祛化意味着，并非所谓的“终极根源”，而是大易的“太极无端、阴阳无始”才是之于历史本来面目的真正还原。

周易之于历史批判性的深刻理解和其之于历史独断论的彻底决裂，除了体现在其对超验主义的历史观的“终极根源”的消解之外，还体现在其对普遍主义的历史观的“执一原则”的颠覆，用历史的复杂的差异性取代历史的单纯的同一性正是周易史观的另一特色。

超验主义必然通向泯灭差异的普遍主义。这一点在西方传统历史哲学中如此，在中国传统的历史哲学中也不例外。正如在西方传统历史哲学中对“终极根源”的执迷导致了其普遍的近乎神谕的历史规律的风靡一样，在中国传统历史哲学中对“终极根源”的眷恋则使人们对一成的天命秩序无上顶礼。与这种以一驭万的历史话语不同，周易则以乾坤并建为宗，以阴阳错综为象，其不是从事物的“唯一”的规定出发，而是从事物的“兼两”的生性出发去揭示历史的本源发生。此即周易所谓的“参伍以变，错综其数”（《系辞传上》），此即周易所谓的“一阴一阳之谓道”（同上）、“一阖一辟谓之变”（同上）。这一切，不仅使周易史观以一种突出的复杂性理论大异于种种化约主义的历史哲学，而且也在反对“执一以贼道”的同时，宣告了易道的确立乃恪守“同一原则”的普遍主义历史观的彻底终结。

周易这一思想无疑为中国历史上一切反普遍主义历史理论奠

定了坚实的理论基础。我们看到，也正是基于周易的这一思想，王夫之不仅提出“执以一，不如其弗一矣”（《尚书引义·益稷》）、“智能出于两端者，谓之通识”（《春秋世论》）这一观点，而且以此为历史方法论，对中国历史上种种被奉为至尊的体系化的史学理论给予了摧枯拉朽的批判。针对那种御用史学家所炮制而人们对之噤若寒蝉的所谓的“正统论”，他提出“不言正统”，提出“统之为言，合而并之之谓也，因而续之之谓也。而天下之不合与不续也多矣”（《读通鉴论卷末·叙论一》），以中国历史的“有离，有绝，固无统也”的史实为证，彻底揭穿了中国历史有所谓一脉相承的“大一统”这一弥天谎言。针对那种坚持善恶截然二分的普遍主义价值的历史观，他提出“不论大美大恶”（《读通鉴论卷末·叙论二》），提出“天下有公是，而执是则非；天下有公非，而凡非可是。善不可谓恶，盗跖亦窃仁义；恶不可谓善，君子不废食色。其别不可得而拘也”（《周易外传卷七·说卦传》），为我们暗示了完全建立在绝对性善论基础上的所谓道统乃是十足的偏见。针对那种以某种所谓的元文明为坐标的“华夷之别”和“文野之辨”，他提出“太昊以前，中国之人若麀聚鸟集，非必日照月临之下而皆然也，必有一方焉如唐、虞、三代之中国也”（《思问录·外篇》）这一人类文明多源发生说，提出“汉以前夷”可变为“文教之薮”、而“唐隋以前之中夏”可沦为“风俗人心益不忍问”这一文野互变论，由是使其历史观既告别了中国史论中以华族为中心的“宏伟叙事”，又为我们彻底摧毁了固执于文明的线性发展的历史观念。除此之外，还有他对《序卦传》的一成之序的力斥，对业已绝对化的“否极泰来”定则的驳难，对“后世术数之徒所以终迷于大化”的批判，如此等等都为我们凸显了其所谓的“易可以该律，律不可以尽易”“故易不可以一理求者也”这一易学史观，并使王夫之以一种“独树一帜新”的绝识旷论，以一种中国史学中久违的空谷足音，站在了对于沦为专制权力共谋者的知识论话语从事时代批判的前沿。

最后，周易之于历史批判性的深刻理解和其之于历史独断论的彻底决裂，还体现在其对原教旨主义的历史观的“泥古不变”的清算。“六经责我开生面”，用历史的生成的可变性取代历史的固执的不变性实际上是周易史观的最大亮点。

和西方传统历史哲学中素有“言必埃及”的历史观一样，在中国传统历史哲学中这种好古主义亦成为古人长期以来的不易之谈。而道家所谓的“返璞归真”，儒家所谓的“信而好古”，以及后来理学家所谓的“三代以上是天理流行，三代以下是人欲流行”的观点其实无一不是其体现。与这种食古不化而其实非历史的历史思想不同，周易不仅从思执的唯一走向阴阳的兼两，而且坚持“刚柔相推出变化”（《系辞传上》），而把这种兼两看作是因异而生感、由感而化生的生命之发生的过程，事物之变易的过程。故《易》谓“生生之谓易”（《系辞传上》），谓“通变之谓事”（同上），谓“日新之谓盛德”（同上），从而在强调易道之“屡迁”“不居”“周流”“无常”“相易”的同时，周易为我们奠定了一种“推故而致新”的易学历史观，而易经“革”卦中“天地革而四时成，汤武革命，顺乎天而应乎人”，这一对革命的无上礼赞恰是对该历史观的彰显。正如“革”卦的彖辞所告诉我们的那样，历史的变革与其说是“视述尧舜、宪章文武”这一道统所致的话，不如说其命维新、不守故常这一历史固有的“时义”使然。

周易这一思想显然被尊为中国历史上反复古主义理论的先驱和开山。我们看到，也正是立足于这一思想，王夫之在推出“法因时改”“道因时而万殊”（《周易外传》）这一崇变尚时的历史精神的同时，为我们毫不留情地祛除了株守旧制的复古主义者所衣被的种种神圣的光环。例如，老氏提出所谓“返璞归真”之说并被人视为美谈，而王夫之却从“朴”字的“木之已伐而未裁，已伐则生理已绝，未裁则不成于用”这一字义分析人手，从礼教的“养其生理自然之文，而修饰之以成乎用者”这一人文宗旨出发，认为老氏的“朴之为说”使“天然之美既丧，而人事又废”，使“君子而野人，人而禽”而最终与文明的人性不类(《俟解》)。再如，后儒鼓吹“三代盛世”而断言“三代以还，人渐浇讹”，而王夫之却指出“自邃古以来，各君其土，各役其民，若今化外土夷之长，各为天子之守臣，而实自据为部落”（《读通鉴论》卷十五），更何况纣之世还有“朝歌之沉酗，南国之淫奔”，春秋之世更充斥着“父子相夷、兄弟相杀、姻党相灭”的乱局，再参以后世既有乱世又有治世的事实，缘此又如何能称三代以上是天理之流行，三代以下是人欲流行？故在王夫之看来，“在天有不测之神，在人有不滞之理”（《周易外传卷七・序卦传》），道以器丽，理以时改，并不存在着历史的黄金时代，也不存在着一成不变的历史的天道与天理。此即其所谓“洪荒无揖让之道，唐虞无吊伐之道，汉唐无今日之道，则今日无他年之道者多矣”（《周易外传卷五・系辞上传第十二章》）的提出。在这里，王夫之纵横千古，以浩瀚的中华雄史为援作证，使我们终于参破历史而神交和目击到史道之真存。这种真正的历史之道并非是那种“泥古过高，而菲薄方今以蔑生人之性，其说行而刑名威力之术进矣”之道(《读通鉴论卷二十·唐太宗》)，即厚古薄今、以死驭生之道，而是“天地始者今日是也”这一今世今生之道，也即阴阳相生、日月相推的与时偕行的大易之道。正如王夫之为我们所洞揭的那样，如果说前者是为社会凌越一切的威权主义的独裁为虎作伥的话，那么后者则意味着这种威权主义的独裁的消解，历史将重回以生活世界为归、以万民之生死为念的那种“惟其超越，是以和易”的“生人之道”。

三、周易史观——一种真正的系谱学理论的确立

上面，我们以历史的批判性为着眼点，对周易史观与福柯系谱学之间的相似之处做出了理论的分析。其实，对周易史观更为全面深入的分析将使我们发现，周易史观与福柯系谱学之间不仅存在着相似性的同，而且亦存在着非相似性的异。而唯有既把握到其与福柯系谱学的同，又注意到其与福柯系谱学的异，我们才能对周易史观给予真正入室操戈的分析，并最终彻悟到周易史观其“广大悉备”且“易其至矣乎”的要谛。

概而言之，这种异表现为，同为历史的批判理论，同为对历史规范性思维的消解，然却与福柯的系谱学不同，周易不仅讲“破”而且同时讲“立”，不仅讲“解构”而且同时讲“建构”。也就是说，一方面，周易提出“为道屡迁”“不可为典要”而坚持“天命靡常”；另一方面，周易又提出“旁行而不流”(《系辞传上》)，提出“初率其辞，而揆其方，既有典常”(《系辞传下》)而坚持“天秩有序”。故易学乃是一种既尊“变易”又尚“不易”的学说，或正如王夫之在其《周易内

传》里所言，易道虽“无可循之序”，但与此同时却为我们呈现出“有大成之序”。

因此，周易之于“象其物宜”的形而下的象、器的强调，并不意味着其之于无可执为成象的形而上的辞、道的否定；周易之于事物之“兼两”的复杂性强调，并不意味着其无视天下“殊途而同归”，“百虑而一致”的同一性的存在；周易之于生命易逝的“感之速”强调，并不意味着其导致生命常青的“恒之久”在其视域中的缺失。这一切，不仅决定了周易史观始终在历史的史与经、分与统、断与续之间保持着一种辩证的张力，从而以一种更为完整的历史而使历史学说之成为真正的可能，而且决定了周易史观其实与福柯系谱学的历史观形似而神异、貌合而神离，以至于可以说，周易史观与其说是“福柯式的”，不如说足更像“德留兹式的”。恰如德留兹学说中核心概念“褶子”所喻明的那样，它体现了外在化与内在化、解域化与建域化及断裂性与连续性之间的一种错落有致的统一。

究其底里，这种更为辩证的历史观之所以可能，恰恰在于周易从一种更为自觉也更为彻底的现象学精神出发，通过向一种本体论化的身体、一种本体论化的身体的男女两性的回归，把历史看作是人类家族不断生成、孳乳、繁衍的历史，把历史的发生与人类家族的发生、把历史的史实分析与人类家族的生命血缘的分析彻底打并归一，从而使周易史观的推出，实际上标志着一种名副其实的真正的家系学也即系谱学的理论的确立。

周易理论实为人类家族的生命血缘分析的家系学或系谱学的理论，这一点最明显的可见之于周易《说卦传》中的论述：

乾天也，故称乎父；坤地也，故称乎母。震一索而得男，故谓之长男。巽一索而得女，故谓之长女。坎再索而得男，故谓之中男。离再索而得女，故谓之中女。艮三索而得男，故谓之少男。兑三索而得女，故谓之少女。

在这里，作者对易经卦象象征的分析虽有削足适履、对号入座之嫌疑，然从根本精神上来说却深契周易的家系学思想之真谛。这种真谛即：周易以一种“近取诸身”的方式，不仅把世界的体系还原为经由男女婚配而联姻的家族体系，而且把世界的生成还原为经由男女婚配而繁衍的家族之树的生成。该家族始于男女(“乾坤”)，终于“未济”，从而其表现为一种世代相生的和永远开放的历史过程。这样，周易中所描述的世界实际上乃是一种家族化的世界，周易中所展开的历史实际上乃是一种家族化的历史。家族的世界实对应于中国古代的宗法社会，家族的历史实对应于中国古代家族兴衰、易姓改朝的历史，故正如中国古代史与家族史须臾不可分离一样，作为中国古代经史高度统一的产物，被尊为中国古代群经之首的易经其实质是家系学的，也即系谱学的。

作为一种尚未异化的原生态的生命形态，家无疑是人类社会自组织系统中的典范。这是由于，唯有在家的生命形态里，生命自身的规律才能真正取代威权君主颁布的规律；唯有在家的生命形态里，生命才能自己规定自己而非借助他律规定自己；从而也唯有在家的生命形态里，生命的自然与必然、解构与建构、个性与整体、正反馈与负反馈，也即“生”与“命”才能由其对立回归于其原初的互译的统一。故惟有家的秩序才是一种堪称“大序无序”的历史真正之序，惟有家系学的分析，才有可能从其根本和源头上为我们揭示似乎永难破解的人类历史生成演变图式之谜。无怪乎儒家返本追源地大讲“治国自齐家始”，也无怪乎老子振振有词地推出所谓的“无为而治”，因为无论儒家还是道家其治论都是以西周的家国合一的社会历史形态为其坚实依据。而福柯历史观的真正误区，恰恰在于其系谱学重蹈传统西方哲学“无家性”的覆辙，而最终错失了对系谱学所固有的家本质的洞悉。这不仅使福柯的系谱学与中国古代的系谱：学理论判若两途，并非一种名副其实的家系学（系谱学）理论，而且尤为不可原谅的是，使其所谓的系谱学实际上既无“系”又无“谱”，使其对历史规范性思维的非历史性的批判，最终顾此失彼地以流遁失守的历史虚无主义为其结局。故和其所批判的前辈一样，在历史哲学的思考上福柯依然没有摆脱“要么全部，要么全不”这一法国式思维的悲剧。

因此，一旦我们把系谱学界定为一种之于家及家族的生命发生的学说，我们就会发现，不是福柯的学说而是中国古代周易的学说乃代表了系谱学真正的真理。这意味着，对传统历史哲学的批判不仅要求我们走向福柯，而且还要求我们进而从福柯回归到周易；这意味着，在人类呼唤着一种全新的历史哲学的后现代的今天，周易古老的系谱学思想将是这一全新的哲学再建的极其重要、不可或缺的思想资源。

那么，什么是周易的系谱学？这种我们所谓的严格意义上的系谱学较之中西传统的历史哲学有哪些突出的特点？为了解决这一问题，下面，我们将再次从王夫之的历史哲学入手对此给予阐发和回答，因为王夫之的历史哲学实际上既精心治易又以史为归，其乃是对看似变幻莫测的周易系谱学真实面目的真正洞揭，并在中国哲学史上代表了周易史观理论研究的最高成果。按王夫之的解读，这种周易的系谱学史观可以被概括出以下几个特点。

首先，以族类为本。以族类为历史的本体乃王夫之历史哲学最为突出的理论特色，而该理论特色实得益于周易的学说，是援易入史的必然结果。正如周易把历史视为是身体—两性—家族这一人类族类不断生成的历史一样，在王夫之的历史观里，这种家族化的族类亦被置于其无上的地位。故王夫之提出“仁莫切于笃其类”“仁以厚其类而不私其权”（《尚书引义》卷五），提出“非我类者不入我伦，岂特其政之虐我哉”（《春秋世论卷五·昭公九》），“今族类之不能自固，而何他仁义之云云也哉”（《黄书·后序》），提出“人不自畛以绝物，则天维裂矣。华夏不自畛以绝夷，则地维裂矣”（《黄书·原极第一》）。同时，也正是从这种“自畛其类”的族类本体出发，王夫子说蚂蚁尚能保护族类而不受其他虫类的侵犯，人类的君主却为什么做不到这一点？他说一姓王朝的易替更换无足挂齿，而至为为祸惨烈的是整个族类的家和原则被他者所夷灭，此即王夫之为我们推出的所谓的“可禅可继可革而不可使夷类间之”之说。

因此，王夫之所谓“依人以为则”“依人而建极”中的“人”，实际上既非西方的那种原子式的个人，也非是后儒所鼓倡的先验论意义上的那种一成不变的“人”，而是大易生成论意义上的“人”，即基于家性和不断放大、绵延及生生不息的人之族类。这也意味着，被后人冠以偏激的“民族主义者”这一对王夫之的称谓颇值得商榷。这是因为，一种生成论的人类主义乃是一种王夫之所谓的“天亲合一”论的人类主义，而这种人类主义决定了其所谓的民族不失为一种普世主义的民族，故王夫之的学说与其说是鼓吹一种囿于一姓一族的民族主义，不如说其民族主义最终是以普遍的“民族间性”为指向。这是因为，一种生成论的人类主义乃是一种“以仁释人”的人类主义，而这种人类主义决定了那些迷恋武力、嗜血成性者既不入我伦亦非我类，故王夫之所谓的“华夷之辨”与其说是在强调“非我族类，其心必异”，不如说实际上是为了申明何为“人禽之辨”，并从形式上的民族向实质上的人性和“生人之道”的回归。因此，王夫之心目中的理想的族类，既不同于古印度婆罗门教流于“无记”的所谓纯血统的“种姓”，又不同于今日业已沦为政治意识工具和新型权力话语符号的原教旨化的“民族”，而是与种种“想象的共同体”迥异的，作为原生态的“生命共同体”的人的亲身和家性的大化生命本身，其日新而富有而不可以一姓一族执之。明乎此，我们就不难理解为什么王夫之不仅有“陋宋”还有“孤秦”之说，也即其认为秦以来华族大一统未必值得称道，原因在于它“胶胶然固天下揽握”而使轩辕所肇始的“家法沦坠”（《黄书・古仪第二》）。明乎此，我们就不难理解为什么王夫之坚持“华夷之辨”从来不是绝对而是相对的，原因在于“中国之文，乍明乍灭”，不仅夷可以出夷入华，而且华同样也可以出华入夷，乃至可以“蔑不兽矣”地退化为所谓的“植立之兽”（《思问录・外篇》）。

其次，以生命对话为归。正如王夫之所说，“男女者，阴阳之成形、天地之具体，亦非二也，从其神理形质而别言之耳”（《周易内传卷六上・系辞下传第五章》），中国哲学的阴阳的概念不过是男女的别称，故周易所谓“阴阳合德”并非是抽象的阴阳两种元素的结合，而是身体语言的男女两性的结合，是生命本身的对话。正是经此对话，不仅使身体向家化的人类族类生成，而且同时以一种以其自然适成其必然的方式使该生成过程成为一种有机的自组织系统，其既无序又成一定之序，既动态发展又维持着一定的平衡，故阴阳男女相生之“几”也恰恰为族类生命生成机制之“制”，其虽生生不测但却有着自足自洽的依据。此即王夫之所谓的“循环无尽之理”，所谓的“盛为生，衰为杀。盛衰者偶也，生杀者互相养者也”，以及“类以相续为蕃衍。……其消谢、生育相值，而偿其登耗者适相均也”（《周易外传卷四·未济》）这一大易之道。也就是说，王夫之认为族类的生成和演变，恰如男女两性之阴阳互补、男女两性之相映成趣一样，实际上呈现出一种其盛衰、消长、增逝之间的“相偶”“相值”“相均”这一生命对话的态势和机理。这样，在王夫之的历史哲学里，由于援易入史，其不仅把历史视为是族类自身生命的发生史，而且坚持“类相似相续而成乎其章”，而使历史由上帝掷骰子的游戏而最终成为有章可循的东西，使历史学由“不识不知，顺帝之则”的神秘的启示一变为身体语言的真理，即以一种全新的说的方式为我们说出了历史中似乎不可说的东西。

因此，也正是从生命对话的自组织性质出发，王夫之实际上为我们推出了一种具有循环论性质的历史观。故王夫之提出“治乱循环，一阴阳动静之几也”（《思问录·外篇》），提出“是故合极而乱，乱极而离，离极而又合，合而后圣人作焉”（《黄书·离合第七》），“故立国之道，匪见衰者无盛，匪见盛者无衰”（《春秋世论卷一·庄公》），“国政之因革，一张一弛而已。风俗之变迁，一质一文而已”（《读通鉴论卷十·三国》）。这实际上就决定了王夫之的历史观，其既不同于原儒所坚持的那种泥古不化的复古主义的历史观，又不同于今人的所解读的那种线性和积累式进步的渐进主义的历史观，也即绝对的进步主义的历史观。不同于前者是因为王夫之认为其有见于天（天理）而无见于人（人事），而不同于后者是因为王夫之认为其有见于人（人事）而无见于天（天理）："夫人事之渐而后成，势也，非理也。天理之足，无其渐也。理盛而势亦莫之御也。易参天人而尽其理，变化不测，而固有本矣。奚待于渐以为本末也？如其渐，则泽渐变为火，山渐变为水乎"（《周易外传卷五·系辞上传第一章》）。故在他看来，无论是复古主义还是进步主义都不失为对历史的误读，其都是对"参天人而尽其理"的大易之道的背离。我们看到，也正是基于这种循环论的历史观，使王夫之历史哲学极大地凸显了人类历史中往复和曲折的性质。故其一方面坚持人类历史"世愈降，物愈备"（《读通鉴论卷十九·隋文帝》）、"风教日趋于画一，而民生之困亦以少衰"（《读通鉴论卷二十·唐太宗》），另一方面又指出"春秋以降，中国日沦，如出一轨，悲夫"（《春秋世论·昭公》），遂有所谓的"孤秦陋宋"这一中国史判的推出。同时，也正是基于这种循环论的历史观，使王夫之的历史哲学对历史易穷则变、否极泰来的必然趋势充满信心，不是自怨自艾于"生于末世运偏消"，而是坚信历史"岂有积重难返之势"（《周易外传卷四·未济》），力辟释氏所谓："劫之将坏，有水灾焉，有火灾焉"这一世纪末的在劫难逃。然而，必须指出的是，王夫之的这种循环论的历史观乃是一种生成论的循环论，而非诸如邹衍的"五德终始"、董仲舒的"三统往复"那种传统先验主义的轮回论。其区别在于，如果说后者是他组织的、闭系统的和前定的循环论的话，那么前者则是自组织的、开系统的和随机的循环论，作为一种“循环无尽之理”，其既坚持历史的周而复始的性质，又坚持历史之树常绿，历史不可以以完全复制的方式重演。其道理正如我们在一个家族的父子相继关系里看到的那样，一方面子代永远不能改变之于父代“家族相似”的宿命，另一方面，这种“家族相似”并不意味着子代是对父代的酷肖和重复，故在这里不仅子优于父的“进步”论可以休矣，而且父优于子的“复辟”说亦为不经之谈，取而代之的将是遗传与变异相统一的生命学的真理。无疑，这种生命学的真理既是对人类历史复古和进步二律背反之谜的真正破译，同时，又可以作为理解历史的常与变互译关系的坚实依据。这就为我们理所当然地推出了王夫之周易历史观的第三个特点。

最后，于变求常，以常应变。注重历史的生成变易无疑是王夫之历史哲学的最为突出的特点。但是这不意味着王夫之由此忽视了恒常性在历史中的重要地位，而使其历史观流于一种近乎释氏的“无常”的历史观。相反，由于把历史视为是人类族类的生成史，由于把历史视为是一种真正的家世史，这使王夫之在中国哲学史上第一次洞若观火地既注意到历史的变异的新质，又注意到历史的遗传的基因，既注意到历史的以子易父的“革”，又注意到历史的世代相袭的“继”。由是王夫之提出，“万变之理，相类相续而成乎其章，于其始统其终，于其终如其始”（《周易外传卷五·系辞上传第一章》），其认为历史的万变并不意味着否定始终一如的“相续”之常理的存在。然而，王夫之所坚持的这种“常”并非是一种不变之常而是变中之常，如果说前者是一种思执的独白话语之常的话，那么后者则为一种生命的对话话语之常。故对于王夫之来说，这种变中之常恰以家族谱系为原型，恰存在于以异求继的家族传承里，其谓“所谓肖子者，安能父步亦步，父趋亦趋哉！父与子异形离质，而所继者惟志。天与人异形离质，而所继者惟道也。天之聪明则无极矣，天之明威无常矣。从其无极而步趋之，是夸父之逐日，徒劳速敝也。从其无常而步趋之，是刻舷之求剑，惛不知其已移也”（《尚书引义·皋陶谟》）。在这里，他认为正如子继父志并非意味着子对父的亦步亦趋一样，我们对道的遵循亦不可刻舟以求剑，而应顺变为则，以变求其不变。

因此，我们看到，也正是基于这种对常与变关系的深刻的理解，使王夫之学说的推出实际上代表着历史哲学中的变与常之坚执二元的真正和解。故王夫之提出“常一以变万，变万而常未改一”（《周易外传卷七·说卦传》），提出“时函变而道皆常，变而不失其常”（同上，杂卦传）提出“圣人于常治变，于变有常”（同上，卷六，系辞下传第七章）。同时，也正是基于这种对常与变关系的深刻的理解，一方面使王夫之在历史观中坚持于变求常，此即所谓的“天下亦变矣，所以变者亦常矣，相生相息而皆其常，相延相代而无有非变”（同上，卷四，震），所谓的“以死以生，以荣以贱，以今以古，以治以乱，无不可见之天心，无不可合之道符”（同上，卷七，杂卦传）；另一方面又使王夫之在历史观中坚持以常应变，此即所谓的防止有“非常之变”：“变而不失其常谓之常，变而失其常，非常矣”（同上，卷六，系辞下传第十章），所谓的“奉常以处变”原则的推出：“时亟变而道皆常，变而不失其常，而后大常贞，终古以协于一”（同上，卷七，杂卦传）。这一切，使王夫之既以“自当参变”“锐而处先”为己任，又反对随波逐流于“非常之变”，而为“旦秦暮楚”“蝇飞蝶惊”式的“无恒之人”；使王夫之既主张“时者，圣人所不能违也”的“与时偕行”，又强调“试天地之化，皆我时也”（同上），极大地突出了时的自身主体性而把“太上治时”提到了议事日程。而王夫之的一生，面对“天崩地裂”“海徙山移”的中国历史的惊天巨变，以船山的“顽石”自励自勉，虽出入险阻但却处变不惊，虽不遑宁处但却不改初衷，虽抱穷独处却可以自淑，恰恰可看作是以自己的生命为“变万而常未改一”的易学精神所做出了的最好的注释和佐证。它也为我们表明，“苟非其人，道不虚行”，不仅王夫之为我们解读出周易的至为神圣的文本，而且与此同时周易也为我们解读出王夫之永远不朽的精神。换言之，真正的易道是“道不远人”的，它就即身而道在地体现在人类族类与大化同流的血缘血脉里，它就反求诸身地体现在我们每一个珍视和尊重自己的生命的人的锲而不舍的生命之中。

综上所述，随着一种周易系谱学思想的引入，随着由之而使历史哲学中的本末、治乱、变常关系得以厘清，在王夫之的学说里，我们看到了一种中国古人“通古今之变”的历史学理想之实现的真正的可能。在王夫之所阐明的周易史观里，历史已不复为非理性的“乱哄哄你方唱罢我登场”的舞台，而成为所谓的“物无妄然，必有其理”的领域。然而，此处的“理”已并非那种历史因果论的或历史目的论的“理”，而是一种历史系谱学的也即家系学的“理”。这同时也决定了一种别具一格的中国式的历史哲学方法论的推出：如果说前者是从历史事件的趋同性出发，以分析或综合为其历史哲学方法论的不二法门的话，那么后者则从历史发生的“家族的类似性”

出发，以家族族类的“类推”为其历史哲学的方法论指归。

这种“类推”也即周易所谓的“族类辨物”，所谓的“取象比类”，所谓的“于稽其类”，所谓的“触类而长之”，也即王夫之所谓的“万变之理，相类相续而成乎其章”（《周易外传卷五·系辞上传第一章》）。正如王夫之此处所指出的那样，历史的发展由于其相类才成乎其相续，并最终成乎其可循之章。这意味着，“知则明通而类，愚则端悫而法”（《荀子·不苟》），对历史发展规律的把握不是要求我们从“绝对的同一”的本质法则出发，而是从“差异的会通”的族类类型出发。这意味着，维特根斯坦的“家族类似”的语用学方法对历史哲学同样成立。按维特根斯坦，这种“家族类似”即：首先，家族成员具有类似性（有体形上，有气质上，有步态上，有肤色上的等）；其次，其间没有一特性可称为本质，没有一种大家无一例外必须遵守的共同性；最终，只能举例，不能定义，即对家族成员的类似性只能以一种“要看而不能想”的方式，即通过直接而具体的类比性体验给予把握。同理，在家族化的人类历史中，其不同的历史事件亦具有类似性，这种类似性亦不能通过抽象的本质给予把握，亦只能诉诸这种直接而具体的类比性体验。这就导致了王夫之基于“人情有所必近”的所谓“情理”，主张“设身易地以求其实”这一中国特有的史学方法论的推出：

设身于古之时势，为己之所躬逢；研虑于古之谋为，为己之所身任。取古人宗社之安危，代为之忧患，而己之去危以即安者在矣；取古昔民情之利病，代为之斟酌，而今之兴利以除害者在矣。得可资，失亦可资也；同可资，异亦可资也。故治之所资，惟在一心，而史特其鉴也。（《读通鉴论卷末·序论四》）

对于王夫之来说，这种设身处地的类比性体验不仅可以使我们对千年雄史了然于胸，不仅可以使我们“断万世之大经”而对历史成败得失得以体认，而且它同时也是一种“以身任天下”“参万岁而一成纯”而实现今人与古人的“一体之仁”的过程。在这里，历史之学已不再是“记载徒繁”的编纂述事之学，已不再是“闻见虽多，辨证虽详”却不失为程子所讥的“玩物丧志”的问闻伎俩，而是知行合一地成为参与人类族类历史性生成的一种伦理实践活动，其最终与能近取譬、由己推人的儒家的“恕道”完全一脉相通一气呵成了。在这里，对历史的解释已既不再是“我注六经”式的古人中心，也不再是“六经注我”式的今人中心，而是从古人今人的各自的思的独白走向二者之间的身体的生命的对话，并最终走向会通古今的所谓的“惟在一心”的“一心”。关于这种“一心”，王夫之曾以如诗般的语言写道：

杜陵有句云：“吾宗秀孙子，质朴古人风。”世何有今古，此心一定，羲皇怀葛，凝目即在。明珠良玉，万年不改其光辉。民动如烟，我静如镜，空花夺目，惊波荡魄，一眼觑破，置身岂在三季下哉！（《薑斋文集卷四·尺牍十首》）

这不正表明，一旦我们会通古今，我们的生命就会如同明珠良玉一样地发出万年不改的熠熠光辉？这不正表明，我们中国古人其精神慧命其终极关怀，最终不是以超历史的天国而是以充满了大易精神的历史为归吗？

第七章
中国古代身体政治学发微

一、身国合一

一如标题所示，笔者将提出“身体政治学”这一政治哲学概念，以表示中国古代政治学的根本性质和特征，并借以把中国古代的政治学与西方传统的政治学两者在理论上加以区别。

显而易见，这一概念的提出虽不揣冒昧，却并非无端而发，而是其来有自的，因为坚持身国合一既是长期以来中国古人的不刊之论，同时这一论点又为中国古代历史坚实的社会政治实践所得以力证。先看古代文献中对此提出的有关论述：

如《尚书》有“慎厥身，修思永”“元首明哉，股肱良哉，庶事康哉”（《尚书·皋陶谟》）之说，还有为政的“敬用五事”（貌、言、视、听、思）之谈(《尚书·洪范》)。

如《左传》《国语》有许多以身体与政体相互类比的论述，

乃至《郑语》中史伯所谓的“刚四肢”“和五味”“和六律”“正七体”等提法，其既是关于身体的养生之道，同时又不外乎为先王的国家之治道。

如孟子提出“天下之本在国，国之本在家，家之本在身”(《孟子·离娄上》)，荀子提出“正身安国”(《荀子·乐论》)，提出“天子不视而见，不听而聪，不虑而知，不动而功，块然独坐而天下从之如一体，如四肢之从心——夫是之谓‘大形’。”(《荀子·君道》)。

如《管子》提出“君之在国都也，若心之在身体也。……四肢六道，身之体也；四正五官，国之体也。心之在体，君之位也；九窍之有职，官之分也”(《管子·君臣下》)。

如《礼记》提出“民以君为心，君以民为体。心庄则体舒，心肃则容敬。心好之，身必安之；君好之。民必欲之。心以体全，亦以体伤；君以民存，亦以民亡”(《礼记·缁衣》)。

再如《淮南子》提出“故心者，身之本也；身者，国之本也”(《淮南子·泰族训》)，提出“未尝闻身治而国乱者也，未尝闻身乱而国治者也”(《淮南子·诠言训》)。

如此等等，不一而足。在这里，古人或坚持身体为国体的象征，或坚持身体与国体之间具有同构性，或径直断言身体与国体二者本无畛域，异名同指。这一切，最终导致了《大学》所谓“修齐治平”这一中国古代政治纲领的推出。该纲领不仅断然宣布“自天子以至于庶人，壹是皆以修身为本”，而且明确声称“身修而后家齐，家齐而后国治，国治而后天下平”。故《大学》之作为“大学”的真正宏旨，乃在于其从社会本体论的高度，将古之身道与治道完全打通和合并，从而《大学》的推出，实际上标志着一种身国完全合一的政治学理论住中国古代的正式形成和奠定。

任何社会政治理论都并非空穴来风，而是一定社会实践的写实和反映，否则其就会成为无源之水、无本之术。西方社会政治理论是如此，中国古代的社会政治理论也不例外。如果说西方的理性主义的政治学理论肇端于其古希腊的不无法制化的城邦制社会的话，那么，中国古代的身体主义的政治学则直接溯源自其四周的业已宗法化的分封制社会。正是这种为周人所蔚为发明的宗法化的分封制社会，不仅为我们从中开出中国古代悠久的身国合一的政治传统，而且同时也为一种为中国古人所独具的身体主义政治学理论提供了坚实的历史依凭。

王国维在其《殷周制度论》一文中谓："欲观周之所以定天下，必自其制度始矣。周人制度之大异于商者，一曰立子立嫡之制，由是而生宗法及丧服之制，并由是而有封建子弟之制，君天子臣诸侯之制；二曰庙数之制；三曰同姓不婚之制。此数者，皆周之所以纲纪天下。其旨则在纳上下于道德，而合天子、诸侯、卿、大夫、士、庶民以成一道德之团体。周公制作之本意实在于此"。① 无论人们对王国维的这一近乎盖棺之论持有何种歧见，但其中一点却是毋庸置疑的，即：正如王国维所指出的那样，中国历史唯有殆至西周时期，随着父系社会血缘谱系的明朗化，以及把这种明朗的血缘谱系政治化，才使一种社会的宗法和分封的政治制度臻至成熟并最终奠定。这种宗法和分封的政治制度也即家与国高度一体化的制度。在赖此制度所建立的社会形态里，家是国的缩影，国是家的放大，而

---

① 王国维：《观堂集林上》，石家庄：河北教育出版社，2002 年，第 289 页。

“国家”一词之所以在中文词汇里成为一合成词，实际上恰恰是以这一家国合一的社会形态为其原型，为其摹本的。

我们看到，也正是基于这种家国合一的社会形态，才有了《诗经》所谓的“大邦维屏，大宗维翰，怀德维宁，宗子维城”（《诗·大雅·板》）；《尚书》所谓的“立爱惟亲，立敬惟长。始于家邦，终于四海”（《尚书·伊训》）之说；才使司马迁为我们留下了所谓的“王者疆土建国，封立子弟，所以褒亲亲，序骨肉，尊先祖，贵支体，广同姓于天下也。是以形势强而王室安。自古至今，所由来久矣”（《史记卷六十·三王世家第三十》）这一记载；也才使孔子提出所谓的“弟子入则孝，出则弟，谨而信，泛爱众，而亲仁”（《论语·学而》），提出所谓的“其为人也孝弟，而好犯上者，鲜矣；不好犯上，而好作乱者，未之有也。君子务本，本立而道生。孝弟也者，其为仁之本与”（同上）。在孔子的这些话里，其中所体现出的不仅有其对“出孝入弟”作为“仁之本”的无比坚信，还有其对去今渐远的家国合一的周之治道的无限眷怀和一往情深。

实际上，这种家国合一的社会形态也即身国合一的社会形态。也就是说，对于中国古人来说。真正意义上的身已并非是那种西方式的原子化的个体主义之身，而是其既是一种不无个体的切己之身，同时，又是一种具有丰富亲属关系的所谓的“家化之身”。这种所谓的“家化之身”，一方面就空间维度意味着，我的一切家族成员作为我身体的放大延伸而与我的身体有着“一体之仁”；另一方面就时间维度意味着。我的身体作为“父母之遗体”而使自己始终置身于整个家族世代相继的关系里。因此，正是身体与家族这种时空相关性，使古人的

“身”与“家”不仅须臾不可分离，而且也最终使两者成为异名同谓的东西。故《吕氏春秋》声称“以身为家，以家为国，以国为天下。此四者，异位同本。故圣人之事，广之则极宇宙、穷日月，约之则无出乎身者也。”（《吕氏春秋·审分览·执一》），在古人的心目中，不仅身与家完全同旨，而且其所谓的“修身”也即其所谓的“齐家”，也即其所谓的“治国”，也即其所谓的“平天下”，其“家邦”式的政治学亦以身为本，亦“无出乎身者也”。

缘乎此，我们才能理解古人所谓“国君一体”这一概念所内蕴的深意。《公羊传》庄公四年在论九世复仇之义时曾写道：“国君何为一体？国君以国为体，诸侯世，故国君为一体也”。在这里，作者实际上为我们回答了君主与国家如何能经由身体而统摄为一（“一体”）的问题，也即君主的“自我的身体”如何能转化为“国家的身体”的问题。按作者的观点，问题的答案恰恰就在于古人的身体并非一种单纯个体化的身体，而是一种“家化的身体”。这种“家化的身体”在宗法制和分封制的古代社会一物两体地展幅为两个方面：一是就空间脉络而言，国家的成员即家族的成员，诸侯、大夫不外乎为君主身体的肢体，此即作者所谓的“国君以国为体”一语之所指；二是就时间脉络而言，国家的继承者乃为家族的后裔，嗣王不过是始王之“遗体”的体现，此即作者所谓的“诸侯世”一语之所指。因此，这一切表明，在中国古代的分封制社会，无论是就其共时性还是就其历时性而言，一种与身同旨的家都是政治的中心、枢纽和中介，政治组织是通过家被整合为一体的，政治结构是通过家的亲属结构来得以体现的，而政治权力的握有和传承则是通过家族谱系的明确而获得其正当性与合法性的尊严。无怪《周易》有“正家而天下定”之说。也无怪乎在古代社会，家族的“宗庙”作为一种社会共同体的象征和隐喻而包含了如此丰富的内涵，以至于其既作为家族生命赖以维系的圣所，又被视为是王权得以加冕的一座政治上的神殿。

一旦揭示出了中国古代政治学身国合一也即家国合一的性质，为这种政治学所特有的一种政治形式——“礼治”的真实面目也就随之大白于世了。无疑，通过所谓“礼”来治理国家是中国古人的一大发明，乃至“礼”被赋予所谓“中国古代国家之宪法”之荣称。如《左传》提出“礼，经国家，定社稷，序民人，利后嗣者也”（《左传·隐公十一年》），提出“礼，政之舆也，身之守也”（《左传·襄公二十一年》）。而生逢“礼崩乐毁”之末世的孔子亦痴心不改地以礼为其治国之宏猷和纲领，其谓“为国以礼”（《论语·先进》），谓“上好礼，由民易使也”（《论语·宪问》），谓“礼乐不兴则刑罚不中，刑罚不中则民无所措手足”（《论语·子路》）。值得注意的是，尽管以礼治国业已成为中国古代政治学百代不易之宿识，在礼之所以为礼这一问题上论者们却始终莫衷一是。然而，随着中国古代政治学所固有的“身家主义”性质的揭示，其所特有的礼治这一形式的真实内容亦随之得以澄清。或简言之，正如中国古代真正意义上的国是一种身国合一的国一样，中国古代真正意义上的礼亦为一种身礼合一的礼。同理，正如中国古代的国家政治是通过家的原则来实现其成员一体化那样，作为中国古代国家宪法的礼亦通过家的谱系来经纬和一统天下。

故在中国古代政治学里，我们除了看到古人坚持身礼合一外，还看到古人以亲训礼，以及将礼的差等原则与家的亲亲原则打并归一。如果说前者可见之于古人的以“体”释礼、以“履”释礼（见《礼记·玉藻》《说文》），以及古人所谓的“礼以庇身”（《左传·成公十五年》），所谓的“礼者，所以正身也”（《荀子·修身》）等观点的话，那么关于后者的论述则更是随处可见和俯拾皆是。如《大戴礼记》提出礼之敬身与敬亲的统一论：“君子无不敬也，敬身为大。身也者，亲之枝也，敢不敬与？不能敬其身，是伤其亲；伤其亲，是伤其本；伤其本，枝从而亡”（《大戴礼记·哀公问于孔子第四十一》）；如《礼记》在谈礼的昭穆制时指出：“夫祭有昭穆。昭穆者，所以别父子、远近、长幼、亲疏之序而无乱也。是故有事于大庙，则群昭群穆咸在而不失其伦。此之谓亲疏之杀也”（《礼记·祭统》）；再如《礼记》在谈礼的尊祖敬宗时指出：“自仁率亲，等而上之至于祖；自义率祖，顺而下之至于祢。是故人道亲亲也。亲亲故尊祖，尊祖故敬宗，敬宗故收族，收族故宗庙严，宗庙严故重社稷，重社稷故爱百姓，爱百姓故刑罚中，刑罚中故庶民安，庶民安故财用足，财用足故百志成，百志成故礼俗刑，礼俗刑然后乐”（《礼记·大传》）。凡此种种，都使礼所固有的亲亲的内涵表露无遗，都使我们明悟到古人治国之礼法其实与古人齐家之家法别无二致。而孔子之所以提出“人而不仁，如礼何？人而不仁，如乐何？”（《论语·八佾》）之所以直斥宰我为“不仁”并以“以仁释礼”“以仁救礼”为历史使命，恰恰在于在孔子时代礼已背离了其制作之初衷，礼已完全丧失了“亲亲之仁”这一礼之本，它与其说是一种礼不如说业已沦为一种徒具形式的“仪”，正如一具没有灵魂的行尸走肉并不意味着一个真正人。

因此，对中国古代礼治精神的正本清源表明，无论中国古代礼的形式是如何繁富，乃至有所谓的“礼仪三百，威仪三千”之称，也无论中国古人对礼义的解释是如何议论蜂拥，乃至礼学之经籍浩如烟海而难以遽穷，就礼之所以为礼而言，举其荦荦大者，实不出乎“修身齐家”这一大端。同时，尽管这种“修身齐家”以其鲜明的血缘政治色彩备受现代主义政治学家所诟病，然而，一旦我们对政治学的理解从现代主义走向后现代主义，从中却不无清楚地昭示出了一条人类政治学向其“生活世界”回归的必然之径。也就是说，正如《周易·序卦传》“有男女，然后有夫妇；有夫妇，然后有父子；有父子，然后有君臣；有君臣，然后有上下；有上下，然后礼仪有所错”一语所指出的那样，在这种基于身体的“天下犹一家”的政治学里，人的政治行为已不再是某种异己于人性的东西，而成为人生命逻辑的自我推演，成为人自身的生命向整个族类化生命的生成过程；在这种基于身体的“天下犹一家”的政治学里，既没有私人与公共之间尖锐的对立，也不存在内圣与外王之间彼此的分离，一切政治学的二律背反都统统消解于生理即治理、家庭即国家、宗统即政统这一身道与治道的生命一体化之中。因此，中国古代的礼治理论，其既不同于传统西方的经验主义的“契约论”政治学说，又不同于人类历史上种种先验主义的“神授论”政治学说，而是实开一种本末洞畅、体用不二的所谓“生命论”政治学说之理论先河。也正是基于这一极其突出的“生命论”特点，使中国古代的礼治理论不仅以其根深蒂固深植于中国历史的过去，而且也使其以鲜明的原生态政治的价值指向，和作为对现代主义“以身为殉”的政治取向的超前批判，而最终通向人类政治学的未来和明天。

诚然，在中国历史上，随着君主专制之于宗法分封制的取代，随着“礼崩乐毁”时代的到来，这种礼治政治面临着严峻的历史挑战。但这一切并不意味着中国古代礼治传统的彻底中断。虽然高度的中央集权强化了政治事务管理上自上而下的官僚系统，在社会事务管理上古人却依然依靠自下而上的乡绅系统，如魏晋隋唐的庶族，两宋的户主，明清的缙绅，由族规乡约维系的“民间”和“地方”，有如西方的“市民社会”。其与国家政权遥相对峙又相互制衡，在中国古代社会始终发挥着重要的作用。因此，在两千年的中国社会中，家依然不失为社会的基础。尊祖敬宗依然不失为社会的准绳，“修身齐家”依然不失为社会的传统，“血浓于水”的原则依然深深植根于每一个子民的心中，尽管流淌于其身体中的血不断地被国家这部冷血和嗜血的机器所稀释，所吞噬。

这，也许就是这个民族之所以“周虽旧邦，其命惟新”的真正谜底。

二、感应与亲和

中国古代礼治中的治道与身道的合一，不啻导致了一种人类更为始源的社会的交往形式，即社会的“身体语言”的发现。如果我们再对这种“身体语言”进一步地从事生命学的还原，就会看到，既非父子语言，也非兄弟语言，更非君臣语言，而是夫妇语言乃为其至为根本、至为原初的语言形式。

这一结论的得出不仅与“身体发肤，受之父母”这一身体本身的原发机制相符，而且亦忠实于古人之于礼的解读。这种解读除了可证之于《礼记》所谓“昏礼者，礼之本也”（《礼记·昏义》）这一断言外，还可见之于《大戴礼记》，后者更是将夫妇婚礼的重要性提撕到无以复加的地步。其借孔子之口提出：

“古之为政，爱人为大。所以治爱人，礼为大；所以治礼，敬为大；敬之至也，大昏为大。大昏至矣”（《大戴礼记·哀公问于孔子第四十一》）。此外，当哀公谓：“然冕而亲迎，不已重乎？”而对大昏形式提出质疑时，孔子则进一步以不容置喙的口吻回应说：“天地不合，万物不生。大昏，万世之嗣也，君何以谓已重焉”（同上）。

无独有偶，这种对婚礼重要性的无上强调还可见之于司马迁的《史记》。所不同的是，由于以一种史学家的眼光稽之于史实，这使司马迁于此的论述较之礼学家的论述更为实证，也更具历史的厚重。司马迁写到：“自古受命帝王及继体守文之君，非独内德茂也，盖亦有外戚之助焉。夏之兴也以涂山，而桀之放也以末喜。殷之兴也以有娀，纣之杀也嬖妲己。周之兴也以姜原及大任，而幽王之禽也淫于褒姒。故《易》基‘乾’‘坤’，《诗》始《关雎》，《书》美厘降，《春秋》讥不亲迎。夫妇之际，人道之大伦也。礼之用，唯婚姻为兢兢。夫乐调而四时和，阴阳之变，万物之统也。可不慎与！”（《史记卷四十九·外戚世家第十九》）

在这里，一如礼书的作者，司马迁不仅将婚礼提升到“阴阳之变，万物之统”这一宇宙本体的高度，而且认为其涉及“人道之大伦”，对其能否谨守勿失关乎到社会治乱和兴衰的根本。这意味着，对于古人来说，随着婚礼被视为众礼之本，为婚礼所强调的“夫妇之际”亦被置于治道之真正的中心。故究极而言，在礼治名下的中国古代的治道既非西方人本主义的主体性学说，又非西方科学主义的客体性之道，而是一种真正互主体性意义上的所谓的“男女间性”之道。这种“男女间性”，由于古人坚持“齐家自夫妇始”（杨度语）而被视为齐家的基础，又由于礼治的家国合一性质而从中生发出了古代中国其特有的政治之文明。这也正是所谓“刑于寡妻，至于兄弟，以御于家邦”（《孟子·梁惠王上》引《诗经》语）被古代治论无上顶礼的真正原因。

其实，中国古人之所以坚持“男女间性”为治道之本，不独在于中国古代家国合一的宗法社会最终“造端于男女夫妇”，更重要的还在于，一种真正意义上的人类社会乃是一种基于互主体的关系的社会，也即一种基于古人所谓的“不同而一”的人伦的社会，而“男女间性”恰恰是这种互主体的，也即“不同而一”的社会人伦关系至为集中的体现。为了说明这一点，就不能不涉及中国哲学中的“感应”和“亲和”这两个核心概念。

“感应”也即“感”。在中国哲学中，“易之咸，见夫妇”（《荀子·大略》），这一“感”的概念是最初源自《周易》的“咸”卦，它乃是对男女性感的指称和说明，随后被泛化为宇宙事物的普遍规定，并被置于众多哲学家论域的中心。如《周易》提出：“易无思也，无为也，寂然不动，感而遂通天下之故”（《系辞上传》），再如张载提出：“感而后有通，不有两则无一”（《正蒙·太和篇第一》）。值得注意的是，尽管“感”这一概念乃为中国哲学的核心概念，却由于其不无神秘的前科学性质，人们对其始终不得确解，只是随着西方学者荣格所谓

“同时性”（simultaniety）法则的提出，这一概念的真实涵义才开始在理论上得以澄清和给予肯定。按荣格的解释，《周易》的“感”以无意识的性灵活动之同步共振现象为依据，乃代表了一种别具类型的同时发生的法则。所谓同时发生法则，就其实质一言以蔽之，不过是区别于相继因果之法则的互为因果之法则。或进而言之，如果说前者乃为一种科学世界之主从性关系的法则的话，那么唯有后者才使一种“社会世界”之交互性关系法则得以真正彰显和体现。

《说文》曰：“和，相应也。”这种感应的互体之“感”也即亲切之“和”，也即我们所谓的“亲和”。故古人不仅讲“因感随应”的“感应”，而且亦为我们推出“和睦相亲”的“亲和”。从《周易》所谓“保合大和”（《乾·彖》），到礼论所谓“礼之用，和为贵”（《论语·学而》）及乐论所谓“父子兄弟同听之，则莫不和亲”（《礼记·乐记》）无一不为其明证。同时，由于中国哲学所固有的根身性，正如其所谓的感应之“感”被近取诸身为男女之感一样，其所谓的亲和之“和”亦被返本追源于“和两姓之好”的男女之和。故《周易》的“咸”卦不仅谈男女之感，而且还提出“圣人感人心而天下和平”（《咸·彖》），从男女之感同时推出了“天下之和”。因此，无论是中国哲学的“感”的概念，还是中国哲学的“和”的概念最终都根身于“男女间性”，都不外乎为这种“男女间性”的生动的描述和说明。无疑，认识到这一点，对于我们理解中国古代其特有的社会政治形态具有极其重要的意义，因为它不仅为我们表明了中国古代治道的互主体性的本质特征，而且还以一种反求诸身的方式告诉人们，正是由于深深植根于我们每一个人身体的男女性感和阴阳和合之中，才使人类社会的互主体性从理想走向了现实，才使一种“感而遂通”和“天下和平”的社会形态成为真正的可能。

故就其实质而言，原本意义上的中国古代的政治学既为一种根身的政治学，又不失为一种所谓的“感应的政治学”或“亲和的政治学”。这种政治学所关注的不是如何使社会进一步地祛魅化和合理化，如何从社会中抽绎出一般性法则而使人身得以合乎规律的支配，而关注的是如何使人际关系进一步有机化和协调化，如何从人本身生命所固有的感应性和亲和性出发生发出整个人类社会。故这种政治学与其说是一种政治科学，不如说是一种生命哲学；它与其说是基于一种“理性契约”，不如说基于一种“感性契约”；它与其说是旨在建立一种“原子集合体”的社会，不如说是旨在建立一种“生命共同体”的社会；它与其说其性质为程序性的和规范性的，不如说其性质为对治性的和治疗性的。而正是这种对治性和治疗性的性质，才使中国古代政治学所致力于解决的不是国家机器如何合乎秩序地有效运转，而更多地是生命之阴阳如何燮理，人之喜怒哀乐的性情如何“发而皆中节”，人的贪得无厌、无所忌惮的欲望如何回归“人心之正”，并从中产生了古人所谓的“克己复礼”“养心寡欲”和“戒慎恐惧”“去危著微”等所谓的“修身养性”之说。也正是这种对治性和治疗性的性质，才使古代“治国”之“治”字无独有偶地同于“治病”之“治”字，并使古人声称“不为良相，则为良医”，将易理、医理、治理三合为一，而将社会之治道几乎不可思议地与生命之医学联系在一起。同时，也正是这种对治性和治疗性的性质，才使中国古代政治学在坚持“与民休息”“一张一弛”“以柔克刚”和“宽猛相济”为礼治之常经之际，亦坚持“礼以时为大”而不忘礼治之权变和时义，其谓“权然后知轻重”，谓“与时偕行”，谓“因弊思革”，谓“随变断事”。故在中国古代社会，一位纠正时弊、拨乱反治的明君贤相，恰如一位对症下药、祛邪扶正的良医。

我们看到，一旦把“感应”和“亲和”定位为中国古代政治学的核心原则，一旦沿着这一原则梭巡而进，我们就会入室操戈地深入到中国古代政治学的真正殿堂，并且随之破译这种迥异于西方政治学的东方政治学中种种理论之谜。而这种政治学理论之谜之一，就是古人礼乐政治中对所谓“乐”的无上强调，以及由之形成的中国古代所谓“乐感政治”这一问题。

无疑，不仅以礼治国是古人政治学一大发明，而且以乐治国亦为中国古代政治学所独有的专利。如《礼记》提出“是故乐在宗庙之中，君臣上下同听之，则莫不和敬；在族长乡里之中，长幼同听之，则莫不和顺；在闺门之内，父子兄弟同听之，则莫不和亲。故乐者审一以定和，比物以饰节，节奏合以成文。所以合和父子君臣附亲万民也。是先王立乐之方也。”(《礼记·乐记》)，提出“是故治世之音安，以乐其政和；乱世之音怨，以怒其政乖；亡国之音哀，以思其民困。声音之道，与政通矣。……凡音者，生于人心者也；乐者，通伦理者也。……是故审声以知音，审音以知乐，审乐以知政而治道备矣。”（同上）。此外，在中国古代社会，司乐的所谓“乐官”和管理乐的所谓“乐府”的存在，作为其组织保证则进一步证实了以乐治国洵非虚论。故对于中国古人来说，一如礼为其政治形式，乐同样亦为其政治形式，惟其如此，才有了所谓“礼乐刑政，其极一也”（同上）这一结论的推出。

究其原因，中国古人之所以坚持乐作为政治形式，坚持乐治与礼治两者的殊途同归，恰恰在于，如上所述，中国古代礼治政治实际上乃为一种“感应政治”，乃为一种“亲和政治”，而“其爱心感者，其声和以柔”（同上），这种政治的感应、亲和的原则恰恰与世间的音乐之道灵犀相通，恰恰通过音乐之道而娓娓道来，因为“不同的音调造成最美的和谐”（赫拉克利特语），音乐作为“上帝之手拉出的琴声”、作为地地道道的“纯粹美”之形式，乃是“和而不同”的和谐真理的至极体现和最高象征。因此，正是通过音乐也唯有通过音乐，我们才能真正通向至纯至朴的“受命如响”“不同而一”的生命之人伦，从而最终臻至“合和父子君臣附亲万民”这一社会之治道。故在中国古代社会，“乐之隆，非极音也”（同上），正如礼已不止是单纯的礼仪而为一种身体语言一样，乐也已不再为单纯的音符，其乃代表了以“亲亲之仁”为内容的礼治社会的真正的心声，从中我们聆听到的不仅有《诗经》所谓的“如鼓琴瑟”的“妻子好合”，还有家庭的父子兄弟之间的“和亲”，宗族的长幼之间的“和顺”，社稷的君臣之间的“和敬”。这样，正如古人借助于礼而使整个人类族类生命谱系化一样，古人也借助于乐而为我们谱写了一曲响之应声、韵律和畅的人类社会生活之交响曲。它以一种礼乐合一的方式告诉我们，一种生命的逻辑也即一种审美的逻辑，故中国古代的礼治社会既为一种“生命共同体”，又同时使一种不无乐感的“审美共同体”成为可能。这一切也不正表明，为西方哲学家席勒在其《美育书简》里推出的所谓“游戏社会”、所谓“审美王国”并非痴人说梦，而是与孔子“立于礼，成于乐”（《论语·泰伯》）这一所见略同，并一度似曾相识地体现在去孔子未远的中国古代那鲜活的礼乐政治实践之中吗？

中国古代政治学中似乎难以破译的理论之谜，除可见之于这种对“乐”的无上强调的“乐感政治”外，还可见之于其以“情”为核心的所谓的“情感政治”。也就是说，一如中国古代的政治业已被乐感化一样，政治之情感化亦为其政治迥异于理性化的西方政治的极为突出的特征。不独中国古人提出“缘人情而制礼，依人性而作仪”（《史记卷二十三·礼书第一》），提出“礼乐之说，管乎人情矣”（《礼记·乐记》），提出“情深而文明”（同上），坚持无论礼抑或乐都本乎人情，缘乎人情，而且中国古人提出“礼乐皆得渭之德”（同上），坚持与礼乐同旨的道德之“德”亦不离乎人情，道德并非是一种康德式的“实践理性”，而为一种舍勒式的“道德感情”。故在古《尚书》里，德是与“以亲九族”联系在一起；在孔子那里，德与“仁爱”异名同谓；在孟子那里，德不过是“恻隐”的别称；在戴震那里，德则表示了所谓的“情不爽失”。我们看到，也正是从这种以情训德的思想出发，古人不仅为我们推出了“乃若其情，则可以为善”的伦理学说，亦使其“为政以德”的政治学说具有极其鲜明的唯情主义和情本主义的特色。

一如古人的“乐感政治”唯有依据于“感应”“亲和”的原则才能得以说明那样，同理，古人的这种“情感政治”亦深深植基于“感应”“亲和”的原则之中。也就是说，既然中国古代的政治学乃为一种根身的身体主义政治学，那么，对该政治学的情感性质的揭示就唯有通过对身体本身发生机制——“夫妇之感”的揭示才能得以说明。同时，既然中国古人基于这种“夫妇之感”而提出“观其所感，而天地万物之情可见矣”（《易经·咸卦》），提出“感通之道，存乎情者也”（戴震《原善》），认为情乃为与感俱生之产物，那么这也意味着一种感应的政治学或亲和的政治学则必然导向一种情感的政治学。在这种情感的政治学里，人之情感虽依据生命发生谱系而源自男女之情，但却又不泥于男女之情，而是由本及末、由亲及疏地体现于一切社会关系之中，恰与中国古代道德之德虽源自男女之德（如《诗经·邶风·谷风》“德音莫违，及尔同死”，《诗经·小雅·隰桑》“既见君子，德音孔胶”所表明的那样），但却又不泥于男女之德，而是体现在所有人际交往之中这一情况相同。在这种情感的政治学里，人之情感虽出乎每一个体的本己之性，但却又不限于这种本己之性，而是作为一种真正的身体的语言，使看似相互绝缘的社会个体得以心灵的默契和沟通。故政治与情感缔约带给我们的，除了社会中的自我中心主义及群己对立的消解，还使一种心心相许、温情脉脉的“情感共同体”在人类政治生活中成为真正的可能。

因此，我们的分析表明，无论是中国古代的乐感政治，还是中国古代的情感政治，实际上都与感应原则和亲和原则有关，都可看作是感应原则和亲和原则之具体体现。故感应和亲和的原则无疑已作为核心原则被古人奉为政治学之圭臬，舍此我们就不能理解什么是中国古代政治学，舍此我们就不能把中国古代政治学与西方政治学严格地加以区别，其情况就如同如果我们不知道什么是阴阳感应与和合，我们就不能理解什么是真正的中国古代哲学，并无从把中国古代哲学与西方哲学严格地加以区别那样。同时，正如中国古代哲学基于阴阳之间的感应与和合，使整个宇宙成为一种生命对话的世界一样，与之相应，中国古代政治学亦通过诉诸男女之间的感应与和合，而使整个国家成为一种生命对话的社会。而中国古代国家之所以大异于西方古代的“城邦”，更大异于西方近代被市场和法权所支配垄断的不无机器化的社会，中国古代国家之所以以家为国的别称，而使国家具有一种挥之不去的家邦特征，实际正是基于对这种生命对话的近乎神明的无上顶礼，正是以这种原生态的身体语言为其坚实的依据，为其政治交往的真正母语。

应该承认，在中国历史上，由于父权地位的不断加强，由于阳尊阴卑等级制度的节节胜利，这种生命对话的原则也开始逐渐让位于权力话语的独白之专断，而充斥于二十四史中的杀伐、征战和铁血的强权无不表明这一点。然而，正如在中国历史上礼治的传统始终续而未断一样，其生命对话的语言也从未因此集体失语而销声匿迹，其依然不仅作为社会生活的真正母语而生生不息，而且还从中不绝如缕地谱写着中国古代政治的历史新曲。例如在孔子不无痴心的“以仁释礼”之中，在贯穿整个中国历史的“儒道互补”之中，以及在作为古代乐教新形态的所谓“诗教”之中，人们依然能依稀仿佛地听到它那发自生命深处的大音希声。虽然这种声音也许已不复有孔子所心仪的西周的“韶乐”那样优美，却依然可以以其凄婉、以其悲壮拨动着我们每一个人的心弦，使我们在一个人性被阉割的政治异化中感受到自己的真实存在、自己生命的无上尊严。

三、族类学的方法

对感应与亲和以及其所体现的生命对话原则的挖掘和揭

示，使我们有必要对长期以来学界中一种老生常谈的现代主义观点给予重新的审视和检讨。这种观点坚持，身国合一必然导致政治上的人身依附，家国合一则必然通向政治上的帝王的家天下，也即在一种以身家为基础的社会政治形态里，皇帝必然是家长，大臣必然是家奴，而百姓必然是家的奴婢，从而一种身体政治将不可避免地与专制主义政治互为表里，而以一种血统论方式极大地抬升君主个人在政治生活中的至高无上的威权地位。显然，这一观点由于中国长期的专制政治统治的史实而得到普遍的认可，并且由于唯理论者黑格尔所谓东方只有一个人的自由，东方社会乃为绝对专制主义社会这一结论而变得更为不容置喙。

然而，中国古代的感应与亲和以及其体现的生命对话原则之内在机理却为我们表明，实际上，真正的身国合一、家国合一与其说是与一种“同”的原则为伍，不如说是与一种“和”的原则有关。而这种“和”以其差异的同一，并非通向政治上君主专制的大一统，而是通向政治上君臣之间的相互对应，分权与集权之间的有机平衡，个体与群体之间的和而不同。其道理恰如在一个真正和睦相亲的家庭里，家长的存在并不影响着每一个家庭成员葆有其自身的独立性，所谓的“家族相似”并不意味着家庭成员之间性格和行为上完全的雷同。

因此，正如中国古代社会的史实所昭揭出的那样，中国早期的宗法分封制政治形态与后世的帝制专制政治形态虽有某种前后宗承关系，其间深刻的区别却不容不辨。如果说后者更多体现了一种君主大权独揽的大一统的话，那么前者则与之不同，其更多体现的是权责的对应，君主与臣属的互动，还有中央与地方的共存共荣。舍此我们难以理解为什么中国历史上有伊尹放逐太甲，周公辅佐成王，以及为梁启超所发明的周代贵族共和之传说。舍此我们就难以理解为什么孟子可以提出同姓之卿谏君不听则可易位，荀子可以提出所谓的“从道不从君”，以及所谓的“君臣以义合”。凡此种种，都为我们表明了中国历史上确乎存在过一依稀可辨的“前专制”和“准共和”的时代。就其主导倾向而言，这一时代政治上所宗奉的并非是大一统的“同”的原则，而是差异之同一的“和”的原则。否则的话，《中庸》提出所谓的“道并行而不悖，万物并育而不相害”就会失去历史的依据成为无稽之谈，就不可能被笃信“经史合一”原则的中国古人将其大树特树地载入中国之经典。

从中可看到一种中国古代特有的政治学方法论，也即一种可称为所谓的“族类学的方法”的推出。这种族类学之族类并非是那种个体简单相加总合的族类，而是那种基于男女夫妇的结合而作为不断放大的家族和无限的生命共同体的族类。同时，对这种族类的理解，决定了这种所谓的族类学的原则既非为那种彻底无视整体的个体论的原则，也并非为那种完全泯灭个体的整体论原则，而是个体与群体和合的协同论的原则；与之相应，对这种族类的理解，也决定了这种族类学的学理既不同于西方的工具性的认知理性之理，又不同于西方的伦理性的交往理性之理，而是一种身体性的族类理性之理。这不啻意味着，该理之运行、该理之推演不是服从于合理性的计算和协商，而是一如古人所谓“同类相从，同声相应，固天之理也”（《庄子·渔父》）所指，另辟蹊径地通过族类的类似、类比、类推这些类化活动而得以体现。

无疑，诚如笔者在中国古代家系学的研究中所指出的那样，这种“族类理性”或“族类方法”乃成为中国古人通达真理的不二法门和真正途径。如《易经》提出“君子以类族辨物”（《同人·大象传》），如《诗经》提出“惟其有之，是以似之”（《诗经·小雅·裳裳者华》），如荀子提出“知则明通而类”（《荀子·不苟》），再如司马迁提出“形理如类有可类。或未形而未类，或同形而同类，类而可班，类而可识”（《史记卷二十五·律书第三》）。由此就导致了为中国古人所特有的一种中国式的“拟似科学”（analogical science）或“拟似思维”（analogical thinking）的推出。而这种“拟似科学”或“拟似思维”，在新儒学学者唐君毅那里，被解读为作为两种事物互不相害而兼成之之心，也即其所渭“道心——类统心”；在日本汉学家汤浅泰雄那里，则被解读为心依“同时发生”原则而运作的身心未分之心，也即一种荣格式的所谓“类心”（psychoid）。无论这些解读对这种“拟似科学”或“拟似思维”的理解是如何的不同，它们实际上都不否认人类的一种“同类相通”之心的存在，它们实际上都表明了一旦切入身体及身体的家族相似性，一种中国式的“拟似科学”或“拟似思维”正日渐得到学界的认可和认同。

我们看到，这种“拟似科学”或“拟似思维”，除了广泛被运用于中国古代的医学、诗学，以及占星术、占风术和望气术等领域外，还被作为一种普遍致思形式推及到社会的政治领域，而由一种“拟似科学”走向了一种我们所谓的“拟似政治”。概而言之，这种所谓的“拟似政治”，也即一种借助于一种族类的类似、类比、类推活动，把我与家人的亲亲之情、骨肉之爱由己推人。由家推向整个国家天下的族类化活动，其不过孔子所谓的“能近取譬”之“仁之方”在社会政治领域中的泛化和运用。这种“模似政治”的内容尤为孟子所深切著明地发明。此即孟子在见齐宣王时，就其见牛“即不忍其觳觫”，而举一反三地导出的一种所谓“举斯心加诸彼”、所谓“推恩”的政治学之普遍方法论：

> 老吾老，以及人之老；幼吾幼，以及人之幼。天下可运于掌。《诗》云：“刑于寡妻，至于兄弟，以御于家邦。”言举斯心加诸彼而已。故推恩足以保四海，不推恩无以保妻子。古人所以大过人者，无他焉，善推其所为而已矣。今恩足以及禽兽，而功不至于百姓者，独何与？（《孟子·梁惠王上》）

在这里，既没有那种为西方政治哲学所玄思的高深的认识哲理，也没有那种为西方政治科学所制定出的严密的行为程序，有的只是“无思无为”的并深植于每一个人身体、近乎生物本能的对于其生命同类的恻隐之心，也即一种“他人有心，予忖度之”“人心己心一如也”的族类的类化之心。作为一种“一以贯之”的所谓“恕道”，其虽然无思但却可以深契情理，其虽然无为但却能够不令而行，它使一种族类化的身体感觉（feeling）被置于人类政治生活的中心，使这种感觉不仅成为理论家，而且还付诸实践而成为政治家。只要我们“善推其所为”地发扬并调动这一感觉，我们就可以在政治领域里举重若轻，我们就可以在政治事务上做到古人所说的“不动而化，不言而信，无为而成”。故通过孟子的论述，我们实际上看到了一种不无古典又不无原生态的人类政治学的方法论，从中不仅体现出了一种后现代主义政治学所吁求的“祛政治化”，而且还为中国古老的“无为而治”主张奠定了坚实的方法论基础，并使迷恋于严刑峻法的法家学说在中国历史上始终难以扶为治道之正统。

一旦我们把中国古代的政治学定位于一种“拟似的政治学”，该政治学的又一独特形态——“示范政治学”也就随之顺理成章地成为政治学的小证自明之理。也就是说，正如中国古人坚持政治组织的运行依赖于一种类化之心的推演一样，其亦坚持“以教道民，必躬亲之”（《吕氏春秋·孟春纪》），政治权威的确立与一种类化之身的垂范须臾不可分离。此即古人所谓的“修身正人”和“政者正也”学说的推出：

子路问君子。子曰：“修己以敬。”曰：“如斯而已乎？”曰：“修己以安人。”曰：“如斯而已乎？”曰：“修己以安百姓。修己以安百姓，尧舜其犹病诸。”（《论语·宪问》）

季康子问政于孔子。孔子对曰：“政者，正也。子帅以正，孰敢不正。”（《论语·颜渊》）

子曰：“其身正，不令而行；其身不正，虽令不从。”（《论语·子路》）

君仁，莫不仁；君义，莫不义；君正，莫不正。一正君而国定矣。（《孟子·离娄下》）

在这里，对于古人来说，人类政治的权威既非来自冥冥之中上天的神意，也非来自现存社会的一成不变的铁律，而是来自体现在每一位政治家身上的生动的示例，生动的范型，即“刑于寡妻”之所谓的“刑”（型）。正是通过这种示例和范型，使族类政治共同体中每一成员为自己找到可以效尤的“家族相似”的榜样，使其在行为上有法可依，有章可循，并最终使《中庸》所谓的“上老老而民兴孝，上长长而民兴弟，上恤孤而民不倍”这一政治的“絜矩之道”得以推行。故在中国古代政治学里，正如其治道已消解于身道中一样，其社会政治制度亦拟人化、偶像化为政治家的身体形象，政治家的身体形象已不啻成为社会政治制度之真正的象征。或易言之，对于中国古人来说，不是“以法为则”，而是“以身为则”实际上成为实现其治道的根本途径，成为其政治学之所以为中国式政治学、其政治学之所以区别于西方政治学的最本质的特征。

值得注意的是，正如古人心目中的族类乃为一种永远开放的族类一样，其基于“家族相似”的示范政治亦并非是始终自我封闭的，而是为社会的每一个成员提供了政治表现的机遇。明乎此，我们就不难理解为什么中国古人在提出“亲亲”连同“长长”的政治学原则的同时，亦对“贤贤”的政治学原则同样地膜拜顶礼，而把所谓的“举贤才”视为人类政治活动中一极其重要的内容和使命。故在《论语》中我们看到，“哀公问曰：‘何为民服?’孔子对曰：‘举直错诸枉则民服，举枉错诸直则民不服”’（《论语·为政》），又“樊迟问仁。子曰：‘爱人。’问知。子曰：‘知人。’樊迟未达。子曰：‘举直错诸枉，能使枉者直。’樊迟退，见子夏曰：‘乡也吾见夫子而问知，子曰：举直错诸枉，能使枉者直，何谓也?’子夏曰：‘富哉言乎！舜有天下，选于众，举皋陶，不仁者远矣。汤有天下，选于众，举伊尹，不仁者远矣’”（《论语·颜渊》）。因此，对于古人来说，一个人如果能够对其同类富有恻隐之心，成为一个真正有道德的人（也即所谓的“直者”），无论其社会身份的贵贱他都可以成为示范政治的标本，而以身为则地投身于族类共同体的政治活动里，为该共同体的建设尽其绵薄之力。故一种真正的示范政治乃是一种开放的政治，它为社会的每一个贤人投身政治开辟了途径。或易言之，道德化的举贤政治之所以可能，恰恰在于“大唯善，故能举其类”（《左传·襄公三年》），也即在于该政治的道德伦理原则与族类共同体的家族相似原则之间具有根本的同构性。正是这种同构性，不仅使中国古代政治以其突出的“身份政治”特色迥异于西方的祛身化的政治，而且也使其在强调“亲亲”连同“长长”原则的同时，坚持“内举不避亲，外举不避仇”，同样不失西方政治学所强调的人与人之间的平等。

这一切，最终导致了中国古代特有的“圣贤政治”的推出。这种“圣贤政治”坚持所谓的“祖述尧舜，宪章文武”，坚持所谓的举贤人而远小人，认为“明君贤相”可以使我们国泰民安，而“昏君佞臣”则能够使我们丧失政权。无疑，这种“圣贤政治”也即一种典型的人格化的政治。这种人格化的政治强调“有乱君，无乱国；有治人，无治法。……故法不能独立，类不能自行；得其人则存，失其人则亡”（《荀子·君道》），强调“故械数者，治之流也，非治之原也。君子者，治之原也”（同上），其把社会的治理更多地不足寄希望于作为“治法”的“械数”，而是寄希望于作为“治人”的“君子”；其更为看重的不是政治的制度法则的建立，而是看重的是所谓的“类不能自行”，是政治领导人自身身先垂范的作用，也即政治领导者自身的人格魅力和身体形象所具有的感召力和凝聚性。显然，它是一种有别于“制度决定论”的“榜样决定论”的政治学说。从中产生了古人所谓“治乱之机，转于君子、小人之进退；进退之机，握于人君一心之敬肆”（孙文定《三习一弊疏》），所谓“格君心之非”“知所以修身，则知所以治人”诸如此类的观点，还有古人的极其注重修史和“以史为鉴”的政治思想和理念。对于古代的政治领导者来说，历史生动的史实作为我们的行为图示，一如文学中的“典型”和医学中的“诊例”，规定了其政治行为的规范和取舍，以及其如何塑造自己的身体形象。而与历史人物褒贬相关的中国古代谥号制度。则使其国家领导者在“闻其谥而知其行”（《史记卷二十四·乐书第二》）的同时，不能不反躬自问地警醒和鞭策自身，觉悟到师法明君贤相可以使自己名垂千古，而步昏君佞臣的后尘则会使自己“尔曹身与名俱灭”，永远地钉在历史的耻辱柱上。

无论这种“榜样政治学”与今天的“制度政治学”的思想是如何的格格不入，也无论在现代法治社会中鼓吹“榜样的力量”是多么的不合时宜，它却以其深刻的意义内涵依然不失为今天人类可资借鉴的重要的政治学资源。这种深刻的意义内涵不仅体现为它乃是对基于族类学原则的一种原生态的政治学方法的回归，而且还体现为它同时也代表了对一种业已“无人称”“祛身化”的现代主义政治学方法的批判。因此，耐人寻思的是，当其在现代主义的冲击下已开始在中国学者的视域淡出之际，这一古老的政治学方法却在当今西方管理学家、政治学家那里找到了自己的知己。例如，西方现代著名学者杜拉克在 1985 年为《有效的管理者》一书作序时指出，一般的管理学著作都讲的是如何管理别人，本书则讲如何有效管理自己。一个有能力管好别人的人不一定是一个好的管理者，而只有那些有能力管好自己的人才能成为一个好的管理者。不能管好自己的人实际上不可能管好别人的，故管理就是“树立榜样”。再参以当代所谓“形象政治学”的理论的兴起，这一切都为我们表明了，今天的人类的社会管理和社会政治理论，在出现一种从“他律”向“自律”、从“为人之学”到“为己之学”

转向的同时，已经从一种身体的自己而非心体的自己的出发，开始把社会组织视为与社会组织者息息相关的生命共同体，开始意识到社会组织者的行为举止、一言一行都牵一发动全局地与社会组织须臾不可离，开始意识到其身体力行的榜样实际上代表了真正的管理与治理之理。或换言之，今天的人们已开始意识到，正如孔子“无为而治者，其舜也与！夫何为哉？恭己正南面而已矣”（《论语·卫灵公》）这一古训所指示的那样，“号令未出而天下皆延颈举踵”这一圣人的“无为而治”，并非高深莫测而是如此的平实简易，以至于它就反求诸身地体现在我们每一个社会组织者所谓的“恭己正南面”里。

四、理论的展望

在本文结束之际，我们有必要使自己的研究并不仅仅停留在考古学水平上，而将对这种发掘出的中国古代身体政治学的理论前景作一展望。而要作出这一展望，就不能不首先回到这一问题，即所谓的“身体政治学”这一概念是如何在今天人类政治学视域中出现而成为焦点？

应该承认，虽然诚如笔者所指出的那样，一种自成一统的身体政治学思想实渊源于古老的中国，但这一思想在当代政治学论域的凸显，却得益于今天西方政治学者功不可没的理论发现。也就是说，随着当代西方哲学从思辨世界向生活世界的回归，以及随之而来的身体视域在哲学中的豁显，这种身体视域亦在政治学领域中逐渐浮出，而不可避免地成为当代西方政治学家所关注的理论焦点。这种西方政治学的身体关注其远源可追溯至西方马克思主义中法兰克福学派不无新意的观点。以马尔库塞、弗洛姆为代表的弗洛伊德式的马克思主义，在其所推出的社会批判理论中，以所谓的人自身的“原欲”的压抑和升华，和所谓的人类社会的“自然解放”为着眼点，实际上已预示了对身体的考量开始破天荒地被推向了西方政治学思考的前沿。尔后，西方后现代主义对现代主义“祛身化”倾向的激进的反叛，则进一步为这种崭露头角的西方身体政治思考火中添薪、推波助澜。诸如西方女性主义对两性性别的关注，西方生态主义对政治生态与自然生态内在关联的强调，西方文化研究者对现代消费文化中侵略攻占身体现象的批判，以及西方社会学家对当今社会老龄化问题的深度忧患，凡此种种都使身体问题由隐至显地日渐朗现，都使身体成为人类一切社会政治思考所不能规避的阿基米德的原点。

其实，这种对身体政治学的关注不仅是一种理论的必然，同时也是人类历史的必然。这种历史的必然性就是，现代主义的人类文明之于身体意志的肆意的扭曲、压制和强奸，现代主义的人类文明所造就的所谓“以身为殉”这一近乎普世性社会现象的出现。也即随着近代以降的资本主义生产逻辑无往不克的发展，以及与之共生的国家主义政治意识形态的所向披靡的胜利，其带给我们的一方面是极度膨胀的物质财富和人类意志，另一方面则是二者联手打造的权力话语，以及这种话语对人自身身体的生命话语的无上的垄断和支配，而使人的身体之维的存在空前的岌岌可危。这种身体维度的危机，在青年马克思对“异化劳动”带来的人之鲜活的“类存在”（species being）解体的揭示里，在涂尔干对现代人灵与肉紧张对立关系的描述里，以及在韦伯对理性的计算、理性的组织所打造的

“理性化的铁笼”的焦虑里都有所体现。而福柯学说的推出则把这种人类身体维度的危机的揭露推向了极致。在福柯的学说里，他以一种如解剖刀般的极其锐利的目光，为我们展现了由于现代知识话语在社会的风靡，人类对其身体宰割和控制如何从宏观层面弥漫至微观层面，如何从一种唯实论的权力转变为“唯名论的权力”，从而使这种宰割和控制由外源性的转换为内源性，为一种遍布人身周遭而又深入人心的所谓的“自体看管技术”（technology of the self）所完全代庖。因此，由于把身体危机与现代知识话语的统治联系在一起，这使福柯对身体危机的透视和体认以其鞭辟入里而度越了前代，使福柯的学说既与西方马克思主义之于启蒙主义的反省的思潮互为发明，又实开西方版的“以理杀人”学说之先河，而把矛头直指人类思辨形而上学这一人类身体悲剧的真正始作俑者。

然而，以福柯为代表的西方身体政治学说，由于其所置身于的特定的时代历史背景，由于其所承袭的西方哲学的理论传统，以及这种传统所难以跳出的习惯性对象式思维和二分式思维的特征，其更多为我们展现的是身体与国家、身体与政治二者之间的紧张的对峙、二者之间非此即彼的背反的二律；与之相应，其所旨在建立的这种身体政治学更多体现为一种批判性的学说，而非一种富有建设性的学说。它把身体作为考量人类政治学的理论原点，但却不能明白从一种身体出发的人类政治学如何可能；它从思维的形而上走向肉身的形而下，但却不能明白一种“下学上达”、兼统形下形上的所谓的“形而中学”

如何可以为自己开辟途径。① 我们看到，这种西方身体政治学顾此失彼、二元对立的困境，即使在思想更具建构性的哈贝马斯所谓的“普遍的社会理论”那里亦难以幸免。尽管哈贝马斯的学说把亲身性的“生活世界”而非思辨性的理论世界作为人类政治生活安身立命之基，尽管哈贝马斯提出一种有别于认知理性的全新的“交往理性”，以建设性之姿试图消解资本主义权力话语之于身体的肆意妄为无处不在的殖民，但由于无论是西方传统的认知理性也罢，还是哈贝马斯的交往理性也罢，其都依然不失为一种心识的话语而非身体的话语，由于诸如肉身、亲情、家庭以及族类这些身体之维从未认真进入哈贝马斯的理论视域，故一种真正名副其实的身体政治学理论在哈贝马斯那里依然是不成立的。因此，一如哈贝马斯并不情愿告别业已千疮百孔的现代主义一样，哈贝马斯所致力于的人类哲学范式的转换也并不彻底。同理，一如在福柯那里其身体政治学不过是身体的一曲挽歌一样，在哈贝马斯那里所谓回归“生活世界”的社会理想也依然是一个理论的空诺。和福柯一样，哈贝马斯没有明白，“解铃还须系铃人”，既然现代资本主义给人类带来的罪恶最终根身于人身体的“原罪”，那么归根结底对人类的真正的救赎就只能诉诸身体而非心体，只能诉诸身体的话语而非心识的话语。或换言之，真正的社会真理之实现，既不是思辨哲学家想出来的，也不是语言哲学家说出来的，而是现实社会的实践者身体力行地做出来的。

---

① “形而中学”这一概念是由陈立胜先生首先提出，其谓“形上”代表了心取向，“形下”代表了物取向，而“形而中学”即身体取向之学。显然，笔者此处的“形而中学”概念所指与陈先生的理解既相近又有所不同。

这意味着一种真正身体政治学理论的建立，不仅要求我们从今天西方诸如女性主义、生态主义、家庭伦理学说这些更具身体维度的理论那里汲取养料，而且要求我们把目光从西方转向东方，向中国古老而悠久的身体政治理论敞开自己的视域。这恰恰是由于，如前所述，中国古代的身体政治学乃是一种不无彻底的根身主义的政治学理论，并且与此同时，基于这种真正的社会本体论意义的身体，其以一种体用不二的方式，为我们不无建设性地解决了当代西方身体政治学理论难以超克的身与国、身与政治之间的二元对立，从而形成了一种人类的不无自洽的身体政治学的理论体系。除此之外，更为重要的是，这种中国式的身体政治学理论并非仅仅停留在思想和言说层面，而是知行合一地付诸可以躬行的现实社会的政治生活实践。这使这种中国式的身体政治学业已从应然走向了实然，使其不仅作为当今人类政治学中的一笔极其重要的思想资源，而且作为人类历史中的一种绝无仅有的稀缺的政治经验，而为今天人类向生活世界回归的身体政治学的建设，提供难能可贵、亲切可感的历史借鉴。

无论这种中国式的身体政治的经验以其时过境迁如何不可重新复制，也无论这种中国式的身体政治理论以其去今已远如何不可完全照搬，但有一点是可以肯定的，即在人类政治学正在实现其理解范式从现代主义向后现代主义转换的今天，人们不得不承认，这种政治学其所内蕴的积极意义已超越了时空和历史对其的局限。它的身国合一的思想体现了向一种更为原生态的人类政治的真正回归，它的生命对话的原则乃是对现代“以一驭万”的政治权力话语的批判，它的族类学的方法代表了社会政治中群己的二分对立的消解，使我们以一种和而不同的“类存在”方式从容走出了自由主义与社群主义非此即彼的两难。因此，凡此种种都表明，一如日渐得到今人认可的日本传统的氏族化之“Z型组织”理论那样，中国古代的身体政治学既是一种历史遗存的东方经验，又同时为我们早着先鞭地指向了普世性的人类政治学的明天；中国古代的身体政治学虽为人类政治的前现代形态而不失其保守，却同时又以其鲜明的后现代主义取向而使一切现代主义政治学学说无不瞠乎其后。

当然，在对这种中国古代身体政治学的积极意义肯定的同时，我们也无意否认这种学说本身所固有的不足，无意成为之于这种学说的原教旨主义的辩护者。这种原教旨主义的态度之不可取，不独在于它“执一以贼道”而与人类社会并行不悖的大道不符，还在于它本身就直接与身体哲学所坚持的普遍语用学的而非普遍语义学之旨相冲突。故我们清醒地看到，正如西方的过分强调心识自足性的原教旨化的政治学说最终将走向其反面一样，一种过分强调身体自足性的原教旨化的政治学说亦如此。身体可以为人类政治营造天堂，身体同样也可以为人类政治挖掘坟墓。且不说人类普世性的不平等的父权社会的诞生及其长期统治实深植于男女身体之“体力”的差异、“拳头”的大小，仅就中国历史而言，阳尊阴卑、人身依附、移孝于忠、礼教的等级化、儒家的法家化，以及帝王大权独揽的“家天下”等现象的出现就足以暴露唯身主义的不足。它们无一不与政治的身体性有着千丝万缕的关联，无一不同样地是以身体的权力和名义大行其道和以售其奸，并且这种“身体的暴政”以其原始和野蛮不仅丝毫不逊于甚至更甚于“思想的暴政”。因此，我们看到，在历史辩证法的鞭策下，正如西方近代的心识的启蒙从其“真理面前人人平等”，最终导致了对人身规训的一种严格规范化的权力话语一样，中国古代的“身体的教化”亦从其所谓的“交亲而不比”，最终导致了对人身镇压的一种党同伐异的独裁和专制。从中产生了董仲舒的“大一统”，明清王朝的“乾纲独断”，还有蒋介石所谓的“一个党，一个主义，一个领袖”。在这里，我们与其说看到的是中国古代的温情脉脉的身国合一原则，不如说看到的是一种准现代的以国驭身、国家至上的铁腕政治如何在中国社会出现，中国古代的身国合一原则如何物极必反的走向了其历史的反面。

这种东西方历史的殊途同归，以一种西方后现代主义者所欠缺的东方学的视域，表明了身体一如心体，同样具有其一体两面性；表明了在历史上正如意识的对象化与异化走着同一条道路一样，身体的生命化与祛生命化亦互为表里；表明身体既作为“原善”而为人类社会一切良善的源泉，又作为“原罪”而为人类社会一切罪恶的渊薮。惟其如此，我们才能理解为什么正是由于其根身性，一方面使人类社会始终不乏爱情、亲情和同类者之间的恻隐之心，另一方面又使人类社会始终充斥着贪婪、残忍、冲突和血腥的战争，以至于我们不仅在20世纪的现代西方看到了奥斯维辛的集中营，还在新石器时代的原始中国看到了母系社会遗址零口的令人发指的酷刑。① 惟其如此，我们才能理解为什么对业已沦为权力话语的玩偶的现代主义人类文明的改造，仅仅诉诸社会的经济基础和上层建筑的改造还是远远不够的，还要更深入地诉诸社会的生命学基础的改造，也即我们每一个人身体的改造。故为中国古代政治学所大力发明

---

① 张在明：《中国古代酷刑的滥觞——零口姑娘祭》，《文博》2007年第五期。

的“修身”这一身体修炼功夫，不仅没有在今天过时，并且理应成为当代人类政治中的至为根本、不容回避的课题。而这种“修身”所直面的首要问题，是要解决身体中富有侵占性的“雄性激素”过度分泌所造成的整个人类社会有机体的阴阳失衡。

同时，这种东西方历史的殊途同归，还以一种历史与逻辑相统一的观点告诉我们，无论是两方的心识政治学，还是中国古代的身体政治学都不失其逻辑系统的自我封闭性。① 这意味着，人类的一种真正开放并更具生命自我更新能力的政治学体系的建立。不是非此即彼地在二者之间作出必择其一的取舍，而是从各自的独白走向相互的对话，从东西方的自我封闭走向二者的兼容并蓄和“视域交融”。这意味着，谈论身体政治学并不意味着对心识政治的排斥，更非对心识政治中民主、法制的理念的拒斥，而是意味着心识政治与身体政治二者实际上是“离则两伤，合则两美”的，意味着如何将现代政治学中的诸如民主、法制这些普世性的人类理念，以一种真正的“体用不二”的方式，从高翔的云端回归到并深深地扎根于人类的生活世界之中，我们每一个人亲切的身体之中，这既是现代西方政治学建设的日渐紧迫的任务，同时也是今天中国政治学建设虽任熏道远却又同样刻不容缓的使命。

因此，当代中国的政治学的建设毋宁说面临这样一种极其艰巨的双重使命，也即其既要向西方的理性主义的政治学敞开大门，又要回归和再建我们古老的身体主义的政治学传统；其

① 必须强调的是，这里的“心识政治学”与“身体政治学”中“心识”与“身体”，并非是科学意义上的“心识”与“身体”，而是哲学意义上也即本体论意义上的“心识”与“身体”。故正如“心识”是一种“思在合一”的“心识”一样，“身体”亦是一种“天人合一”的身体。

既要对传统的身体主义政治之顽固余孽无反顾地“祛魅化”，又要重拾其至今不朽的魅力而使之再次发扬光大。如果说前者是缘于对人类的现代主义的挑战的面对的话，那么后者则是出自对人类后现代主义挑战的回应。这种后现代主义的挑战，表现为随着人类全球化时代的迅急到来和积极投入其怀抱，使中国社会出现了真正意义上的“三千年未有之变局”（李鸿章语），使中国历史实现了一种近乎跨越式的历史转型，把自己的历史从一种纵时性的发展（diachronic development）几乎在一夜之间纳入到一种作为世界共同体的共时性的平面（synchronic plane）。这种后现代主义的挑战，还表现为现代中国人在“师夷之长技以制夷”的同时，亦使自己开始身不由己地陷入弱肉强食的资本力量的生产逻辑和与之共生的国家意志的博弈规则之中，并最终导致了一种对身体实行技术性控制的新式身体工程学（body engineering）在现代中国的兴起，使其社会政治形态极其激进地实现了从根身性政治向祛身化政治范式的转变。因此，一方面是身体受现代文明的洗礼，由灌木成长为森林，其肢体由家和国扩展到全球一体化的整个世界；另一方面是身体备受现代主义权力话语的奴役，其日渐沦为抽象化的、计量化的和无人身性的商业符号和政治指令，从而使身体无处存身而面临着前所未有的危机。故命运之神并没有厚此而薄彼，一种人类文明的普世性的二律背反同样也降临于现代中国而成为其宿命。这意味着，正如今天的西方人直面这一二律背反，而由孤行一径正在探索一条兼容现代主义与后现代主义的政治学上的“第二三条道路”一样，今天的中国人也必须直面这一二律背反，“叩其两端取其中”地以现代与传统之间的对话为其政治学的途径。

第八章
中国古代“体知”的基本特征及时代意义

“体知”（embodiment cognition），即“体之于身”的身体之知，其有别于西方传统的借助意识、借助思维的“识知”或“思知”，乃为中国古人特有的一认识世界和把握世界的重要方式。近些年来，随着海外学者杜维明先生对其大力阐扬，对这种“体知”的关注和思考开始在国内学界悄然升温，逐渐成为当今国学研究者所关注的话题。但毋庸讳言，由于时下的“体知”的研究尚未上升到真正“身体哲学”的理论高度，这使得就其整体研究水平而言，论者对其的种种探讨虽可窥其门墙，却惜乎未能进而真正登堂入室。有鉴于此，笔者试从一种本体论意义的身体入手，对中国古代“体知”之所以可能的性质作出自己的解读，并从中爬梳抉发出该“体知”的三个基本特征，即“体知”为直觉性之知，“体知”为关系性之知，“体知”为践履性之知。

一、直觉性之知

无疑，直觉性乃为中国古代“体知”的最首先和极其突出的特征。顾名思义，这里所谓的自觉性的“直觉”（intuition），也即对事物本质（而非事物现象）的直接性把握，故“直觉”并非等同于常识意义上的“感觉”，而是与作为一种“本质直觉”的所谓“洞悟”或“洞观”（insight）有关。这意味着，与那种坚持“透过现象看本质”、坚持唯有借助于诸如归纳、演绎这些科学运思工具才能把握事物本质的西式的间接性思维不同，中国古代的“体知”的认识论坚持把握现象也即同时把握本质，坚持不假中介就可使事物本质历历可见、一目了然，其乃为一种“彻底经验主义”的认知观。

显而易见，对于业已习惯于科学的知性思维的人来说，这种体知的“本质直觉”既不可思议又有悖于常理，使其以一种神秘的冥契主义的色彩常常被视为人类非理性的“原始思维”之孑遗。然而，一旦我们了解了中国古人的身体之知的“身体”是一种何种意义上的“身体”，对这种体知的“本质直觉”的种种非理性的指责也就随之失去了其批评的依据。换言之，“体知”的直觉性之何以可能之谜，恰恰就以一种“思在合一”的方式，存在于中国古人的一种不无独特的对身体性质的理解里。

诚如笔者一再指出的那样，中国古人心目中的身体乃是一种哲学本体论意义上的身体，而非那种西方式的科学意义上的身体。所谓科学意义上的身体也即作为科学之严格对象的身体。该身体观一方面从对象的内外相异性质出发，以身为外以心为内，把身与心严格地加以区分；另一方面从对象的主客有别观点出发，以身为主以物为客，使身与物的划界成为不汪自明之理。与之不同，中国古代的哲学本体论意义上的身体则无此划界与区分，其身既是一种身心合一之身，又为一种身物不二之身。正是基于这种身心合一、身物不二的“大一的身体”，才使中国古代的一内外、齐物我的“天人合一”学说成为真正的可能。这种“大一的身体”一方面坚持“不发而之于视听言动者，不可谓心也”（王夫之语）这一“内外一如”，另一方面则坚持“仁者以天地万物一体”（程颢语）这一“物我一体”，从而最终使貌似对立分离的天与人妙合为一，成为王阳明所谓的“新合和畅，原无间隔”的一元化的生命整体。

因此，中国古代的身体乃是一种所谓的“诚于中者必形之于外”“验于天者必徵之于人”的天人合一式的身体。实际上，这种天人合一式的身体也即一种消解本质与现象、主体与客体二分对立的现象学意义上的身体。我们看到，也正是从该身体的这种现象学性质出发，不仅使一种有别于科学对象性的中国式的前对象性的身体成为可能，而且也同时宣告了中国古代的直觉主义的认识论的真正奠定，因为正如现代哲学为我们所表明的那样，一种真正的现象学精神恰恰代表了一种真正的直觉主义的认知精神。

众所周知，在现代西方哲学中，一种不无成熟的直觉主义的认识论思想是由现象学家胡塞尔率先阐明的。在其学说里，随着本体即显体、自我意识即对象意识这一现象学思想的确立，也使一种“本质直观”的思想得以和盘托出。故胡塞尔明确宣称直觉的原则乃是人类认识论的“一切原则之原则”

(the principle of all principles)，并且从该原则出发，对传统西方哲学的“间接认知”“间接求证”的认识论方法给予了猛烈抨击。在《现象学的观念》一书里他写道：“一个天生的聋子知道，有声音存在，并且声音形成和谐，并且在这种和谐中建立了一门神圣的艺术；但他不能理解，声音如何做这件事，声音的艺术作品如何可能。他也不能想象同一类东西，即：他小能直观它们，并且不能在直观中把握‘如何可能’。他的关于存在的知识对他毫无帮助，并且如果他想根据他的知识的推理弄清声音艺术的‘如何可能’进行演绎，通过对他的知识的推理弄清声音艺术的可能性，那就太荒唐了。对只是被知道，而不是被直观到的存在进行演绎，这是行不通的。直观不能论证或演绎。企图通过对一种非直觉知识的逻辑推理来阐明可能性（而且是直接的可能性），这显然是一种背谬。”① 也即在胡塞尔看来，“夏虫不可语冰”，一个没有亲历音乐的天生的聋子，无论其对音乐的原理如何地了如指掌，他实际上对音乐的真正本质都永远是一无所知的。以此类推，一个瞎子水远不知道色彩之何以美丽，一个情盲永远不知道爱情之何以伟大，一个没有崇高感的人永远不知何者为真正的神圣。乃至维特根斯坦还发人深省地断言，你没有死过，你就不知道人生的价值；你没有离开地球，你就不知道地球的价值。这些看似朴实无华的道理，实际上都为我们道出了胡塞尔现象学的这样一个主题，即：唯有亲历性的直觉才是“一切合理性陈述之合理性的最终根源”，才以其绝对无可置疑的明证性代表了我们人类认

① 胡塞尔：《现象学的观念》，倪梁康译，上海：上海译文出版社，1986 年，第 36－37 页。

识之真正的真知灼见。

尽管作为一种所谓的“意识现象学”，胡塞尔的现象学似乎更多谈论的是意识的直觉而非身体的直觉，但是，其对直觉的亲历性的强调实际上已自然地隐含一种直接的身体体验、一种身体主义的直觉观。故殆其稍后，受其思想启迪，并作为其理论发展之必然，胡塞尔的弟子们无一不把一种身体直觉的思想提到自己哲学的议事日程，无一不视身体直觉为步入真理的不二法门。例如，海德格尔关于唯有“用锤子”而非“看锤子”才能使我们真正把握锤子的著名例证，梅洛—庞蒂关于“凭身体经验”“凭身体知道”的知觉理论，还有伽达默尔对前科学的、无意识的“体验”的力倡的思想，均可视为其明证。因此，凡此种种都表明，随着一种真正成熟的现象学思想的推出，带给我们的不仅是一种主客完全合一的本体论之身体，还有直觉性体验在人类认识论中根本地位的真正确立。

这种现象学的直觉思想对我们理解中国古代体知的直觉性不无助益。也就是说，既然中国古代的身体是一种天人合一的现象学式的身体，那么这必然同时也意味着该身体之知乃为一种超越了间接之知的现象学式的直觉之知。或借用一种中国式的表述，既然中国古人坚持“天命之谓性”，坚持“天命”也即“人性”，那么这必然意味着“能尽人性，则能尽物之性”(《中庸》)，也即意味“人之性”与“物之性”之间不假中介地具有直接的关联性。故诚如王阳明所言，“大人之能以天地万物为一体也，非意之也，其心之仁本若是”(《大学问》)，也即我们与天地万物的一体之知并非刻意为之的结果，而是我们不假人为的天性使然。在这里，既不需要诉诸经验的归纳，也不需要诉诸于思维的推演，而所要做的仅仅是以一种古人所谓的“反身而诚”的方式，回到我们自身天赋的身体及该身体生命的直觉性体知或体验。故明王坤谓“君子之为学，所贵乎知要，而尤在乎体验”（《继志斋集卷七·观澜亭记》），叶适谓“知之者欲教而无从，心达者体知而无师”（《习学记言》），朱熹谓“不要钻研立说，但要反复体验”（《朱子语类》卷十）。

这种不假人为、天性使然的直觉性体知，在孟子那里就是其所谓的“良知良能”：“人之所不学而能者，其良能也；所不虑而知者，其良知也。孩提之童，无不知爱其亲也；及其长也，无不知敬其兄也”（《孟子·尽心上》）。这种不假人为、天性使然的直觉性体知，在宋明儒学那里就是其所谓的不萌于见闻的“德性之知”：“直心以动，自见天则，德性之知也”（《王龙溪语录·意识解》）。这种不假人为、天性使然的直觉性体知，在王阳明那里就是其所谓的不睹不闻的“良知本体”：“天命之性，粹然至善，其灵昭不昧者，此其至善之发见，是乃明德之本体，而即所谓良知者也”（《大学问》）。这种不假人为、天性使然的直觉性体知，在熊十力那里则是其所谓的有别于“量智”（慧）的那种无分别相、内心自识的“性智”（智）：“性智者，人初出母胎，坠地一号，隐然呈露其乍接宇宙万象之灵感，此一灵感绝非从无生有，足征人性本来潜备无穷无尽德用，是大宝藏，是一切明解之源泉，即依此明解之源，说明性智”。①

一如熊十力“性智”实际上是“一切明解之源泉”这一

① 熊十力：《新唯识论》（删定本），《熊十力全集》第六卷，武汉：湖北教育出版社，2001 年，第 28 页。

观点所指，不仅中国古代体知之直觉与作为“一切合理性陈述之合理性的最终根源”的现象学之直觉实际上已别无二致，而且和现象学之直觉一样，其也不啻被视为人类认识论的“一切原则之原则”。故对于中国古人来说，体知之直觉既非有悖于理性的旁门左道，也非与科学主义的思知之渐觉平行并列，而是作为一种“根本知”“根本觉”一以贯之地被贯彻于我们一切认知活动之中。而中国古代文化现象中所谓“泛直觉主义”即是对此的印证。

例如，中国古代文字的借象明义的“象形”“隐喻”的性质，以及其文法没有系动词“是”、没有数、性、格、时方面繁琐规定的特征；中国古代易学所谓的“书不尽言，言不尽意”“圣人立象以尽意”，以及由之形成的“象物推理”的方法；中国古代医学之于“望、闻、问、切”的强调，以及从中推出的有别于西医的分析主义的所谓“辨证（征）主义”的医学纲领；中国古代兵学之坚持“阵而后战，兵法之常，运用之妙，存乎一心”（岳飞语）、坚持“兵犹禅也，禅不悟不了，兵不悟不神，惟悟不可以言传”（邓廷罗语）诸如此类的“祛兵法”理论。如此等等，无一不体现出中国文化的泛直觉主义特征。除此之外，这种直觉主义的方法还被中国古代儒、释、道三大显学作为无上圭臬而共同地奉若神明。故在道家那里，庄子提出所谓的“道在屎溺”“每况愈下”；在儒家那里，孔子提出所谓的“下学上达”、《中庸》提出所谓的“夫妇之愚可以与知”的“君子之道”；在中国佛学那里，我们除了可见到有所谓“体知幻伪”“体解大道”以及所谓“言语道断，心行处灭”等说法外，还有禅宗所谓的“如人饮水，冷暖自知”、所谓的“用肚子去想”、所谓的“单刀直入”等的“方便胜智”，以至于从中不仅形成了中国佛学之有别于渐悟的“顿悟成佛”的思想，而且亦使旁通客观精神，并上契宇宙精神的一种陆象山所谓十字打开之真正大彻大悟的大圆觉教得以揭晓。

无论中国古代文化的各门各派学说对体知之直觉的理解是如何的不同，其中有一点却是为大家所共同认可的，也即它们都一如南宋胡宏所说，“于一天之中，分别幻华真实，不能合一，与道不相似也”（《知言》），坚持宇宙之真理（也即“道”）并无现象与本质、显体与本体之分，而是二者实际上是显微无间地直接合为一体的。故对于中国古人来说，现象与显体并非障道之面墙，而恰恰为步入真理的通途大道，恰恰通过它们也唯有通过它们我们才能直接地把握到道之本体、道之真谛。因此，我们对道之本体、道之真谛的体悟是不容有等级次第之分的，而是当下直接地得以确认的，是以“不二之悟，符不分之理”（竺道生语）。

必须指出的是，究极而言，这种与直觉性的“不二之悟”相符的“不分之理”，其既是一种显微无间的“道”之理，又以一种“即身而道在”的方式，不外乎为一种如前所述的身心不二的“身”之理。这意味着，中国古代体知直觉性之真正可能，实际上是以“回到身体本身”为其前提的。此即古人“反身而诚”一语的真实所指。这样，正如现象学坚持意识的直觉性唯有基于反思性的纯粹意识方可实现一样，中国古人亦坚持身体的直觉性唯有依据反躬性的本然身体才能成立。同理，正如现象学认为唯有借助于对日常性意识的“悬置”才能回到这种反思性的纯粹意识一样，中国古人亦认为唯有通过对日常性身体的“去蔽”“克己”“省察”等活动才能回到这种反躬性的本然身体。这一切，最终就导致了中国古人所力倡的所谓的“反躬修己”之学思功夫的推出。

这种“反躬修己”的学思功夫，在老子那里，其体现为所谓的“为学日益，为道日损。损之又损，以至于无为”（《老子四十八章》）这一“负的方法”；在庄子那里，其体现为所谓的“堕肢体、黜聪明，离形去知，同于大通”（《庄子·大宗师》）之“坐忘”的功夫；在孔孟那里，其体现为所谓的“克己复礼”、所谓的“养心莫善于寡欲”等等主张；在《礼记》那里，其体现为对所谓“好恶无节”的“人化物”的高度警觉；在《大学》那里，其体现为所谓的“静定安虑”“正心诚意”之“大学之道”；在宋明儒那里，其体现为所谓的“逆觉体证”、所谓的“虚心然后能尽心”，以及旨在涵养天性的“道心”与“人心”、“天理”与“人欲”之辨；在中国古代佛学那里，其体现为旨在“转识成智”的所谓的“想入非非”，以及有别于“表诠”的所谓的“遮诠”。因此，凡此种种都表明，这种“反躬修己”的学思功夫已并非是古人某家某派的一己之见，而是业已成为为儒释道所共同认可和持守的人道之真正门径。从中不仅形成中国古代文化中历久不衰的“功夫只在减”的“修身”传统，而且同时也使中国古人的“回到身体本身”，并最终“反身而诚”地回到身体的直觉性体知、体验成为可能。

这同时也表明，体知的直觉性其既是天赋的一种“良知良能”，又并非是一蹴而就的，而是与人后天的不懈努力密不可分，甚至如同王阳明的现身说法那样，要经历所谓的“千死百难”才能臻至其“良知”之化境。或借用青年马克思的表述，唯有我们身体力行地着手清除了人身体的异化，我们才能真正地使自己的身体感觉“成为理论家”，我们才能使自己的身体感觉克服客气物欲的遮蔽，使其作为宇宙大道之化身而真正地普行于天下。

二、关系性之知

和直觉性思维一样，关系性思维亦被视为中国古代思维之独有的特征。如果说其直觉性思维与西方传统的间接性思维形成鲜明对比的话，那么，这种关系性思维则迥异于西方传统的实体性思维之性质。也就是说，与西方传统的知识形态不同，中国古代的知识形态更多关注的不是如何把宇宙万物分析还原到其终极实体，而是看似完全相异的事物如何相对而相关，互根而互生，并如何从中生发出一万物并育和道并行不悖的宇宙之协和系统。

显而易见，这种关系性思维的性质实际上已一以贯之地体现了在中国古代几乎所有学说理论之中。从周易的两两相交的“爻”的基本符号，到中医理论无处不在的阴阳辩证；从老子的“有无相生”“三生万物”，到庄子的齐万物、齐生死的“实质之相对主义”；从儒家的“从二从人”的“仁”之伦理学，到《中庸》的“人与天地参”的天生人成式宇宙论；从华严宗的“无尽缘起”说，到禅宗的“心心相印”“汝问我答,即是方便”的理论无一不是其明证。这一切，最终使美国的现代学者唐力权先生所谓的“场有说”得以发明。按唐先生的说法：“‘场有’就是场中之有，依场而有和即场即有的意思。一切万物都是依场而有的，一切有都是场中之有，而场本身也是有。这里‘场’乃是一个哲学名词，不是一般含义的‘场’，也不是科学上所谓的‘场’（如重力场、电磁场等）。我们这里所谓的‘场’乃是一个存有论上的、比一般和科学含义的场都更为普遍和彻底的‘场’观念。‘场’就是事物的相对相关性和为此相对相关性所依据的根源所在。事物的相对相关性乃是事物的‘存有本性’。‘场有’正是合事物与其‘场性’——相对相关的存有本性——而取义的观念”。[①] 虽然唐力权先生这一“场有说”融汇了现代西方哲学的理论成果（例如怀特海的学说），但就其基本精神而言，该学说实际上却是以中国传统哲学为背景为依托的，其恰恰可看作是对中国古代关系主义思想尽发其覆的高度概括和总结。

值得注意的是，随着现代物理学和作为“第三科学”的系统论学说的兴起，随着现代西方哲学之于传统实体主义的思维范式的激进反叛，这种古老的中国式的关系思维也开始在现代科学和哲学中闪亮登场，而日渐成为当代人类认识论所关注的理论焦点。例如，量子力学中有别于非此即彼的单值逻辑的一种亦此亦彼的“二值逻辑”的推出，科学哲学中的反实体主义的“关系实在论”的出笼，海德格尔对消解中心与边缘的“缘在本体”的发现，布伯的力挺“之间”“关系”和“对话”的学说，还有哈贝马斯的有别于传统认知理性的那种更具兼容性和逼真性的“交往理性”的观点，凡此种种都以不容置辩的事实表明，这种曾经开启了中国古老文明的关系思维，不仅深深植根于人类历史的过去，而是以其顽强的生命力一如

① 罗嘉昌，郑家栋主编：《场与有——中外哲学的比较与融通（一）》，北京：东方出版社，1994 年，第 22 页。

故往地继续反哺着人类的今天，以至于其正在成为具有时代精神的人类新的科学思维范式的集中体现。

然而，尽管这种中国古老的关系思维日渐引起人们的关注，并业已成为当今学界的热门话题，但平心而论，目前所形成的众多的关系思维的研究始终并未得以实质性的深入，其仅仅停留在浅尝辄止的描述性分析和外部指划的层次，而并没有真正上升到哲学的认识论的理论高度。造成这一局面的原因固然是多方面的，然究其根本，却在于人们研究活动中的本体论视域的缺失。也即人们没有意识到，认识论实际上是与本体论须臾不可分离的，足以本体论为其存在前提的，本体论范式的不同实际上决定了认识论范式的差异，故要真正认识中国古代关系思维的本质，我们就必须要研究该思维所赖以成立的其特有的本体论的基础。而这意味着，正如我们探索中国古代直觉性思维必须回到其本体论的身体一样，同理，我们研究中国古代关系性思维也不能不重返其本体论的身体。这意味着，正如唯有这种本体论的身体才能使我们认识中国古代直觉性思维之所以可能一样，同理，也唯有这种本体论的身体才能为我们揭示中国古代关系思维真正的理论之谜。

一旦回到这种中国古代本体论的身体，我们就会发现，该身体既是一种“天人合一”式的彻底经验主义的身体，同时又为一种“男女感应”式的不无性感化的身体。这种身体的“男女感应”性质不仅表现为对于古人来说，我们每一个人和整个人类之生命都生成造端于男女，而且还表现为即使是整个宇宙，在古人看来，由于其最终的根身性亦“乾道成男，坤道成女”而具有鲜明的男女性感属性。因此，“男女感应”已无间天人地和以一贯万地泛化在宇宙万事万物之中，正如中国古代的身体已经成为一种本体论意义上的身体一样，该身体的“男女感应”也已经不失为一种本体论意义上的感应。这也正是古人之坚持“《易》是以感应为主体”（东晋高僧慧远语），坚持“天地生万物，所受虽不同，皆无须臾之不感”（《正蒙·乾称》），坚持“天地间只有一个感应而已，更有甚事”（《二程遗书》卷二十五），坚持“天地间无适而非感”（罗钦顺《困知录》），从而坚持不无性感的“阴阳”范畴乃为宇宙论的最具普遍性范畴之真正原因。

两两之相感即两两之相通。故古人谈“感而遂通”（《系辞上》），从谈“男女之感”到谈“阴阳之通”。于是，人们看到，正如“感”业已成为中国古代宇宙之最具普遍性的范畴一样，“通”也不啻被古人视为世界万事万物的根本规定，以至于其最终成为中国古代哲学中的所谓“道”的别称。例如，《周易》提出“天地交而万物通也”（《泰·彖》），“天地不交则万物不通也”（《否·彖》），提出“刚柔相推而生变化”，“推而行之谓之通”（《系辞上》），提出“说（悦）以行险，当位以节，中正以通”（《困·彖》）。庄子亦提出“堕肢体，黜聪明，离形去知，同于大通，此谓坐忘”（《庄子·大宗师》），唐成玄英疏云：“大通，犹大道也”。此外，这种以“通”训“道”还可见之于其他古人的有关论述。如《管子·幼官》谓“通之以道，畜之以惠”，再如南梁黄侃云“道者，通物之妙也”（《论语义疏·卫灵公》）。

这种与“道”同旨的感通的“通”所具有的这种所谓的“通物之妙”性质，使事物之间的普遍性联系成为可能。但是，显而易见，这种普遍性联系已不再是意识哲学中的抽象化的普遍性联系，而是身体哲学中的是具身化的普遍性联系，其是特殊中之普遍，个别中之一般，感性中之理性，其在坚持事物普遍性的同时并不牺牲事物所固有的特殊、个别和具体的特性。无疑，正是这种具身化的普遍性联系，而非那种抽象化的普遍性联系，恰恰使一种名副其实的哲学上的“关系”范畴成为现实的可能。因为一种真正的“关系”不是“有见于齐而无见于畸”地存在于思辨世界的思想之无差异的同一里，而是以一种“不同而一”的方式，恰恰体现在以男女感应、男女感通为原型的生活世界的事物之“和而不同”之中。青年马克思说：作为一种“感性的形式”的关系，“男女之间的关系是人与人之间的直接的、自然的、必然的关系”。① 杜维明讲：“在人与人的交往中，最能体现沟通理性并且最能说明体知精神的也许要算男女交媾这一创生生命的普遍现象了”。② 故男女二人乃是人类的第一个社会，男女关系乃为人与人签订的第一个契约。其实，对于古人来说，男女关系岂止是人与人关系的根本体现，它乃是整个宇宙的所有关系的根本体现，因为正如古人坚持宇宙的一切事物实际上都根于身体一样，古人亦进而坚持宇宙的所有关系都与身体之得以发生的两性关系有关。因此，就像中国古代唯直觉主义思想唯有依据其“天人合一”的身体才能真正破译那样，中国古代的泛关系主义思想也只有从其“男女间性”的身体中才能找到根本答案。这同时也不正表明，反之亦然，西方传统文化之于关系的漠视不正是其“祛身化”，以及由之所导致的其“祛性化”取向之使

① 马克思：《1844 年经济学—哲学手稿》，刘丕坤译，北京：人民出版社，1979 年，第 72 页。

② 杜维明：《杜维明文集》第五卷，武汉：武汉出版社，2002 年，第 360 页。

然吗?

耐人寻味的是，无独有偶，在西方哲学中我们同样也看到了与古人的“感通”这一感性关系相类似的理论描述。而在异军突起的西方近现代人文主义哲学中的所谓“共通感”(sensus communis)概念的推出恰为其体现。按照迦达默尔的解释，“共通感”是一并非渊源于西方的古希腊的唯理主义哲学传统的，而由维柯尤其是由以夏夫兹博里为代表的英国经验论哲学家所大力阐发的哲学概念。所谓“共通感”，“不仅仅是指那种存在于一切人之中的普遍能力，而且它同时是指导致共同性的感觉”。[①] 故而，它不是理性的抽象普遍性，而是一种所谓的“具体的普遍性”，也即一种所谓的“普遍感觉”；它虽然来自我们每一个人的感觉经验，但具有“社会情感”“社会交往品性”而为大家所共同认可；它并非理性般的借助人为，而是感性般的“遵循着自然”并被看作是“本能的复合物”“本能的共通感”；它不失自然之朴实。然而却包含着一种“形而上学的根基”和“生命的神性般奥秘”，以至于借此我们可以最终通向作为无限者、大全者的上帝。在英国经验论哲学家休谟那里，这种“共通感”也即其所谓的“同情”；在法国生命哲学家柏格森那里，这种“共通感”也即其所谓的“良知”。但无论“同情”也罢还是“良知”也罢，它都异名同谓地为我们指明了这一事实，即：我们每一个人的生命深处都存在着一种自发的、感性的普遍性联系，并且以此为媒介和纽带才使一种情同手足、心心相印的人类社会得以成立。

---

① N. G. 伽达默尔:《真理与方法》，王才勇译，沈阳：辽宁人民出版社，1987 年，第 27 页。

尽管西方哲学这种“共通感”的学说并未像中国古人那样更为彻底地洞悉到本体的身体及该身体之两性，也尽管该学说并未像中国古人那样把这种“共通感”从人类进一步推及到天人合一的整个宇宙，但它却可以与中国古老的“感而遂通”的学说互为发明、互为呼应，并且以一种中西哲学殊途同归的理论命运告诉我们，那种深植于生命的相对相关、不同而一的关系之真理，并非仅仅是中国古人的一孔之见，而是作为一种“人同此心，心同此理”的人类共同的生命体验，具有其无可置疑的普世性品性。也许，也正是基于这种普世性品性，才使“关系思维”从古代中国走向了今天的世界，才使当代哲学所谓的“关系论转向”不可避免地成为人类哲学进程中的又一场“哥白尼式的革命”。

“感而后有通，不有两则无一”（《正蒙·太和》）。一如张载所指，在中国古代的哲学中，这种对生命的“感通”之体验也即对事物的“两一”之辩证。这里所谓的“两一”的辩证，即通过一种把事物概括为对应项的方式，以把握事物性质、特征及趋势的认识活动。如中医理论的所谓“八纲辨证”，《孙子兵法》的奇正、利害、攻守、虚实等等辩证即其显证。正如“感通”业已成为中国古代关系认识论的普遍范畴一样，这种所谓的“两一”亦已成为该认识论之根本致思途径。例如，《国语》提出“以他平他”，《周易》提出“一阴一阳”，孔子提出“和而不同”，老子提出“有无相生”，庄子提出“是亦彼也，彼亦是也”，孟子提出“道二，仁与不仁而已矣”，如此等等，均表明两一辩证被中国古人无一例外地视为体知事物的不二法门。而后来的张载所谓“两不立则一不可见，一不可见则两之用息”（《正蒙·太和》）、“物无孤立之理，非同异屈申以发明之，则虽物非物也”（《正蒙·动物》），王夫之所谓“天下有截然分析而必相对待之物乎？求之于天地无有此也，求之于万物无有此也”（《周易外传》卷七）、“两端者，虚实也，动静也，聚散也，清浊也，其究一也”（《思问录·内篇》）、“智能出于两端者，谓之通识”（《春秋世论》）。诸如此类观点的推出，则进一步标志着中国古人之于两一辩证方法论的真正自觉，和该方法论在中国哲学中最终的确立和确定。

我们看到，由于以“男女间性”为理论原型，由于深深植根于大化生命之对话活动之中，这使中国古代这种体知的“两一”辩证不仅与日常的思知的“执一”推理大异其旨，而且也同时使之作为一种“生命的辩证法”，走出了苏格拉底式的、黑格尔式的西方“思维辩证法”依然未脱思执的理论误区，而深谙人类辩证精神难以言传、不可思议之真正生机与活趣。与日常的思知的“执一”推理相比，这种体知的“两一”辩证似可概括出以下几个重要特性。

其一，如果说日常的思知的“执一”推理是以“同一律”为其规定的话，那么中国古代的体知的“两一”辩证则是以“协和律”为其规定。众所周知，从丰富多样的事物中抽绎出其整齐划一的普遍的同一性是日常思知赖以成立的前提，并由此使所谓的非此即彼的“同一律”成为人类一切认识活动的“金规则”和“第一律”，从中不仅产生科学“分析法”“还原法”等诸如此类的方法，还有人类追求所谓“唯一真理”“绝对真理”“终极真理”这一伟大抱负。与这种“有见于齐而无见于畸”的日常思知不同，中国古代体知的“两一”辩证则从事物非此即彼的“同一”走向事物亦此亦彼的“两一”，从同一律的单值逻辑走向“协和律”的二值逻辑。从中不仅产生了坚持“道并行不悖”、坚持事物“和而不同”这一“兼两”的哲思，还有对人类致知活动中种种“执一以贼道”取向的自觉抵制。从孔子所谓的“勿必勿固”，到庄子所谓的“无适无莫”，从中国佛教对不落“边见”的“中道义”的强调，到张载对“物无孤立之理”之坚持、王夫之对异端的“万法归一”的力辟，都体现出了中国古代的“两一”辩证与“执一”推理是如何的格格不入、如何的势不两立。

其二，如果说日常的思知的“执一”推理服从于一种“表象逻辑”的话，那么中国古代的体知的“两一”辩证则服从于一种“对话逻辑”。正如美国哲学家罗蒂所指出的那样，我们人类日常的思知的对象实际上是一种肉眼乃至心灵的“看的对象”。这种“看的对象”意味着知识理论乃为一种镜式的“表象理论”。而所谓真理不过是一种极其严格的和精确的“特许表象”的体现。显然，这种把真理视为所谓的“特许表象”的思想不仅导致了人们对真理绝对性的无上崇拜，也使人类真理实现了从“独白话语”向一种社会意识形态化的“权力话语”的转变。与这种不无客观化的日常思知不同，中国古代体知的“两一”辩证则坚持知识并非是客观性的“看的对象”，而是互主体性的生命的交流，其逻辑并非是表象主义的而是对话主义的，并非是权力型的而是交往型的。《周易》的男女感应是对话，以言训道的“道”义里有对话，从耳从口的“圣”（聖）字内涵着对话，孔子的《论语》乃是一部对话集，禅宗的机锋依赖于你问我答的“参话头”，以至于《孙子兵法》的“双赢”的战争思想亦不失对话的窠臼。故对话精神已无所不在地体现在中国古代几乎所有知识形态之中，成为其知识之所以为知识的最基本特征。这也正是中国古人的“两一”辩证的“辩”字既具有言谈之“辩论”义，又同时具有知识之“辨别”义之真正根由。①

其三，如果说日常的思知的“执一”推理旨在一种“本质真理”的话，那么中国古代的体知的“两一”辩证则旨在一种“程度真理”。日常思知对事物同一性和事物客观性的坚持，不仅导致了事物共时性关系在其视域中的缺失，而且也必然使其对事物历时性关系视而不见。而一种所谓的自在永在的事物之“本质”的推出恰恰表明了这一点。该“本质”既作为自在之物而与其他事物绝缘，同时又作为永在之物而与事物之生命动态的历史无关。与这种本质主义的真理观不同，中国古代体知的“两一”辩证则从所谓“和实生物，同则不继”这一思想出发，其把真实的事物不是看作是自在永在的东西，而是看作一两一化生的生成“过程”，其更为关注的不是事物固有的“本质”，而是该过程所展现的生命之生杀、盛衰、消长二者之间的动态平衡和有机张力，也即生命自组织活动之进程的“程度”。人们看到，在《周易》那里，这种“程度真理”表现为其提出“夫易，圣人所极深而研几也”（《系辞下传》），而对所谓“有无之间，动而未形”之“几”的关注；在孔子那里，这种“程度真理”表现为其既反对“过”又反对“不及”，而对“叩其两端取其中”之“中”的重视。此外，联系古人对事物“物极必反”“否极泰来”“无往不复”

① 在古汉语词典中，“辩”通“辨”。如《庄子·逍遥游》：“定乎内外之分，辩乎荣辱之境”，如《荀子·儒效》：“通财货，相善恶，辩贵贱，君子小如贾人”。

原则的高度自觉，再参以中国古代“程度”之“度”字所具有的事物普遍规定性的涵义（如法度、制度、度矩、度量等词所表明的那样），以及作为事物规定的“度”（du）与作为认识活动的“度”（duo）字同为一字的事实，这一切不正表明，在中国古人的心目中，程度之“度”不正是真理之“真”的别称吗？

三、践履性之知

如上所述，中国古代关系性体知赖以成立的身体，乃是一种根于男女之感的关系性之身体。然而，实际上，这种关系性身体之“关系”，并非是一种既定的你中有我的关系，而是一种动态的两一化生的关系。而正是这种动态的两一化生的关系，使一种不断生成的生生不息的身体成为可能，使一种“以生为道”的身体之道得以证成。“尽人之道，动以顺生之几”（王夫之《周易外传·无妄》），这种身体的生生之道就天而言谓之生命之“生”，就人而言谓之行动之“行”。这样，不是一味静观枯想的“冥思”，而是充满创造活力和不懈于动的“健行”，实际上成为人之身体之为其身体的最基本的特征。

这也就为我们推出践履性之知这一体知的第三个特征。也就是说，正如中国古人的身体是一种行动的身体一样，其身体之知亦付诸实践地行为化为践履之知。这种践履性之知，不仅意味着体知为美国哲学家赖尔所谓的有别于“知道那个事实”的“知道怎样做”，也即其从属“实践的智慧”而非“知识的智慧”，而且更重要地意味着体知既是一致思过程，同时又为一行为的展现（knowing as a tranformative act），意味着在体知中其致思之知与践履之行实际上须臾不可分离，就此而言，体知不过是道德践履的别称而已，“体知不是一种反观冥照的内在精神，而是要在复杂的人际关系中通过社会实践来完成的”。[①] 或换言之，体知就是张载所谓的“变化气质”，就是宋儒所谓的着意力行、不落思执的“尊德性”，就是王阳明的所谓的“致良知”之“致”的功夫。

而中国古代学界所谓的“知行合一”学说的风靡，恰恰可为其体知践履性提供了坚实的力证。一种更为追根究底的考察就会发现，这种“知行合一”之旨虽大盛于宋明之际，但其远源甚至可以追溯至中国古代文字的训义之中。例如，中国古代的身体之“体”字，其既有“体察”“体悟”“体知”等认知义，又同时兼有“躬行”“行动”“行为”等实践义，正像《淮南子·氾论训》“故圣人以身体之”（高诱注：“体：行”）、《荀子·修身》“笃志而体，君子也”等语中体字所表明的那样。此外，孔子所谓的“知及之，仁能守之，庄以莅之，动之不以礼，未善也”（《论语·卫灵公》）的提出，孟子之于“践形”和“必有事焉”的强调，张栻“致知，力行，互相发也”（《南轩集》）的主张，王阳明“知是行的主意，行是知的工夫”（《传习录上》）的观点，王夫之“行焉可以得知之效也，知焉未可以得行之效也。……君子之学，未尝离行以为知也必矣”（《尚书引义三》）的论述，还有中国后理学时代的以“实见”“实知”“实践”“实用”为宗旨的所谓“实学”思潮的风靡，如此等等，都使中国古代的“知行合一”之旨

① 杜维明：《杜维明文集》第五卷，第 371 页。

由隐而显地得以揭明。虽然持论者对“知行合一”之旨的理解见仁见智地莫衷一是，但他们都坚持“是非”与“善恶”、“明理”与“做事”、“身体”与“力行”的高度统一，都坚持所谓“真知”是以所谓“实践”为其根本，都坚持一种名副其实的知识并非是袖手书斋里的坐而论道，而是不无生动地体现在我们的动静语默之间、洒扫应对之际和人伦日用之中。从中不仅产生了中国古代的以“行”训“道”，“知道”即为“行道”的思想，还有“担水劈柴，无非妙道”的禅宗对于风靡华夏并被视若神明的“佛经”的消解，以及明清的“经世致用”实学思潮的所导致的对宋明理学“空以穷理”取向的终结。

这是一种中国式的“实践的认识论”。值得注意是，固然该认识论不失其中国特色，但和它的“直觉的认识论”、它的“关系的认识论”一样，同样具有其理论的普世性之品格。这种理论的普世性之品格可见之于马克思从“认识世界”走向“改造世界”这一对唯心主义的纠偏，可见之于心理学家皮亚杰以“行为图式”解读“认识图式”这一建构主义的观点，除此之外，还可见之于随着现象学思潮的兴起，随着身体视域在当代西方现象学哲学的凸显，法国现象学家梅洛—庞蒂之一反西方认知科学的“表象主义”传统，关于身体行为在人类认知活动中的奠基作用的里程碑式的发现。在梅洛—庞蒂看来，一种“凭身体经验”“凭身体知道”的“身体思维”之所以可能，恰恰在于这种身体并非是死的尸体而是“活的身体”，并非是笛卡尔式实体化的身体而是“走向世界”的行为化的身体。也正是这种身体的行为而非意识的思想，作为一种所谓的“意向弧”把我与非我、主观世界与客观世界联系在一起，使人对事物的把握和理解，也即梅氏所谓的“知觉”得以形成，其道理就如同真正的打字知识不是体现在打字者聪明的头脑里，而是手到心会地体现在将手和键盘“缝合在一起”的打字者的动作中那样。因此，“（身体）运动机制已经具有 sinngebung（意义给予）的基本能力”,①“对身体来说，运动的学习就像知觉一样，是与物体打交道的一种最初方式”,②“我的寓所在我看来不是一系列紧密联系在一起的表象，只有当我仍然把寓所的主要距离和方向留‘在手里’或‘在脚里’，只有当各种意向之线离开我的身体到达我的寓所时，我的寓所才作为熟悉的领域留在我的周围”,③ 而这一切都为我们表明，知识的意义实际上是内在在于行为结构之中，“意识最初并不是‘我思……’而是‘我能……’”。④

不难看出，这种知行完全一体化的身体行为，其有别于那种以不变应万变的静观式的意识行为，乃是一种以变应变的应对性的生命行为。如果我们把生命行为理解为一种“生命语言”，那么这种应对性必然使该行为成为一种语用学意义上的行为而非语义学意义上的行为。而这种语用学意义上的行为不仅意味着该行为是一种“身临其境”的行为，而且还同时意味着该行为之知具有一种“设身处地地去想”“设身处地地去体验”的性质。一如迦达默尔所说，“实践知识、智慧方法就属于一种别样的知识。这首先便意味着，它是针对具体情境

① 莫里斯·梅洛—庞蒂：《知觉现象学》，姜智辉译，北京：商务印书馆，2005 年，第 188 页。

② 莫里斯·梅洛—庞蒂：《知觉现象学》，姜智辉译，第 151 页。

③ 莫里斯·梅洛—庞蒂：《知觉现象学》，姜智辉译，第 173 ~ 174 页。

④ 莫里斯·梅洛—庞蒂：《知觉现象学》，姜智辉译，第 183 页。

的，因而它就必须在其无限的变异中把握‘具体情况’”。[①] 因此，体知之知不同于思知之知，其具有极其鲜明极其突出的“情境性”“随机性”“因缘性”或一言以蔽之，也即所谓的“时间性”的特征。

我们看到，这一语用学的特征已体现在中国古代几乎一切知识、理论形态中，并使其与西方的知识、理论的语义学取向形成了鲜明的对比。例如，在《周易》中它表现为其“与时偕行”“以时为正”的思想；在《庄子》中它表现为其“以用训通”“处境真理”的思想；在《礼记》中它表现为其“义者宜也”“礼以时为大”的思想；在儒家伦理学中它表现为其“处境伦理”“因材施教”的思想；在中国古代政治学中它表现为其“通权达变”“因时制备”的思想；在中国古代佛学中其表现为其“诸法随缘”“方便善巧”的思想；在中国古代医学中它表现为其“对症下药”“医易相道”的思想；在中国古代兵学中它表现为其“悬权而动”“阵而后战”的思想。而长期以来，中国人的思维之所以以其“机会主义”见长于世，之所以缺乏西方文化持之甚坚的“还原主义”“基础主义”“原教旨主义”等理念，不能不说是与其文化中的这种极其普遍的语用学特点有着莫大的关连。

实际上，古人所践履的身体行为不仅是一种语用学的行为，同时还为一种族类学的行为。而正是后者使身体行为既富有权变之机敏，又不乏对“相类相续”之章法的积极遵循。对于古人来说，这种族类学行为是指，人之行为既非是一种纯粹的个体主义的行为，又非是一种纯粹的整体主义的行为，而

---

① N. G. 伽达默尔：《真理与方法》，王才勇译，第 27 页。

是体现为一种身体→两性→家族这一族类的无限的生成活动和过程。其不仅个体中有整体，而且整体中有个体；其不仅在其共时性上导致群己对立的消解，而且在历时性上意味着今人与古人之间代际的承继和相通。同时，正如中国古代的语用学行为以一种知行合一的方式意味着该行为之知是一种语用学之知那样，同理，这种中国古代的族类学行为亦以一种知行合一的方式，意味着其行为之知已不失为一种族类学之知。

由此就导致了既有别于分析又有别于综合的一种中国式的所谓的“类思维”的推出。诚如笔者在中国古代家的哲学、中国古代历史哲学、中国古代政治哲学等研究中多次指出的那样，该“类思维”既可与维特根斯坦的“家族类似”方法互为发明，又不啻被视为中国古人所特有的一种认识方法论。这种方法论除了可以证之于《周易》所谓“君子以类族辨物”（《同人・大象传》）、所谓“方以类聚”（《系辞上传》）、所谓“万物睽而其事类也”（《睽・象传》）等等论述外，还被广泛地应用于中国古代的文字学、医学、诗学、天文学、风水学、相面术等等的学科里，由之而形成了一种“放之四海而皆准”的普遍性的“拟似科学”。更令人叹为观止的是，它还被进一步推进到中国古代的伦理政治领域，并由之而形成了以“能近取譬”“推己及人”为方法的所谓的“示范伦理”、所谓的“示范政治”。这种广泛运用的“类思维”把认知的普遍性不是建立在演绎推理、归纳推理等逻辑推理之上，而是以一种“触类旁通”“触类而长之”的方式，使其完全基于类似、类比、类推这些诗性想象里。同时，正如类行为通过“类化”消解了人的行为中的个体与整体的对立一样，这种类思维亦借助“类化”实现了人的认识中的特殊与普遍、个别与一般、差异与同

一、感性与理性的统一。因此，在类思维里，一如关系思维，我们毋宁说也同样地看到了一种“感性的普遍性”。这不仅意味着类思维与关系思维的“感而遂通”实际上息息相通，而且同时也不正表明，类思维之所以成为可能，恰恰在于其深植于以男女交感为原型、为基础的不可易移的族类生命的生成活动和进程之中吗？

故作为一种类比推理的类思维，并非像业已泥于“科学思维”的今人所认为的那样，以其“牵合附会”的主观性质只能属于一种或然推理，而是以其坚实的依据具有理论上的普遍必然性。我们看到，无巧不成书的是，这种对类思维的普遍必然性的认可不仅存在于中国古老的哲学里，而且同样也存在于不无时髦的西方的近现代哲学之中。康德的所谓“审美判断力”的有关论述即此明证。

这种“审美判断力”，也即康德所谓的有别于“决定的判断力”的“反思的判断力”。在康德看来，这种“反思的判断力”恰恰服从于类比逻辑：“判断力是双重的，或者是决定的，或者是反思的，前者由一般到特殊，后者由特殊到一般。后者只有主观的有效性，因为他所趋向的一般，只是经验的一般——仅仅是一逻辑的类比”。① 同时，康德又认为，虽然这种服从“逻辑的类比”的审美的反思判断力仅具有主观的有效性，但这里所谓的“主观”，却并非像传统认识论所讲的主观感觉那样，其为单纯的个人因人而异的主观感受活动而没有普遍必然性，恰恰相反，它显然在要求着一种普遍必然性，一

① 康德：《逻辑讲义》§81，转引自李泽厚：《批判哲学的批判》，北京：人民出版社，1978 年，第 357 页。

种不涉及任何概念和客观对象的存在，只涉及对象形式和对之主观联想的普遍必然性。故审美的判断力乃是一种“无概念而具有普遍性”认知活动，或用伽达默尔的话来说，“在这里并没有简单地运用某个对事物的预先概念，而是由于在感性的单个事物中见出了多和一的统一，这感性的单个事物就在自身中被领会了”。① 因此，在康德哲学中，与知性的非类比思维一样，审美的类比思维同样不失认识的普遍性、认识的理解力，并且由于其最终作为连接自然与社会、认识与伦理、感性与理性的中介和桥梁，由于其以“自然向人生成”、个体向族类生成这一实质而客观的宇宙本体的历史为依托为背景，较之知性的非类比思维之普遍性和理解力而言，这种审美的类比思维维之普遍性和理解力则显得更为深刻、更为根本。这也正是无论席勒也罢，还是青年马克思、海德格尔、伽达默尔也罢，都无一例外地把审美意识、审美体验视为人类的至为真实的真理的体现之真正原因。

耐人寻思的是，正如西方人文主义哲学家认为审美判断力实际上是和“教化”联系在一起，是与这种“教化”须臾不可分离一样，中国古人亦如此。也就是说。古人认为人的类思维能力既是一种良知良能，又天生人成地需通过后天的人文教化才能得以真正生成，恰如人之直觉体验能力的获取拥有借助于所谓的“修身”功夫。故在中国传统文化中，教化业已被视为人生与社会的最重要使命。如《周易》之“贲”卦彖辞提出“观乎人文，以化成天下”，《列子》提出“天职生覆，地职形载，圣职教化”，《荀子·序官》提出“论礼乐，正身

① N. G. 伽达默尔：《真理与方法》，王才勇译，第44页。

行，广教化”，《汉书·礼乐志》提出“是故古之王者莫不以教化为大务，立大学以教于国，设庠序以化于邑”，《法言·先知》提出“君子为国，张其纲纪，谨其教化，”乃至逮至晚清，曾国藩亦坚持“天下之安危系乎风俗，而正风俗者必兴教化”（《言风俗书》），仍念念不忘通过教化以移风易俗，通过教化以化成天下。对古人来说，这里所谓的教化，并非是一种科学工具理性的教育，而是源于“六艺”的一种审美教育。同时，这种教化并非一如黑格尔的《精神现象学》里所指出的那样，其从属于精神向其绝对理念回归的一个纯认知的环节，而是作为《诗序》所谓的“经夫妇、成孝敬、厚人伦”的活动，其与族类伦理相通，并最终指向并体现消除群己对立和人身从个体向族类生成这一整个族类化的生命行程，也即人的道德践履活动。在古人看来，一个人只有克服自我中心主义并投身于这种族类化的生命行程之中、这种人的道德践履活动之中，他才能人猿揖别地成为一个真正的人，从而他才能具有与他人他物一体之仁的民胞物与之心，他才能把自己一己之肉身转化为大而化之的道身，并最终使自己类的思维、类的感觉、类的体验得以真正和全面的觉醒。

四、时代意义

上面，我们从一种本体意义的身体出发，对作为直觉性之知、作为关系性之知、作为践履性之知这三个中国古代体知的特征做出了概述。这一研究旨在表明，中国古代的体知既非为一种不无蒙昧的前知识的“原始思维”，也非仅仅是从今日人类思知中派生出一微不足道的分蘖和支流，而是不失为不无成熟和尉成大宗的人类又一知识论系统。该知识论系统不仅可以与盛行于今日的人类思知的知识论系统并肩比列，而且就其知识之理解的根本性、自洽性和自明性而言，以至于可以说，它甚至更胜为今人所称道的人类思知的知识论系统一筹。

这一结论的得出，除了可证之于我们上述对中国古代体知性质内容的深入分析外，还可从近现代西方的知识论运动中找到理论上的支持。也就是说，一种对西方哲学的发展演变历史的考查将会发现，随着西方哲人对其传统的抽象化的“科学主义”致思取向的反思的深入，随着西方后现代主义思潮在当代的日渐兴起，一种身体视域已开始进入西方哲学的视域，对身体之体知讨论已不再是东方式的天方夜谭，而成为西方认识论研究不断升温的热门话题。这一点，恰与近现代中国人将其体知传统弃如敝屣这一现象形成鲜明对比。

可以说，这种西方哲学从思知向体知的转向，在西方近现代哲学家关于有别于传统自然科学的一种所谓“人文主义科学”的发现中就初露端倪。例如，作为这门“新科学”奠基人的意大利哲学家维柯（1668～1744），一方面为我们指出传统自然科学乃是一门间接求证和以一因解释多果的本质主义科学，故精于此道者乃是“轻率的学究”；另一方面与此同时他又把我们的目光引向了实践知识这一古老而又常新的领地，认为这种实践知识并非体现了一种抽象的普遍性，而是体现了一种“具体的普遍性”，并非体现了一种超感官的知性的智慧，而是体现了一种缘于感官的“诗性的智慧”。他引用亚里士多德的话指出，“凡是不先进入感官的就不能进入理智”，① 故作为“人类的感官”的诗人当为人类智慧的开启者，而一切哲学思想实际上都从古老的诗性的智慧中得以萌蘖。因此，通过一种新型的审美化、直觉化的知识观推出，维柯所从事的工作不仅预示西方传统科学主义方法一统天下的行将终结，而且也使其逻辑上成为西方的一种别具一格的人文主义方法的奠基者。与维柯的建树同样重要的还有被喻为“精神科学之父”的狄尔泰所从事的工作。这位德国哲学家的重要建树，不仅在于他明确宣布了一门以社会实践和人类历史之真实性为其学科依据的“精神科学”（geistwissenschaft），并坚称这门科学乃是一门迥异于实证化的自然科学的独立学科，而且还在于他在这门全新的科学中复活了“体验”（erleben）这一重要的和中心的概念。狄尔泰认为，作为弥合了精神活动与经验世界裂缝的意义统一体，和作为“历史世界的基本细胞”的“体验”，其构成了一切知识之所以可能的认识论的基础，并具有完全不同于自然科学认知性质的三个特点，也即体验作为生命亲历活动具有直接性、体验作为生命交往活动具有社会性、体验作为生命之流具有时间性。显而易见，这一一反德国思辨传统的鲜活的体验概念，既为维柯的人文主义的“新科学”提供了坚实的理论基石，又与中国古老的体知思维同声相应并若合符节，故该概念所具有的深远意义自不待言，实际上，它标志着西方哲学的知识理论从思知范式向体知范式的一种根本性转变。

这一切使伽达默尔的所谓解释学的学说的推出成为理论的

① 维柯：《新科学》，朱光潜译，北京：人民文学出版社，1997 年，第 152 页。

必然。伽达默尔的解释学之所以被人们视为有别于自然科学的人文科学之更为成熟的理论形态，乃在于其在科学主义一家独霸的现代知识论语境中，自觉回归近现代西方人文主义的知识论传统，深入揭示并大力阐发了该传统中的诸如“体验”“共通感”“判断力”及“教化”等重要概念，以之为依据着手实现对西方人文主义真理和方法之再建，并重新恢复了有别于认知理性的实践理性在人类知识中应有的尊严。从“体验”的概念中解释学发现了人文主义知识的亲历性、直喻性的特点，从“共通感”的概念中解释学进一步形成了人文主义知识之对话的方法论，从“判断力”概念中解释学为我们重新肯定了审美思维在人文主义知识中的重要性。因此，也正是通过之于西方人文主义传统的重新的理论复兴，伽达默尔的解释学才为我们全面而深入地确定了以“理解”而非“说明”为宗旨的人文学科的真理和方法，并使该学科具有迥异于思知的其鲜明的体知的知识特征。

实际上，伽达默尔的解释学的确立既渊源于深刻的西方人文主义的哲学传统，又犹如神助地得益于当代风靡的现代现象学的方法论。正如他曾坦言的那样，其所运用的人文主义的推论方法“是纯粹的现象学的”，是“胡塞尔现象学描述和狄尔泰历史眼界的结合”。① 而现象学之于人文主义科学的重要性，不仅由于正是借助于现象学才使一种前思的和无意识的直觉成为可能，不仅由于正是借助于现象学才使我们从思辨世界之知走向生活世界之知，才使时间和历史的维度得以认识论的肯定，而且更重要的，还由于“亲己之切，无重于身”，一种彻

① N. G. 伽达默尔：《真理与方法》，王才勇译，第55页。

底“回到事物本身”的现象学并非是一种回到“意识本身”的现象学，而是一种回到“身体本身”的现象学，而这种意味着，唯有借助于现象学我们才能揭示本体论意义上的身体，从而才能从根本上揭示基于这种本体身体之真正的体知。而这正是法国当代现象学家梅洛—庞蒂为我们所做的工作。

在梅洛—庞蒂看来，现象学不仅是一种对事物直接性把握的认识论方法，亦同时是一种使主体与客体完全合一的本体论理论。这种主体与客体的完全合一却不是借助于胡塞尔那种所谓“我思”的思维的“意识”，而是通过他所谓的“我能”的行为的“身体”。后者体现在诸如投身、身体的意向弧、身体的技能化应对、身体图式等身体活动中。正是通过这种行为的“身体”，我在把握世界的同时世界也在把握了我，我在成为世界的主体的同时也在成为世界的客体。恰如我的两只手的互相触摸一样，这里并不存在着意识主体性之不可逆的主动与被动之分，而是体现为一种“身体间性”之可逆的对话关系。而这意味着，就其实质而言，我们人类所谓的“知觉”并非是意识之于意识对象的表象活动，而是身体之于身体体现的对话活动。同时，正如任何对话内容都是随语境而定的那样，这决定了身体知觉的意义是“格式塔式”的，也即其是开放的、不确定的而为所谓“时间性”所规定。

因此，在梅洛—庞蒂的学说里，由于把现象学的思想贯彻到底，由于实现了对现象学精神的真正自觉，这使他的学说不仅前所未有地深入到一种本体论意义上的身体，而且也比其他西方学者更为彻底地洞悉到基于这种本体的身体之体知的内在隐秘。这样，对于梅洛—庞蒂来说，身体之体知的诸如直觉性、关系性、历时性的特征的探究已不再停留在前人那种外在的描述，而是使之上升为本体身体自身的机理。故梅洛—庞蒂的现象学的推出，既是西方现象学运动的深化，把西方现象学从意识现象学进一步推进到身体现象学，又代表了西方认识论的历史性的进步，使在所谓“认知科学”名下的无身性的西方认识论开始步出了唯识主义、唯思主义的误区，真正地登堂入室于具身性认知的领域，从而最终为西方人文主义学科体知认识论奠定了坚实而深厚的哲学之基，虽然他所做的这一工作似乎并未引起西方人文主义学者所应有的充分注意。

然而，在笔者看来，较之中国古代的体知学说，包括梅洛—庞蒂在内的西方学者的体知学说仍显得尚未鞭辟入里。这一点主要表现为，尽管西方学者的体知学说不无自觉地引入了生命的维度，乃至把这种生命之维置于其思考的中心，乃至使体知和生命体验合为一体，但究极而言，其对体知的生命内涵的理解仍远逊于中国古人的理解，其对体知的生命内涵的理解仍有待进一步的深入。他们虽注意到了体知的直觉性，但却没有理解这种直觉乃是生命本身的一种自洽活动；他们虽强调了体知的关系性，但却没有理解这种关系乃深深地根植于男女两性的生命对话之中；他们虽意识到了体知的时间性，但却没有理解这种时间恰恰体现了生命之族类化的生成过程，恰恰是以这种生命之族类化的生成过程为其根本依据、为其深刻的内容。因此，也正是由于对体知的生命内涵的洞烛未深，使西方学者的体知学说的理解或流于神秘的冥契主义，而多少与神启的宗教结伴为伍（如谢林，如狄尔泰），或流于语言中心主义、流于行为操作主义，而并未彻底走出和摆脱西方传统的唯科学主义的巨大而浓重的阴影（如伽达默尔，如梅洛—庞蒂）。同时，也正是由于对体知的生命内涵的洞烛未深，使西方学者的体知学说的理解缺乏对生命之自组织性质的真正的领悟，使其体知学说更多停留于之于体知的非体系化的解构维度的关注，而缺乏对体知活动之解构与建构二者之间有机张力、二者之间动态平衡的辩证体认。它们不能明白，一种体知之所以成为可能，这种体知之所以成为人自身的真理，恰恰在于人的族类化身体本身的生命活动中就存在着生与命、变与常、偶然与必然之间自成一体的有机统一，就存在着一种“叩其两端取其中”这一自调、自组、自稳的天然性能。否则的话，体知就会由于其极端的“唯变所适”“生物不测”的性质而成为人类“无知之幕”的代称，成为人类非理性主义借以藏身的庇护所，而所谓“感觉成为理论家”也就会由此成为一个我们永远可望而不可企及的痴人说梦。

与西方的体知学说不同，由于一种更为彻底的现象学精神，中国古代的体知理论不仅通过一种“显微无间”的“现象学的还原”，把体知的知识还原到人亲身的身体，而且还进而通过一种“体用不二”的现象学还原，使该身体之所以可能的身体之鲜活的生命活动得以如如呈现。故中国古代的体知的身体乃是一种彻底的“身生合一”的身体。这种“身生合一”的身体除了一开始就体现在其以生训身这一古老悠久的词源学解释之外,① 还突出的体现在其把身体视为不无性感的男女间性的关系，并最终视为基于该关系的一种身家一体和世代生成的族类化的过程，从而使身体具有极其鲜明的生命自组织

① 在古代汉语中，“身”字有“生命”“身孕”的义涵。如《国语·晋语四》：“是以没平公之身无内乱也”，如《诗经·大雅·大明》：“大任有身，生此文王”。

的特征。同时，也正是从这种身体的生命自组织性质出发，使中国古人的身体成为一种既有解构的开放性，又有建构的守成性之耗散结构系统；使中国古人既强调身体及其体验活动的“唯变所适”，又强调身体及其体验活动的“既有典常”；既强调身体及其体验活动的“生物不测”，又强调身体及其体验活动的“天命之性”；既强调身体及其体验活动“无可循之序”，又强调身体及其体验活动“有大成之序”。因此，唯有在中国古代的体知学说里，才为我们真正克服了身体及其体验活动中的变与常、生与命、偶然与必然的对立，才使体知真正走出了神秘主义、蒙昧主义、非理性主义的误区，才使所谓“感觉成为理论家”不再停留于哲学家的空洞的预言，而是持之有故和付诸实践地得以真正的一偿夙愿。

故中国古代的体知思想不仅与西方人文主义体知思想相互呼应而不失其普世性性格，而且较之西方人文主义体知思想而言，以其深契生命之真谛而更具理论之必然、理论之自洽自圆的特点。正如中国古代的体知思想曾经以其坚实的合理性支撑着中国古老而悠久的文明的过去一样，我们相信，在“科学至上”的今天，该体知思想也将为克服人类文明的危机提供深刻的思想资源。固然，基于思知的科学主义思想为我们带来了无可厚非、无比辉煌的现代文明，舍此就不会有我们人类今天的发达的科学、工业及以法制为构架的现代国家。然而，这一切的获取却是以现代人类的“以身为殉”为巨大牺牲和代价，在科学主义祛魅化的背后是人的身体及其感觉日益沦丧的“祛身化”，与理性的富有、知识爆炸并行的是感性的贫困、生命感受的江河日下。当人的生命只是为了一味地满足物质需要，当人的身价主要被金钱、权势、头衔这些身外之物所规定，当人的欲望完全服从商学的广告技术支配，当所有人都被还原为数字和符号，而其性别、亲情连同与祖先的血缘联系都作为非理性东西被化约掉，当科学家宣称克隆技术可以不假途男女之爱而生产人的身体，而计算机技术能够无须人自身的思考而代庖人的大脑，当诗人已经在大学中退隐，而诗意已经在人类社会中匿迹消声，当上述一切的一切都已在当代社会中成为现实之时，这表明了现代主义文明不仅使人失去了其自己支配的身体，而且也把人彻底打回到动物的原形使其失去身体之属人感觉的全部丰富性；表明了我们今天不仅要解放身体，而且也要把解放身体的感觉理所当然并刻不容缓地提列人类文明的议事日程。

更为触目惊心的是，在现代主义文明所支配的今天，科学主义已不再仅仅是人们的一种致思方式，且正在成为和已经成为一种统治性的社会意识形态的化身，以其“独自”性质泯灭着社会的多元化的声音，以其“价值中立”原则而对社会的弱肉强食现象麻木不仁、视而不见。故正如西方的“启蒙辩证法”理论所揭示的那样，科学主义已物极必反地走向其反面。它已不再扮演和司职启蒙时代为社会弱者抱打不平的角色，而是不露声色、平心静气地为以丛林法则为其实质的资本主义生产逻辑辩护，唯马首是瞻地为巧取豪夺的社会既得利益集团代言，并最终实现了其从社会意识形态的“批判者”向社会意识形态的“共谋者”这一社会角色的转换。这也正是诸如西马的社会批判理论、福柯权力话语批判理论在今天西方大行其道并历久不衰的真正原因，因为它们无一不对科学与社会权力的结盟之“阴谋”洞若观火，无一不把自己的矛头指向科学的意识形态化这一科学的“无限堕落”。

因此，今非昔比的是，与其说是回归理性的思想的“启蒙”，不如说是反求诸身的身体之“诚身”毋宁说已成为当今人类文明重建的时代性课题。这意味着，尽管从体知走向思知是人类文明进程的必由之径，中国古老的体知思想在历史的否定之否定中将再获新生；这意味着，正如对西方古希腊的科学主义的思知思想的回归，曾经唤醒了人类辉煌的现代文明那样，对中国古代人文主义的体知思想的重新复兴，也必将为我们迎来人类又一轮喷薄欲出的后现代的文明，而这种后现代的文明，与其说是传统的复辟，不如说是传统在现代文明洗礼中的浴火重生，与其说是人文主义对科学主义的取而代之，不如说是在确定人文主义本体地位的同时，使人文主义即用显体体现在科学主义之中，不如说是以一种真正体用不二的方式，使二者尽释前嫌地从两极对立走向两极相通，并最终实现青年马克思所憧憬的人的科学与自然科学必将和解的人类之梦。

第九章
王夫之的身体哲学思想

一、道即身

王夫之堪称中国古代身体哲学思想的集大成者，乃至可以说，在中国哲学史上，没有哪一位哲学家能像王夫之那样，使中国古老的身体本体的思想得以如此深切著明的洞揭。而这种身体本体的思想并非出自其突发的和凭空的奇想，而是深深地植根于王夫之所处时代的特定的哲学语境之中。这种特定的哲学语境就是，饱受佛学浸淫而渐以意识为其本体的宋明理学思潮的风靡，以及随之而来的对中国传统哲学中的身体维度的弃如敝屣。这就决定了王夫之的身体哲学思想的推出，既是和回归中国哲学的原典和原道联系在一起，又是批判理学的超验主义路线的思想产物。故王夫之不谈朱熹的“天理”而谈《尚书》的“天显”，不谈理学的空空的“穷理”，而谈孟子的形身的“践形”。这种“天显”即“天有显道”：

> 且夫视而能见，听而能闻，非人之能有之也，天也。“天有显道”，显之于声色，而视听丽焉。天有神化，神以为化，人秉为灵，而聪明启焉。然而天之道广矣，天之神万化无私矣。故凡有色者皆以发人之事，凡有声者皆以入人之听，凡有目者皆载可视之灵，凡有耳者皆载可听之灵，民特其秀者固与为缘也。(《尚书引义卷四》)①

这种“践形”即“践其下，非践其上”：

> 形而上者，非无形之谓。既有形矣，有形而后有形而上。无形之上，亘古今，通万变，穷天穷地，穷人穷物，皆所未有者也。故曰：“惟圣人然后可以践形。”践其下，非践其上也。
>
> 故聪明者耳目也，睿知者心思也，仁者人也，义者事也，中和者礼乐也，大公至正者刑赏也，利用者水火金木也，厚生者穀蓏丝麻也，正德者君臣父子也。如其舍此而求诸未有器之先，亘古今，通万物，穷天穷地，穷人穷物，而不能为之名，而况得有其实乎？(《周易外传卷五·系辞上传第十二章》)②

这样，在王夫之的学说里，通过对“天道”这一“形而上者”给予一种现象学的和实践论的还原，不是宋明理学家所独钟的“心体”，而是原儒所强调的“身体”，如拨云见日般地又一次在中国哲学的视域中得以朗现。故王夫之不仅明确地为我们推出了“身即道，故爱身以爱道”这一命题(《续春秋左氏传博议卷下》)③，而且也使所谓的“即身而道在”，所谓

① 王夫之:《船山全书》第二册，长沙：岳麓书社 1998 年版，第 329 页。
② 王夫之:《船山全书》第一册，第 1028 页。
③ 王夫之:《船山全书》第五册，第 621 页。

的道“断然近取而见为吾身”成为其后理学道论的应有之义：

人之体惟性，人之用惟才。性无有不善，为不善者非才，故曰，人无有不善。道则善矣，器则善矣。性者道之体，才者道之用，形者性之凝，色者才之撰也。故曰，汤、武身也，谓即身而道在也。

道恶乎察？察于天地。性恶乎著？著于形色。有形斯以谓之身，形无有不善，身无有不善，故汤武身之而以圣。假形而有不善焉，汤、武乃遗其精、用其粗者，岂弗忧其驳杂而违天命之纯哉？（《尚书引义卷四·洪范三》）①

是故以我为子而乃有父，以我为臣而乃有君，以我为己而乃有人，以我为人而乃有物，则亦以我为人而乃有天地。器道相须而大成焉。未生以前，既死以后，则其未成而已不成者也。故形色与道，互相为体，而未有离矣。是何也？以其成也。故因其已成，观其大备，断然近取而见为吾身，岂有妄哉！（《周易外传卷三·咸》）②

正如此处所表明的那样，王夫之所强调的这种与道合一的身，由于其“断然近取”“自我有身”的取向而具有鲜明本己属性和人我属性，其乃为一种此在意义上的“亲身”之身。故在王夫之的学说里，随着对这种身体的亲身性的肯定，“我”的本体论地位亦被得以前所未有的肯定。他不仅力辟释道的“无我”的学说，重申孟子的“万物皆备于我”，鼓吹“我者，大公之理所凝也”（《思问录内篇》）③，而且明确提出

---

① 王夫之：《船山全书》第二册，第352页。
② 王夫之：《船山全书》第一册，第905页。
③ 王夫之：《船山全书》第十二册，第418页。

“天在我”“造化在我”“变化在我”“与天分伯季”，而使中国古老的本我论哲学传统再次得以有力重申。而其所谓的“依人建极”“即民以见天”“即人而可以知鬼神”等一系列光辉思想的推出，实际上亦与这种本我论哲学思想洞然吻合。易言之，他之于所谓“人”、所谓“民”的地位无上肯定并非玄远思致的产物，同样是回归于“断然近取而见为吾身”这一天之“显道”的必然结果。

另一方面，在王夫之的学说里，其对身体的这种亲身性的强调并不意味着导致对身体的“具身性”（embodiment）的否定。恰恰相反，它意味着在对身体的这种亲身性的肯定的同时，身体亦是“因形质而有”的，身体的亲身性是通过身体的具身性来展开自己，身体的亲身体验活动与身体的亲身体验形式二者乃须臾不可分离。此即王夫之所谓的“身以内，身以外，初无畛域”之说。因此，王夫之对亲身性的“我”之肯定并没有使其流于唯心主义的我的学说的追随者，而是使他的学说既与释家的那种“除我相”的无我论学说迥然异趣，又与王阳明的那种“心外无物”的唯我论学说判然有别，而最终通向一种将我与非我、心与物打并归一的彻底经验主义的现象学一元论学说。

故王夫之的身体本体思想的推出，实际上代表着中国哲学史上种种冥顽不化的二元论学说的真正消解，尤其是为宋明理学所凸现的心身二元论学说的消解。心身关系问题之所以在宋明之季被聚焦于哲学的论域，除了深受日渐风靡的释道思潮影响之外，还与在“格物致知”名下的知识论思潮的异军突起迅疾发展有关。前者公然推出所谓的“臭皮囊”、所谓的“堕肢体黜聪明”之说，而后者则把理性视为是出离于身体而抽绎出的超验之物。因此，无论是前者还是后者都驱使中国哲学开始从身体转向“心体”，都体现了之于中国古老的以身为本的传统的背离，并使身心分离而非身心合一成为理学理论得以成立的前提，成为理学“思辨哲学转向”的应有之义。固然，就其特定的历史语境而言，这种身心的分离无疑有其积极的合理的意义，它为思之启蒙扫除了障碍，为心识的觉醒奠定了基础，并代表了中国古代文明迈向其历史新时期不可避免的趋势。然而，一如人类文明的“启蒙的辩证法”所表明的那样，这种文明之进步与文明之倒退实际上又互为表里。故随着时代推移，随着理学日渐成为一种与社会政治意识形态结盟的权力话语，理学在使其理性的合理性日渐成为一种“无人身的理性”的同时，也愈来愈使自己的学说从身心的分离走向身心的对立，乃至走向以心易身的心的唯一。而朱子所谓“革尽人欲，复尽天理”这一理欲二元论的推出，则把这种对立赤裸裸地推向了极致。这一切，不仅导致了以王艮为代表的王学左翼的“明哲保身”路线的陡然崛起，而且也为王夫之的一种对之起而矫之的全新的身心学说的确立提供了契机。

可以说，由于向既是现象学意义上又是实践论意义上的身体的回归，使王夫之以一种中国哲学史上前所未有的理论自觉，为我们从根本上彻底消解了宋明理学长期难以超克的身心二元的理论对立，并使一直困扰着理学家的身心关系问题最终成为一不折不扣的哲学“伪问题”。从“内生而外成者，性也”（《诗广传卷三》）① 这一人的内外一如的身性出发，他坚持身与心其实是“合两者而互为体”的。故王夫之谓“一人

① 王夫之：《船山全书》第三册，第429页。

之身，居要者心也。而心之神明，散寄于五藏，待感于五官。肝、脾、肺、肾，魂魄志思之藏也，一藏失理而心之灵已损矣。无目而心不辨色，无耳而心不知声，无手足而心无能指使，一官失用而心之灵已废矣。其能孤扼一心以绌群用，而可效其灵乎?”(《尚书引义卷六·毕命》)①，谓“不发而之于视、听、言、动者，不可谓心也。何也?不发而之于视、听、言、动，吾亦非无心也，而无所施其制。无所制，则人生以上，固有不思不虑者矣，是尚未得为心也。是故于事用其所以来，于心重于其所以往；于事重用其心之往，于心重用其事之来”(《尚书引义卷三·仲虺之诰》)②，谓“是故心者即目之内景，耳之内牖，貌之内镜，言之内钥也。……非别有独露之灵光，迥脱根尘，泯形声、离言动、而为恍惚杳冥之精也”(《尚书引义卷四·洪范三》)③。

在这里，心已不再是实体化的那种笛卡尔式的“机器里的幽灵”，即不再是那种独立于身的所谓的“别有独露之灵光”“恍惚杳冥之精”，而是作为一种彻底意向性和功能化的心，以一种即用显体、即器践道的方式，其就活生生地体现在人身体的一切器官及其的视听言动之中，也即“身之所亲”的“实践”活动之中。因此，王夫之不惟推重躬行的“实践”，其提出“知之尽，则实践之而已。实践之，乃心所素知，行焉皆顺，故乐莫大焉”(《张子正蒙注卷五·至当篇》),④ 而且其学说明确地以“知行合一”为旨为宗，不是朱子的知行观

① 王夫之:《船山全书》第二册，第412页。
② 王夫之:《船山全书》第二册，第289页。
③ 王夫之:《船山全书》第二册，第355页。
④ 王夫之:《船山全书》第十二册，第199页。

而是王学的知行观为其所更为独钟。故王夫之提出“行必统知”“行可兼知”之说，其谓“凡知者或未能行，而行者则无不知。……是故知有不统行，而行必统知也”（《读四书大全说卷六·论语·卫灵公篇》），[①] 其谓“且夫知也者，固以行为功者也。行也者，不以知为功者也行。行焉可以得知也，知焉未可以收行之效也。……行可兼知，而知不可兼行。下学而上达，岂达焉始学乎？君子之学，未尝离行以为知也必矣”（《尚书引义卷三·说命中二》）。[②] 与此同时，王夫之还力辟所谓的“知先行后”、所谓的“离行以为知”的观点，其谓“宋诸先儒欲折陆、杨‘知行合一，知不先，行不后’之说，而曰：‘知先行后’，立一划然之次序，以困学者于知见之中，且将荡然以失据，则以异于圣人之道矣。《说命》说：‘知之非艰，行之惟艰’，千圣复起，不易之言也”（《尚书引义卷三·说命中二》），[③] 其谓“离行以为知，其卑者，则训诂之末流，无异于词章之玩物而加陋焉；其高者，瞑目据悟，消心而绝物，得者或得，而失者遂叛道以流于恍惚之中。异学之贼道也，正在于此。而不但异学为然也，浮屠之参悟者此耳。抑不但浮屠为然也，黄冠之炼已沐浴，求透簾幙之光者亦此尔。皆先知后行，划然离行以为知者也”。（《尚书引义卷三·说命中二》）[④]

显然，这是一种面目全新的知行合一说。之所以称其为一种面目全新的知行合一说，乃在于王夫之的知行合一说与王阳明的知行合一说不同，如果说后者由于提出“一念之发动处便

① 王夫之：《船山全书》第六册，第815页。
② 王夫之：《船山全书》第二册，第314页。
③ 王夫之：《船山全书》第二册，第311~312页。
④ 王夫之：《船山全书》第二册，第314页。

是行”，而尚不失为一种从心体出发的唯识论的知行说的话，那么，后者则由于坚持“行而后知有道”、坚持“行可兼知，而知不可以兼行”，而为一种从身体出发的躬行论的知行说。这也正是在治水问题上，王夫之认为尧不及禹的原因所在：“知能相因，不知则亦不能矣；或有知而不能，如尧非不知治水之理，而下手处自不及禹是也”《读四书大全说卷二·中庸第十二章》)。[①] 此处对“下手处”的强调表明，王夫之哲学的重心已不是专注于思的“是什么”的问题，而是集中于身的“如何作”的问题。因此，王夫之学说的推出，作为向《尚书》“知之非艰，行之惟艰”这一古老思想的回归，其既是对宋明理学知识论极端倾向的纠拨，又实开中国历史后理学时代从知识论范式向躬行论范式转向之理论先河。

同时，也只有从这种理论之范式转型的高度出发，我们才能明白王夫之学说所具有的如此鲜明的、如此彻头彻尾的批判特色。其对后儒的理学理论的批判，已不再停留于诸如“道问学”抑或“尊德性”、“惟理”抑或“惟心”此类的门派之争，而是表现为根本颠覆性的。这种颠覆性除了表现在王夫之基于身体而对道器、理气、心物、神形、知行等主宾关系给与根本性倒置之外，还表现在身体的权力和知识的权力二者的取舍上，其无比坚定地站在身体的权力的一边，比任何人都更彻悟到身体的权力的天然性和正当性，比任何人都更彻悟到知识的权力由于其准政治意识形态的性质，由于其固有的反人身性的性质而具有的伪合理性。故其不仅提出“货色之好，性之情也”，提出“忿非暴发，不可得而惩”“欲非已滥，不可得而

---

① 王夫之：《船山全书》第六册，第494页。

窒”(《周易外传卷三·损》),[1] 断言“把人欲做蛇蝎来治”以人欲为敌的程朱的理欲说乃为“异端所尚”，而且还提出“以文老而有老庄之儒，以文浮屠而有浮屠之儒，以文申韩而有申韩之儒。下至于申韩之儒，而贼天下以贼其心者甚矣。后世天下死申韩之儒者积焉，为君子儒者潜移其心于彼者，实致之也”(《薑斋文集卷一·老庄申韩论》),[2] 为我们别具只眼地揭露出“以人履仁而戴义”的理学后儒实为“申韩之儒”，在其知识话语背后，实际上包藏着“贼天下之心”而为专制暴政张目和辩护的险恶用心。在这里，王夫之对宋儒的理学的批判无疑已从义理的批判上升到话语的批判的高度。这使王夫之的哲学既为后来戴震的“以理杀人”之说之先导，又实际上不失为福柯的《性史》一书思想的中国版，而与后现代主义的话语规训身体的理论，与后现代主义的对知识话语之“唯名论的权力”的批判理论呼应和接榫。

二、阴阳即男女

无疑，与身体一样，阴阳亦为中国哲学中最具独特性和原创性的核心概念。《系辞传》谓：“一阴一阳之谓道，继之者善也，成之者性也”，又谓“易有太极，是生两仪”（此处“两仪”也即阴阳二仪）。在中国古人看来，阴阳不过是道的别称，是太极的固有之义（仪），作为宇宙万化之根底，以其

① 王夫之：《船山全书》第一册，第924页。
② 王夫之：《船山全书》第十二册，第87页。

扑朔迷离、以其神妙难测，其乃为我们永难诘致和参破的千古之秘。然而，在王夫之的学说里，随着宇宙向身体的还原，随着一种身道合一思想的彰显，也随之使“何为阴阳”这一问题的真正谜底得以水落石出。

也就是说，对于王夫之来说，既然身体是一种宇宙本体论意义上的身体，既然身与道、身与太极是彻底为一的，那么，身体本身的原发机制也即宇宙本身的原发机制。这样，身体得以生命发生的男女之道实际上就不外乎为宇宙万化得以可能的阴阳之道，阴阳与男女二者终归是异名同谓的东西。故我们看到，一方面，王夫之在其学说里极力肯定和再次申明阴阳所具有的本体论的普遍意义，其谓“纲缊之中，阴阳具足，而变易以出”（《张子正蒙注卷一·太和篇》），① 谓“一阴一阳者，群所大因”（《周易外传卷七·序卦传》），② 谓“阴阳二气充满太虚，此外更无他物，亦无间隙，天之象，地之形，皆其所范围也”（《张子正蒙注卷一·太和篇》）；③ 另一方面，他又以一种“近取诸身”的现象学还原的方式，把阴阳具体显现和还形为人身体的男女。在解释《系辞传》的“天地细缊，万物化醇；男女媾精，万物化生”时他指出：

神在气之中，天地阴阳之实与男女之精，互相为体而不离，气生形，形还生气，初无二也。男女者，阴阳之成形、天地之具体，亦非二也，亦非二也，从其神理形质而别言之耳。（《周易内传卷六上·系辞下传第五章》）

---

① 王夫之：《船山全书》第十二册，第43页。
② 王夫之：《船山全书》第一册，第1092页。
③ 王夫之：《船山全书》第十二册，第26页。

这是对阴阳的男女性质的至为明确而透彻的揭示！尽管在《周易》中古人很早就提出了“男女媾精，万物化醇”及“乾道成男，坤道成女”的思想，但由于后来的中国祛身化文化对其“性文化基因”的遗忘，由于以心性为宗的后儒对男女之道始终的讳莫如深，这一性质亦从澄明走向遮蔽，乃至从中国哲学的视域中日渐淡出，并最终成为为饱德沃道的道学家们所不齿的东西。而王夫之有别于后儒的特识之处，恰恰在于他通过之于《周易》原典的追溯和回归，使阴阳的固有的身体性质再次得以豁显，重新恢复了中国古老的身体哲学中男女之道的应有的尊严。同时，一旦阴阳被还原为男女，为中国哲学所独具，也为张载和王夫之所积极推重的所谓“气”的概念上的疑云也随之冰释了。也就是说，正如王夫之所径直指出的那样，这种“气”也即其所谓的“阴阳二气”，而阴阳的男女义决定了该气实不外乎为基于男女的生物生命活动而已。因此，随着阴阳的男女性质得以澄清，不仅使我们对阴阳的理解从抽象走向了具体，也使气的“二气交相入而包孕以运动之貌”的象貌如如呈现。换言之，中国哲学中的“气”既非是那种纯粹形下意义上的“呼吸之气”，也非那种纯粹形上意义上的虚无飘杳的“太虚之气”，而是有无之间、大象无形并充满着勃勃生机的“生气”之气。而这种气，按王夫之的说法，其既是“希微不形”“细缊不可象”的，同时又是“诚者实有者也”，因为他就体现在我们每一个生命都生而固有的夫妇之愚、男女之性里。

这样，提出“极而言之，天地一夫妇也”（《焚书卷三·夫妇论》）这一惊世之论的李贽可以被王夫之引为自己的同道，虽然众所周知，王夫之对李贽所言所行评骘甚严乃至大张讨伐之道。这同时也决定了王夫之由阴阳之气的肯定，进而走向了对后儒避之唯恐不及的男女之“色”的肯定。他不仅强调“货色之好，性之情也”，而且反对那种“断甘食、悦色为禽兽”之说，对“不婚不宦，日中一食，树下一宿”的人生取向给予抨击，主张不能因“货导人以黩”而废货，也不能因“色湛人以乱”而废色。凡此种种，都使王夫之的学说与那种坚持“出家”取向的佛学判然有别，而他临终“禁用僧道”这一遗命，则以一种不无决绝之姿，表明了其无论生死都凡心未泯，无论生死都心系心念那阴阳缠绵、生生不已的生活世界。

我们看到，和王夫之的道即身观点一样，他的阴阳即男女的观点亦成为其哲学学说的无上圭臬，舍此我们就无从理解其所推出的一系列重要而深刻的思想，并把他的这些思想与后儒的思想加以严格的区别。

例如有别于“天理合一”的“天亲合一”的思想。众所周知，宋儒认为天即理，宇宙乃以一种所谓“理一分殊”的方式是由所谓的大一的天理创造的。与之不同，王夫之则从天道的亲身性出发，坚持宇宙乃以一种“一阴一阳”的方式，实际上不过为男女交媾这一两一之道的产物。遂有其所谓的“天亲合一”说的顺理成章的推出。故在释张载的“乾称父，坤称母”时王夫之指出，“从其大者而言之，则乾坤为父母，人物之胥生，生于天地之德也固然矣；然从其切者而言之，则别无所谓乾，父即生我之乾，别无所谓坤，母即成我之坤，惟生我者其德统天以流形，故称之曰父，惟成我者其德顺天而厚载，故称之曰母。……人之与天，理气一也；而继之以善，成之以性者，父母之生我，使我有形色以具天性者也。理在气之中，而气为父母之所自分，则即父母而溯之，其德通于天地也，无有间矣。若舍父母而亲天地，虽极其心以扩大而企及，而非有恻怛不容已之心动于所不可昧。是故于父而知乾元之大也，于母而知坤元之至也。……而父之为乾、母之为坤，不能离此以求天地之德，亦照然矣。”（《张子正蒙注卷九·乾称篇》）。[①] 同时，在释《易经》的“咸”（感）卦时王夫之还指出，“人之所自始者，其混沌而开辟也。而其现以为量，体以为性者，则唯阴阳之感。故溯乎父而天下之阳尽此，溯乎母而天下之阴尽此。父母之阴阳有定质，而性情俱不容已于感以生，则灭天下之大始尽此矣。由身以上，父、祖、高、曾，以及乎绵邈不可知之祖，而皆感之以为始；由身以下，子、孙、曾、玄，以及乎绵邈不可知之裔，而皆感之以为始。故感者，终始之无穷，而要居其始者也”。（《周易外传卷三·成》）[②]

这样，对于王夫之来说，父母与天地其实是“迹异而理本同也”（《张子正蒙注卷九·乾称篇》）。[③] 父母不仅为我的生身父母，而且以其阴阳相感父母之德也永配天地。或易言之，在王夫之的心目中，一如《易经》所示，我们的宇宙不过是一“乾道成男，坤道成女”的“父母型宇宙”，父母的结合乃作为宇宙生命之发生的“原型”“基因”而具有普遍的本体论的意义。同时，也正是基于这种天亲合一的思想，使王夫之把坚持阴阳之道的《易经》与坚持父母之道的《孝经》彻底打通，而为我们极大地凸显了儒家的孝道作为中国古代的“原道”

① 王夫之：《船山全书》第十二册，第352～353页。

② 王夫之：《船山全书》第一册，第903～904页。

③ 王夫之：《船山全书》第十二册，第353页。

的意义。其谓“君子择其精粹以为之统，则仁首四端而孝先百行，其大凡也。立本者，亲始者也”（《周易外传卷六·系辞下传第五章》），[①] 其谓“古人云，读书须要识字。一字为万字之本，识得此字，六经总括在内。一字者何？孝是也”（《薑斋文集卷四·又與我文姪》），[②] 其谓“天地率由于一阴一阳之道以生万物，父母率行于一阴一阳之道以生子。故孝子事父母如天地，而帝王以其亲配上帝。……天地之物，求拟其似，惟父母而已。子未生而父母不羸，子生而父母不损。然则先儒之以汞倾地而皆圆为拟者，误矣。析大汞之圆为小汞之圆，而大汞损也。子非损父母者也。子生于父母，而实有其子。物生于天地，而实有其物。然则先儒以月落万川为拟者，误矣。川月非真，离月之影，而川固无月也”（《尚书引义卷四·泰誓上》）。[③] 总之，在王夫之的学说里，其通过之于宇宙的一种身体学的还原，孝道业已被提升到宇宙发生论的哲学高度，以至于他最终为我们发出了“人无易天地、易父母，而有可易之君”（同上）这一庄严的宣告，而使自己对孝的理解既有别于那种褊狭的社会生物主义的理解，又与使孝道壅蔽昧没于权力话语之中的那种“移孝于忠”后儒学说分道扬镳。

再如有别于“君主本位”的“族类本位”的思想。不难看出，后儒的理本学思想实际上是一种典型的知识性话语的体现，这种知识性话语以其“较真”的性质不仅导致了独白式的而非对话式的真理，而且也使其以一种雄性的社会话语而最

---

① 王夫之：《船山全书》第一册，第 1049 页。

② 王夫之：《船山全书》第十五册，第 146 页。

③ 王夫之：《船山全书》第二册，第 324～325 页。

终导致社会领域的“乾纲独断”，而中国明季的君主专制之所以臻至鼎盛，恰恰与当时理学独尊这一知识话语的霸权有着必然的牵连。然而，在王夫之的学说里，由于重新恢复了一阴一阳的男女之道的尊严，这不仅使其从理学独白式的真理走向了生命自身对话式的真理，而且也使其以一种两性的社会话语为我们消解了社会领域中的“乾纲独断”，从而不是独挺乾元、一意孤行的君主之道，而是造端于男女、成于万民的整个族类的生命之道在其理论中再次得以彰显。因此，一方面，王夫之极大地突出了发端于周易而后又为张载大力提撕的“两一”的真理观。在其学说中他彻底抛弃了八卦以乾为首的那种易学偏见，坚持“时无先后”“物物有阴阳”及“无不有兼体者”的“乾坤并建”，反对一切“抱一”“贵一”“归一”“执一”及“分析而齐一之”“抟聚而合之一”等独白主义真理观。另一方面，从两一真理这一生命对话之道出发，他又高度地肯定了整个族类生命的无上尊严。基于这种无上尊严，他提出国家和君主的建立是为了使人“自畛其类”，是为了使人“卫其群”“保其类”，提出“不以一时之君臣，废古今夷夏之通义”(《读通鉴论卷十四·东晋安帝》),[①] 提出“一姓之兴亡，私也，而生民之生死，公也”(《读通鉴论卷十七·梁敬帝》),[②] 提出“宁丧天下于庙堂，而不忍使无知赤子窥窃弄兵以相吞啮也”(《读通鉴论卷十七·梁敬帝》)。[③] 故其除了鞭挞宋儒的“存天理，灭人欲”之说外，还极力推崇“惩墨吏，纾富民”

① 王夫之:《船山全书》第十册，第536页。

② 王夫之:《船山全书》第十册，第669页。

③ 王夫之:《船山全书》第十册，第669页。

的“厚生”；除讴歌下诏废除肉刑的汉文帝乃“汉文之仁，万世之仁”外，还对中国历史上人之相食的非人类行径尤难容忍，既反对臧洪杀妾的所谓“义”，又声讨张巡杀妾的所谓“忠”，声称“食人之罪，不可逭矣”，他们作为千古罪人，对其不但不应以任何道德的名义予以表扬，而且理所应当地“正其罪而诛之”而使人道得以伸张。

这是秦汉以来中国古代社会本体思想的一种根本性变革。同时，也正是基于这种根本性的变革，使王夫之的学说在从君主为本转向族类为本的同时，代表了中国历史上对于君主专制主义的至为激进和深刻的批判。之所以如此，是由于王夫之对于君主专制主义的批判，一如其对于理学的批判那样，已不再是立足于意识哲学和出于道德良知的批判，而是立足于身体哲学和出于生命对话的批判，即一种上升到社会的“元制度”高度的批判。故较之前人对君主专制主义的批判，王夫之的批判尤显得鞭辟入里，尤显得入木三分，尤显得独具只眼。针对“以唐、虞为弱，以家天下自私者为强”这一流行的“新权威主义”观点，他指出“秦汉以降，封建易而郡县壹，万方统于一人，利病定于一言，臣民之上达难矣”（《尚书引义卷五·立政周官》）,① 那些“惟辟作福，惟辟作威，惟辟玉食”的高高在上的君主，“以一人之疑而敌天下”，“欲销天下之才智，毁天下之廉隅，利百姓之怨大臣以偷固其位”，其结果不仅造成了党同伐异，贤者退隐而不肖奸佞当道，而且也导致了君主自身的“自取孤危”，以及中国历史乱象丛生，接踵而来的易姓革命，一代又一代的中华王朝的倾覆崩溃。针对那种业

① 王夫之：《船山全书》第二册，第401页。

已沦为“裁判异端”的护符之“道统论”，他提出“古今此天下，许多大君子或如此作来，或如彼作来，或因之而加密，或创起而有作，岂有可传之心法，直指单传，与一物事教奉持保护哉”（《读四书大全卷九·离娄下篇》），① 其既否认有所谓“直指单传”而永不失坠的“孔门传授心法”，又揭露了这种“求一名以为独至之美，求一为以为一成之侧”的道统，其实质乃“奉尧舜以为镇压人心之标的”，即其作为一种典型的唯名论的权力、作为一种赤裸裸的辩护主义的意识形态工具，最终是为独裁的治统张目和服务的。无疑，这一切都使王夫之当之无愧地站在了对于君主专制主义的批判的时代前列。而他所推出的“上统之则乱，分统之则治”的分权观点，“有天子而若无”“无天子而若有”的“虚君共和”的社会理想，以及主张君、相、谏官三者“环相为治”的政治模式，则进一步地使他的批判从“批判的武器”上升到“武器的批判”的自觉，并以一种所谓的“东方的孟德斯鸠”之称代表了之于中国专制主义政治传统的彻底的决裂。

因此，综上所述，无论是王夫之的有别于“天理合一”的“天亲合一”思想，还是其有别于“君主本位”的“族类本位”思想，其实际上都是回归于周易的男女生命对话的产物。而这种向男女生命对话的回归又最终使人类的一种更为始源性的话语形式，即有别于知识话语的情感话语在王夫之的学说中得以昭显。故不是宋明后儒的“唯知主义”而是发端于古老的周易的“唯情主义”成为王夫之哲学的最终归宿。

① 王夫之：《船山全书》第六册，第1027页。

“践形必践情”（《周易外传卷二·无妄》），[①] 正如王夫之所指出的那样，宋明理学之于身体及身体两性的无视，不仅导致了一种无性的或中性的知性话语，而且也必然导致在其视域里身体的异性相感的情的缺失。故以理易情或以理制情实际上成为几乎一切理学学说所共同持守的宗旨和主张。与之不同，由于强调身体及身体两性之相感，则不仅使王夫之的学说以亲为本、以生为本，同时亦使其重返《周易》的“由感见情”的思想，而把对情的无上肯定重新提到了中国哲学的议事日程。故王夫之提出“无有男而无女，尤有女而无男，无有男女而无形气，形气充而情具，情具而感生”（《周易外传卷三·咸》）[②] 提出“情者，阴阳之几也；物者，天地之产也。阴阳之几动于心，天地之产应于外。故外有其物，内可有其情矣；内有其情，外必有其物矣”（《诗广传卷一·邶风》），[③] 以及提出“‘乃若其情，则可以为善矣。’情者，阴阳之几，凝于性而效其能者也，其可死哉？故无妄之象，刚上柔下，情所不交，是谓否塞；阳因情动，无期而来，为阴之立，因昔之哀，生今之乐，则天下之生，日就与繁富矣”（《周易外传卷二·无妄》）。[④] 在这里，由于把情与作为宇宙生命的原发机制的阴阳男女活动联系在一起，这使王夫之的所强调的真正的情，已既不再是那种单纯“缘物动”的物欲之情，也不再是那种单纯的窒于我的一己之私情，而是“缘性动”的与生俱来和大公至正之情。其虽发端于人的儿女之情，却以其阴阳相感的普

① 王夫之：《船山全书》第一册，第889页。
② 王夫之：《船山全书》第一册，第904页。
③ 王夫之：《船山全书》第三册，第323页。
④ 王夫之：《船山全书》第一册，第889页。

遍性，并以一种“家族相似”的方式体现于宇宙的一切生命之中。其既是一天人、合内外的，又日就繁富、超越生死而具有形而上的意义和特征。故王夫之不仅有所谓“情之本体”之说(《读四书大全说卷十·告子上篇》),[①] 而且坚持“内生而外成者，性也，流于情者犹性也”(《诗广传卷三·小雅》)。[②] 坚持“尊性者必录其才，达情者以养其性”(《周易外传卷三·益》),[③] 以情释性而把自己的矛头直指当时流行的种种无视和诋毁情的理论。针对理学的以理易情的价值取向，他提出天理“无非人情”，“存天理”不过存那“通天下而一理”的“人情”，批判理学家们至为缺乏的就是“君子所不可无”的“情”；针对释道的以情为妄之说，他提出“夫生理之运行，极情为量”，宣称“贱情必贱生，贱生必贱仁义，贱仁义必离生，离生必谓无为真而谓生为妄，而二氏之邪说昌矣”(《周易外传卷二·无妄》)。[④]

我们看到，这种唯情主义不仅导致了王夫之对于被理学意识形态所阉割的情感日沦的常人的鞭挞，导致了其心目中之于“有血性，有真情”“义有尤重，则情有尤挚”的所谓的“非常之人”的理想人格的无上推崇，同时也使其从对情的肯定进而走向对诗的肯定，以至于可以说，不是所谓的“理学”而是所谓的“诗学”才是其精神的皈依之处，才为其心所真正独钟。而王夫之之所以以诗为归，恰恰在于在他看来唯有诗的语言才是情的语言，唯有诗才可以曲尽其情地使人之至情得以

① 王夫之：《船山全书》第六册，第1070页。
② 王夫之：《船山全书》第三册，第429页。
③ 王夫之：《船山全书》第一册，第925页。
④ 王夫之：《船山全书》第一册，第889页。

率真流露。其谓“诗以泳游以体情”（《四书训义卷二十一·阳货第十七》），[①] 谓“诗以道性情，道性之情也”（《明诗评选卷五·五言律》），[②] 谓“情僻感亡，无言诗矣”（《古诗评选卷四·五言古诗一》），[③] 谓“诗达情，非达欲也”（《诗广传卷一·邶风》，[④] 谓“诗以道情，……乃往复百歧，总为情止”（《古诗评选卷四·五言古诗一》），[⑤] “关情是雅俗鸿沟，不关情者貌雅必俗”（《明诗评选卷六·七言律》），[⑥] 还有他为《诗经·国风》中的情诗“不失雅步”的辩护，以及他本人诗作被人誉为“字字骚心”，凡此种种都使其诗学的情本论思想被表露的淋漓尽致。同时，由于王夫之这种情本论的诗学又与坚持阴阳之几，男女相感的大易思想相通，由于这种情本论的诗学以一种生命对话的“情理”代表了对理学思执独白的“识理”的否定，这使王夫之的诗学思想既被提升到宇宙本体论的高度，又对回归身体传统的中国后理学时代的思潮当有照明作用，而开中国新时期哲学从“认知理性”之于“交往理性”转向的理论先声。该诗学思想毋宁说告诉我们，无论知识的话语如何独霸天下，无论人类生活中的诗意如何日益沦丧，我们对诗的追求都会永不泯灭的，因为诗是和我们每一个人的生命发生永远联系在一起的，因为作为一种身体语言的诗的语言乃是一种更为始源的语言，从中不仅为我们说出了自己

① 王夫之：《船山全书》第七册，第915页。
② 王夫之：《船山全书》第十四册，第1440页。
③ 王夫之：《船山全书》第十四册，第694页。
④ 王夫之：《船山全书》第三册，第325页。
⑤ 王夫之：《船山全书》第十四册，第654～655页。
⑥ 王夫之：《船山全书》第十四册，第1510页。

生命之真正的造始端倪，也以一种天人合一的方式为我们说出了阴阳缠绵发生的整个大千世界。

三、时间即我时

最后，我们将转向关于王夫之时间理论的讨论。显然，和王夫之的身体理论、男女两性理论一样，其时间理论亦是对后儒的理学思想深入反思的产物。也就是说，正如理学之突出形上心体必然导向其对身体、两性的无视一样，同理，这一唯心主义的思致倾向也必然致使时间性在其视域中的缺失。这种缺失首先表现为理学中的一种祛时化的宇宙本体的推出，也即正如朱子所援用的“有物先天地，无形本寂寥，能为万象主，不逐四时凋”这一佛偈所表明的那样，理学家们坚持作为宇宙本体的“太极”乃是所谓的“长在不死之物”。此外，这种缺失还表现为理学的整个致思方法实际上都是非历史主义的，也即其从一种普遍的语义学而非语用学的方法出发，脱离具体的历史语境去研究种种哲学问题，从而才有了其对各种理学范畴的普遍先验的规定，才有了其学说中形上形下、无极太极、道器、理气等等永难超克的二元对立，而理学家们所谨守勿失和持之甚坚的所谓“道统论”的推出，则把其哲学中的这种非历史主义的倾向推向了极致。它以一种中国式的“宏大叙事”的方式表明，理学家们是如何对历史发生中的开放性、复杂性及随机性熟视无睹，以至于在其心目中，整个历史都可以被归结到一千古不易而又一线单传的所谓“孔门心法”里。

如果说理学的祛身化导致了其学说中的时间性的缺失的

话，那么王夫之向身体的回归，则使时间性又一次在中国哲学中得以豁显而重新恢复了其应有的地位。也就是说，中国古典哲学意义上的身体既是一种“以我训身”的亲身性的身体，同时又是一种“以生训身”的生成论的身体，而这种身体的亲身性和生成论的统一，则必然使身体成为一种我亲体亲历的生命过程，从而最终使时间性成为身道至为切身、至为本有的规定。因此，由于向作为我亲体亲历的生命过程的身体的回归，一方面使王夫之的哲学极大地凸显了我们所躬行的身道的时间之维，其谓“道之所凝者性也；道之所行者时也；性之所承者善也；时之所乘者变也；性载善而一本，道因时而万殊也”（《周易外传卷七 · 杂卦传》），① 谓“性丽时以行道，时因保道以成性”（同上），在其学说里，时间与身生之性互为发明，二者不过是异名同谓的东西；另一方面，与此同时又使王夫之坚持“充天地之位，皆我性也；试天地之化，皆我时也”（《周易外传卷七 · 杂卦传》），② 强调这种身道的时间并非是超验主义的“物理的时间”，而是彻底经验主义的“自我的时间”，其为我们每一个人所亲身把握和直接体验，从而使有别于“他时”的“我时”的概念在中国哲学史上第一次得以朗现。

那么，什么是王夫之所谓的“我时”？这种所谓的“我时”自身又有哪些特性？下面，结合王夫之的有关文本，让我们来看看他对这一问题所作出的回应。

首先，对于王夫之来说，这种所谓的“我时”乃是一种

---

① 王夫之：《船山全书》第一册，第 1112 页。

② 王夫之：《船山全书》第一册，第 1114 页。

当下之时。无疑，对时间的当下性的无上强调乃为中国古老的哲学理论传统。这一点除了可见之于古汉语“时”字所具有的明确的“当时”“时下”的意涵，可见之于《易经》的“机不可失，时不再来”的思想外，还可见之于宋明陆王学派的诸多议论之中，而陆九渊的“欲知自下升高处，真伪先须辨只今”的千古绝句，以及明儒的“千万年只是当下”的直截论断即此明证。然而，由于向身体的亲身性的回归，由于强调时间为人所亲体亲历的性质，却使王夫之比先前任何人都更为真切地把握到时间的当下属性。此即王夫之学说中的一种堪称“今日中心主义”的观点的推出。故王夫之提出“天地始者，其今日乎！天地终者，其今日乎！”(《周易外传卷五·系辞上传第一章》),① 提出“往古来今，则今日也。不闻不见，则视听也”(《周易外传卷五·系辞上传第五章》),② 提出“未生之天地，今日是也；已生之天地，今日是也。惟其日生，故前无不生，后无不至”(《周易外传卷二·复》),③ 也就是说，其认为无论过去还是未来都“不可得而测也”，人唯一能够直接面对并真正把握到的实际上就是那活生生的当下的此时，也即其极力发明的所谓的“今日”。

也正是从这种“准见以为道”的彻底经验主义当下之时出发，使王夫之在强调“道因时而万殊”“生杀各以时”的同时，在强调当下之时的不可逆性、不可还原性的同时，把生命的希望既不是寄托于未来又不是滞留于以往，而是直接切入

① 王夫之:《船山全书》第一册，第 992 页。
② 王夫之:《船山全书》第一册，第 1005 页。
③ 王夫之:《船山全书》第一册，第 885 页。

“当下既是”的人的今生此世。故其谓“故不区画于必来，而待效于报身也；抑不愁苦于必往，而苟遯于不来也”（《周易外传卷六·系辞下传第五章》）。[①] 同时，也正是从这种“准见以为道”的彻底经验主义当下之时出发，使王夫之对中国历史上形形色色的超验主义时间观给予了严厉的抨击，指出这些言伪而辩的观点实际上是根本不能成立的。针对时下流行“先天”“后天”二分的时间观，他指出，“‘先天、后天’之说不可立也。以固然者为先天，则以次而有者其后矣。以所从变化者为先天，则以成者为后矣。两者皆不可据也。以时言之，彻乎古今，通乎死生，贯乎有无，亦恶有所谓先后者哉！无先后者，天也，先后者，人之识力所据也”（《周易外传卷七·说卦传》），[②] 也即认为作为真正时间的“天时”是无间先后的，把时间区分为先后不过是知性思维(“人之识力”）思执的产物和结果。针对理学那种作为历史的原点的太极的假定，以及释氏那种作为历史的终结的世纪末的预言，他指出“其始也，人不见其始；其终也，人不见其终；其不见也，遂以为邃古之前，有一物初生之始；将来之日，有万物皆尽之终，亦愚矣哉”（《周易外传卷四·未济》），[③] 从而既为我们明确地推出了一种所谓的“太极无端，阴阳无始”的历史观点，又断言“刼之将坏”之说乃为“灭万物、毁二仪”的异端之妄言。

其次，对于王夫之来说，这种所谓的“我时”乃是一种终始相接之时。正如对时间的当下性的强调乃为中国古老的哲

① 王夫之：《船山全书》第一册，第 1047 页

② 王夫之：《船山全书》第一册，第 1078 页。

③ 王夫之：《船山全书》第一册，第 979 页

学理论传统一样，对时间的终始相接性质肯定亦为中国哲学家多所发明。从易经“复”卦的卦义，到庄子所谓的“始卒若环，莫得其伦，是谓天均”的观点，再到《吕氏春秋》所谓的“天地车轮，终则复始，极则复反，莫不成当”的论说无一不是其明证。正如“人事有代谢，往来成古今”这一诗句所表明的那样，在古人看来，历史的时间过程并非纯线性式发展的，而是体现在终则复始这一不断的“往来”之中。同样，时间的这种终始相接的性质亦为王夫之所高度肯定。所不同的是，由于把时间既与亲身的身体又与该身体的男女发生联系在一起，这使王夫之在比前人更自觉到时间过程的不可逆性质的同时，也更自觉到时间的生命对话性质，以及在该对话中所表现出的其生命之生杀、消长的“回互性”，也即其生命之终中有始、始中有终的无尽循环的属性。故王夫之不仅提出“盛衰者偶也，生杀者互相养者也”（《周易外传卷四·未济》），[①]提出生物其盛衰、消长、增逝之间存在着“相偶”“相值”“相均”现象，而且宣称“始以肇终，终以集始”（《周易外传卷五·系辞上传第十一章》），[②]宣称“万变之理，相类相续而成乎其章，于其始统其终，于其终如其始”（《周易外传卷五·系辞上传第一章》）。[③]在王夫之的学说里，终与始已不再是“截然分析”之物，而是以一种你中有我、我中有你的方式连为一体。而这一时间观再次为我们表明了，被王夫之的一切学说封为圭臬的，与其说是知识的同一律，不如说依旧是那种生

① 王夫之：《船山全书》第一册，第979页。

② 王夫之：《船山全书》第一册，第1023页。

③ 王夫之：《船山全书》第一册，第984页。

命的“两一原则”。

明白了这种终始相接的性质，我们就不难理解为什么王夫之提出“君子乐观其反也”（《周易外传卷七·杂卦传》），[①] 其心目中对历史的物极必反的趋势是如此的持之甚坚。虽然他认为旧事物是“屈而消”的，而新事物则是“伸而息”的，但这并不妨碍他坚持新旧事物之间并无严格的畛域，新事物也必将重蹈旧事物“屈而消”的老路，此即其所谓“荣枯相代而弥见其新”、所谓“死亦生之大造”、所谓“夫惟大盈者得大虚”的观点的推出。虽然他主张我们未必要“以迄于大终而待其更始”，事物未必是“皆极其至而后反”，但这并不妨碍他坚持“反者有不反者存，而非极重难回以孤行于一径也”（《周易外传卷七·杂卦传》），[②] 坚持“天下之势，循则极，极则反”（《春秋世论卷四·襄公》），[③] 认为“未济”与“既济”、“往”与“复”实际上走着同一条道路，历史终归是以物极必反、无尽循环为其根本趋势。同时，明白了这种终始相接的性质，我们就不难理解为什么王夫之一方面提出“道因时而万殊”，反对有所谓“可传之心传，直指单传”的那种超历史的一成不变的“道统”，然而另一方面，历史的终始相贯、首尾相衔的性质却使他又坚持“时亟变而道皆常”，断言历史确有“与帝王之统并行于天下互为兴替”的所谓“儒者之统”，其不仅“天下所极重而不可窃”，而且始终“道可不亡”地存在于历久弥新的人类历史之中。

---

① 王夫之：《船山全书》第一册，第 1112 页。
② 王夫之：《船山全书》第一册，第 1113 页。
③ 王夫之：《船山全书》第五册，第 491 页。

最后，对于王夫之来说，这种所谓的“我时”乃是一种天人合一之时。如前所述，王夫之所谓的“我时”实际上是一种身体主义意义上的“我时”，而非一种心理主义意义上的“我时”。而这种身体主义意义上的“我时”，以其身心、内外一如的性质意味着这种我时之“我”既是一种“有我之我”，同时又不失为“无我之我”，其同时兼有人与天的双重属性。故正如王夫之所谓的身体乃为一种天人合一的身体一样，这种身体生命活动中所体现出的时间亦不失为一种天人合一的时间。这就决定了王夫之对时间天人属性的理解从异端的“执一”走向了兼体的“两行”。故我们看到，一方面，王夫之从周易的顺应历史的“随时”思想出发，提出“天之理不易知矣”（《读通鉴论卷二十·唐高祖》），① 提出“时者，圣人所不能违也”（同上），提出“亟违乎时，亡之疾矣”（《春秋世论卷五·昭公》），② “难得而易失者，时也，……已去而不可追者，亦时也”（《宋论卷四·仁宗》），③ 要求我们“知时以审势”，时行则行，时不行则隐，则“退伏幽栖，俟曙而鸣”。另一方面，他又从周易的见机而作的“时用”出发，提出“天下日动而君子日生，天下日生而君子日动”（《周易外传卷六·系辞下传第一章》），④ 提出“天在我，我凭谁”（《愚鼓词·前愚鼓乐》），⑤ 提出“君子应以贞天地之生”为己任，“人有可竭之成能，故天之所死，犹将生之；天之所愚，犹将

① 王夫之：《船山全书》第十册，第733页。
② 王夫之：《船山全书》第五册，第509页。
③ 王夫之：《船山全书》第十一册，第142页。
④ 王夫之：《船山全书》第一册，第1033页。
⑤ 王夫之：《船山全书》第十三册，第613~614页。

哲之；天之所无，犹将有之；天之所乱，犹将治之”（《续春秋左氏传博议卷下·吴徵百牢》），[①] 主张“一介造命”“与天争胜”“以人造天”，也即开始从“天时”走向“人时”，明确推出了“太上治时，其次先时，其次因时，最下亟违乎时”（《春秋世论卷五·昭公》）[②] 这一时论纲领，而为我们极大地高扬了时的能动性和主体性。

这一切，使一种强调天与人互为体用的“天生人成”式的历史观在王夫之的学说中最终成为可能。这种历史观把历史著作看作是一具有生命自组织性质的动态开放系统，这就决定了在该系统中，以一种王夫之所谓的“无序之大序”这一系谱学（家系学）式的“离散构型”，生命之解构与建构、历史之生成与守成、人之创造历史与历史之于人的规定二者以其相反恰适其相成。因此，也正是基于这种“天生人成”式的历史观，使王夫之提出“圣人之延天以祐人”（《周易外传卷五·系辞上传第二章》）[③] 和“圣人善因人以成天”（《读通鉴论卷三·汉武帝》），[④] 而使“人化的自然”与“自然的人化”归于一统；使王夫之提出“乃唯能造命者，而后可以俟命，能受命者，而后可以造命”（《读通鉴论卷二十四·唐德宗》），[⑤] 而使人之“造命”与人之“受命”二者互为发明。同时，也正是基于这种“天生人成”式的历史观，使王夫之既批判中国历史上的唯意志论，反对人能“遂己之意欲”而“自造其命”，提出李

① 王夫之：《船山全书》第五册，第 617 页。
② 王夫之：《船山全书》第五册，第 509 页。
③ 王夫之：《船山全书》第一册，第 993 页。
④ 王夫之：《船山全书》第十册，第 138 页。
⑤ 王夫之：《船山全书》第十册，第 934 页。

泌的“君相可以造命”虽“足以警庸愚”，但实际上却“非知命”；又使王夫之力辟中国历史上的形形色色的决定论和宿命论，否认历史有所谓“前知一定之数”，对所谓的“我高以明，而天下之志不足知；我静以虚，而天下之务不足为”这一无为主义给予了严厉的抨击。而王夫之的一生，虽以豪杰自命却又能安于市的大隐，虽生不逢时却又能不安之若命，从中恰恰体现了对这一天生人成的历史时运的游泳自如，恰恰体现了对这一历史时运的自我担当的气概和精神。它以一种“即身而道在”的方式表明，一个人的真正的生命恰恰就存在于生与命、人与天相统一的“我时”里，从而唯有回归于这种“我时”，我们才能自觉到何者为生何者为命，我们也才能在自觉到自己“向死而在”的宿命的同时，从我之转瞬即逝的“当下”走向天地之大化和日月之相推的永恒和永生。

这，也许是读王夫之这部身体之书、生命之书后留给我们最重要的东西。

第十章
《红楼梦》——人类文化的一部新的《圣经》

一、大哉问

从西安出发，驱车北行三百多里，便来到号称“东方麦加”、中华“天下第一陵”的桥山脚下的黄帝陵。在这炎黄子孙落叶归根、祭祖认宗的圣地，随着鱼贯而入的拜谒的人流，伫立在轩辕庙的大殿前，“人文始祖”四个大字赫然跃入眼帘。睹文思史，这也许是中国历史中最沉甸甸的四个大字：它告诉你中华文明的历史由这里开始，炎黄子孙的涓涓血脉从这里流淌；但是它也不经意地告诉你同样一个重要的事实，即：我们的祖先仅为男性，我们历史的血统中只有祖考而没有祖妣。尽管在大史学家司马迁的《史记》里有“嫘祖为黄帝正妃”这样明确的文字记载，并传说她为我们民族发明了养蚕织锦技术，但也许是我们民族的后裔过于健忘，在煌煌我祖的祭祀之处，人们竟然找不到对我们这位可爱的祖母的任何铭记和追思。

其实，这种“祖妣的缺席”，无论古今还是中外都概莫能外。在西方文化中，夏娃不过是亚当身上的一根肋骨，而且《创世纪》中的上帝是“他”而非“她”，其不也正是按男人形象设计而非女人形象设计的吗？因此，“祖妣的缺席”实际上乃是我们人类文化中的一种跨文化的普世性的缺席。然而，以余之见，对于中国文化来说，这种缺席却尤难理解和原谅，因为较之西方文化，始源意义的中国文化是一种更富“性文化基因”“性文化根脉”的文化，依此逻辑，女性理应在中国文化中居有重要的一席之地。君不见，“《诗》始《关雎》”，《关雎》以“君子好逑”开篇，“好逑”者，男性之佳偶也，窈窕之淑女也，而非《荷马史诗》中的“单打独斗”的“英雄”。“《易》基乾坤”，“乾”者男道也，“坤”者女道也，这意味着《易经》坚持并非男性的上帝而是男性和女性共同创造出宇宙。除此以外。在我们的文化中，还有那位洞明世事而又不失童真的老子，他不仅声称“玄牝之门，是谓天地根”，童言无忌地直白世界的一切植根于女性的母体，而且勇于为“守雌”“尚柔”的女性话语申辩和正名，而使自己堪称为人类第一位女性主义哲学的代言人。

可是这一切并不能挽回中国文化中女性最终失语的命运，不能改变这样一个事实，也即中国历史愈往后发展，其文化愈被无情阉割，其文化中女性特征愈渺焉不清。以至于在中国文化中，女性的命运就像身系和亲使命而远嫁异国他乡的王昭君一样，其结果却是“独留青冢向黄昏”，留给我们的只是塞北荒漠上默默无闻的一抔黄土；或者更有其者，就像黄帝的正妃嫘祖一样，虽贵为中华始母，不但不能死后安葬于黄帝之侧，甚至于连其“青冢”身置何处都无迹可寻，简直是在这个世界上消失的干干净净、消失的荡然无存！

从这一切中你就可以得知曹雪芹的《红楼梦》的壁立千仞的伟大。《红楼梦》的伟大，就在于作者从“身体发肤，受之父母”这一人所皆知的事实出发，天真的有如安徒生笔下那个发现皇帝没有穿衣服的孩子，质询我们的历史为何要将“真事隐”而将“假语存”；《红楼梦》的伟大，就在于生逢男权趋于极致的乾隆盛世，作者使我们从男性独白的宋明理学重新回到阴阳缠绵发生的《易经》，也即从业已“文胜质则史（饰）”的伪文明重新回到“大荒”“无稽”的《山海经》时代的元文明，为我们发出了“开辟鸿蒙，谁为情种”的这一振聋发聩的大哉问。

这既是一种具有笛卡儿的怀疑一切精神的追问，又是一种具有海德格尔存在主义精神的追问。经此对人类始源性存在的追问，《红楼梦》告诉我们，人类是从“情根峰”（“青梗峰”）被抛于世，我们“来自情天，去自情地”，从而由此出发为我们破天荒地开辟出既有别于“大仁者”谱系，又不同于“大恶者”谱系的一种邪恶交互的人类历史的“第三谱系”，即对历史的书写由“宏伟叙事”转向卑之无甚高论的“小说”，同时，“作者发无量愿，欲演出真情种”，其书写对象也由于万众仰视的千古圣贤转向“百口嘲谤，万目睚眦”的不肖情种。

看似“满纸荒唐言”，然却“其中有真味”。一方面，《红楼梦》的真正意味体现为，其乃是对彪炳千年的传统二十四史的彻底颠覆，也就是说，其借“贾雨村”（“假语存”）之口，无情披露和宣判一部道貌岸然的中国历史，其实却是一部“乱哄哄你方唱罢我登场”的历史，一部“成者王侯败者贼”的历史，一部弱肉强食的拳头文化的历史，用枪杆子书写出的刀光剑影的历史。另一方面，《红楼梦》的真正意味还体现为，在这种对历史去蔽的同时，作者通过对历史的一种生命发生学意义的根本性还原，而使历史深深掩埋的真正本源得以如如呈现。这种历史的真正本源即“宝玉”“黛玉”之“玉”，而这种“玉”按王国维的解释，即形而上的、无限的男女之“欲”。其之所以为形而上的、无限的，乃在于其并非与个体生存而是与整个族类的永远之绵延有关，从而该男女之欲不仅作为人类生命发生的“大欲”和“原欲”，而且它也是世代相生、绵延至今的人类历史精神至为真实的体现。

一旦“大旨谈情”，一旦男女之情欲在人类历史中被作为正史而得以真正肯定和彪炳，这不仅意味着人类几千年的所谓“英雄史”的隐退和终结，而且意味着被二十四史所遗忘，被传统文化所过滤掉的女性第一次光彩照人地亮相于历史舞台。这就为我们和盘托出了《红楼梦》一书的真正主题。《红楼梦》的主题，并非一如《三国演义》读书那样为二十四史中业已浓墨重彩的男性英雄狗尾续貂，而是一如作者在首回中所一语点明的那样，宣称“闺阁中历历有人”而要“使闺阁昭传”。这样，不是作为避之犹恐不及的所谓红颜误国的“祸水”和“异类”，而是作为历史主体的真正大写的“人”，女性开始破天荒地被载入其从未染指的人类历史的正史的正文。“这个妹妹我曾见过”。是的，《红楼梦》里贾宝玉初见林黛玉时所说的话其实没有错：这个妹妹和我是那样的陌生，但同时又是那样的似曾相识、那样的一见如故，因为忆往昔，我们曾在汩汩的西方灵河中一同共沐爱河，相濡以沫，只是后来一支欺瞒成性的史笔将这一段旷世奇缘无情隐去。因此，我们不能不感谢曹雪芹，正是曹雪芹，通过他笔下的睥睨一切而又无比痴情的贾宝玉，使我们终于睁开了自己蒙蔽了数千年的眼睛，使我们犹如释迦牟尼在城门看到的人类的生老病死，犹如海德格尔在“向死而在”中看到了我们的真正本己，从“太虚幻境”走进群芳吐艳的“大观园”，如梦初醒地第一次看到了我们生命中久违的“另一半”的实存。

可以毫不夸张地说，如果说《旧约全书》是西方文化中的一部《圣经》的话，那么《红楼梦》则是中国文化中的一部《圣经》；如果说《旧约全书》的伟大在于它使我们无家可归的人类最终发现了大写的“你”的存在的话，那么《红楼梦》的伟大则在于它使我们无家可归的人类最终发现了大写的“她”的身影；如果说《旧约全书》中来自神谕的最高启示是告诉我们要“爱你的邻人”的话，那么《红楼梦》中来自神谕的最高启示则是告诉我们要“爱你的女人”。二者都表明了人类历史最终到了它的梦醒时分，二者都体现出了对人类生命的终极来历和意义的穷究不舍的追寻，所不同的是，由于后者尚未脱却我们自己活生生的人的身体，这种追寻较之前者不仅更为亲切可感，而且也更为彻底根本。这同时也意味着，较之《旧约全书》中的“你”来说，《红楼梦》中的“她”所背负的生命十字架也更为沉重，“她”的悲剧是由更多的罪恶、更多的血泪书写而成。

二、女儿悲

正如任何神圣都是通过亵渎神圣得以彰显那样，《红楼梦》亦如此。长歌当哭，其对女性神圣的讴歌乃是对女性深重苦难的哭诉，其既是为女性树碑立传之作，又是之于女性现实悲惨命运的一曲无比凄美的挽歌。

这是一种“焚琴煮鹤”的悲剧，一种将理想的美在现实中无情撕碎和彻底毁灭的悲剧。

一方面，《红楼梦》的作者为我们描绘出了女性无与伦比的惊世之美，以至于这些红尘中的女子成为“天上人间诸景备”的大观园中一道最靓丽的风景线。如一一掇拾，这种惊世之美体现在诸如以下几个方面：

如容貌之美。在曹雪芹的笔下，大观园的女子几乎都有鱼沉雁落的天姿国色。黛玉“病如西子”，宝钗“容貌丰美”，探春“俊眼修眉”，凤姐“粉面含春”，平儿是“美人坯子”，鸳鸯生得“水葱儿似的”。怨不得“云想衣裳花想容”，人称“园中诸女，皆有如花之貌”，并以奇葩鲜花喻红楼群芳，以至于护花使者宝玉发出了“老天，老天，你有多少精华灵秀，生出这些人上之人来”这样的感叹，以至于采花大盗呆霸王薛蟠一见黛玉，霸气全无而竟为之“酥倒”。

如性灵之美。读《红楼梦》你会发现．大观园的女子不仅“秀外”而且“慧中”，其个个都是秉灵心慧性、如兰气质而从芸芸众生之中脱颖而出。如黛玉“孤芳自许，卓尔不群”，宝钗“从容大雅，望之如春”，迎春“温柔沉默，观之可亲”，探春“文彩精华，见之忘俗”，湘云“锦心绣口，满腹文章”，妙玉有“天子不臣诸侯不友之慨”，还有那个“命如纸薄”的晴雯，虽卑为奴婢却“其为质则金玉不足以喻其贵”。我们看到，也正是这种灵性之美，使曹雪芹不仅以世间最瑰丽的花喻大观园的女子之貌，而且断然把诗的高贵留给这些女子的灵魂。也就是说，《红楼梦》中的女子之所以个个都与诗结下了不解之缘，个个都是诗思盎然的诗人，恰恰是由于与那些只会写诗的男人不同，她们本身就生活在诗中，她们的芳魂就是用诗笔挥就而成的。

再如才能之美。“女子无才便是德”似乎已成为几千年来中国社会的不易之论。中国封建社会的女子，一如坚持”女人的进化程度比男人低”的达尔文心目中的女人，其生来只配做那种类似于蜜蜂和蚂蚁的本能性的劳作。然而，在曹雪芹的笔下，通过诸多脂粉英雄在男性世袭的“齐治”领域一展英才的描写，这一偏见却被彻底推翻了。在“王熙凤协理宁国府”中，我们看到了有“凤辣子”之称的王熙凤是如何快刀斩乱麻，如何令行禁止，其组织才干令“合族中上下人等，无不称赞”。在“敏探春兴利除宿弊”中，我们看到作为“改革家”的贾探春又是如何大刀阔斧地引入“目标管理”，在积弊难返的贾府双管齐下地推行“开源”和“节流”之举。此外，在宝玉《姽婳词》中，我们还看到那位美女将军林四娘，其是如何受命危难之际率领女将勇赴疆场，而使那些所谓“文死谏”“武死战”满朝文武颜面扫地，乃至为我们留下了“何事文武立朝纲，不及闺中林四娘”这样不无黑色幽默的历史质疑。

必须指出的是，尽管《红楼梦》一书前所未有地为我们展现了女性全方位和立体感的美，然而，对于作者来说，为其高标特立的女性真正的美，实际上与其说是体现在其容貌、性灵、才能等方面，不如说是最集中地体现在女性之于男女之爱情一往而深、无比执着的追求之中。正是基于后者，才使女性代表了人类真正纯真的情种，才使女性与阴阳缠绵发生的宇宙大生命生死相遇，才使女性成为汤显祖所谓的“有情之天下”的至美的象征。同时，也正是基于后者，才使作者曲尽笔墨、披肝沥血地为我们谱写出一部绮丽无比和千古难醒的红楼之梦。

因此，在《红楼梦》里，有主人公黛玉倾其一生的眼泪为报答宝玉的雨露之恩而“还泪”的传奇，有带发修行的槛外人妙玉纵有千年的铁门槛却挡不住其苦觅知音的故事，有思慕柳二郎的烈女子尤三姐义无反顾地以身殉情，有丫鬟鸳鸯对威逼利诱的所谓鸳鸯偶的以死抗争。这些红楼女子的人生遭遇不仅令人可感、可叹和可佩，而且其中所体现出的对于情感的矢志不二、誓死不渝可令天下为之共哭，可令鬼神为之动容，并使那些自诩“人情练达”但却“二三其德”的须眉丈夫一个个相形见绌。故而在曹雪芹的笔下，我们除了看到其对“痴情女”的无上礼赞外，还看到了其对作为“无情兽”的男性的大力鞭笞：与女性对其生命的另一半无比忠贞形成鲜明对比的是，男性则把其生命的另一半视作为猎艳的猎物、泄欲的对象和播种的工具。其“一味的骄奢淫荡贪欢媾，觑着那侯门艳质同蒲柳，作践的公府千金似下流”，《红楼梦》这一人性的描写，不仅针对着有“中山狼”之称的孙绍祖，而且同样也适于诸如人面兽心的贾珍、贾琏之流。也许，正是在这里，我们才能明白宝玉所谓“女儿是水做的骨肉，男人是泥做的骨肉。我见了女儿便清爽，见了男人便浊臭逼人”的真正缘由。质言之，女儿之所以比男子更为尊贵，恰恰在于与那些惟知以淫乐悦己的“情盲”的须眉浊物不同，女儿与生俱来地是与似水柔情联系在一起的，女儿就是莫里哀等人所说的“为爱而活着的动物”。

另一方面，作为人类尊贵一族的女性无与伦比的美却难掩其在现实社会无比悲惨的遭遇，在《红楼梦》里，把这些遭遇以一种高倍聚焦的方式一一曝光于世，这成为该书作者的又一惊人之笔。

也许，世界上没有哪部作品像《红楼梦》那样，以如此沉重的笔触为我们揭示出女性所担荷的如此多的苦难，所生逢的如此多的不幸，以及其人生中如此多的眼泪。而使“红颜命薄”四字深得作品的精髓。

《红楼梦》中开篇处第一位尚在襁褓中的“有命无运”、名为“英莲”（“应怜”）的女性的甫一登场，便预示了红楼女子其命运多舛，其噩梦将至。果然，随着《红楼梦》中的故事的展开，书中的女主人公几乎个个都不得善终。以贾家无比尊贵的四位小姐为例。无论是到了“不得见人的去处”的富贵囚徒的元春，还是嫁给“中山狼”的善有恶报的迎春，“生逢末世运偏消”的末世英雄的探春，最后遁入空门的佛心冷结的惜春，其都应了她们名字中“原应叹息”这四个字所点出的命运。另外，还有徒有“镜里恩情”的李纨，“欲洁何曾洁”的妙玉，一卷破席埋了昔日辉煌的王熙凤，死得蹊跷和死于非命的秦可卿，也个个都是有命而无运。侯门千金的命运尚且如此，那些平民女子和地位卑贱的奴婢的命运更是可想而知了。尤二姐的吞金自尽，金钏儿的含耻投井，晴雯的抱屈夭亡，则将《红楼梦》中的女子的悲剧赤裸裸地推向了极致。这一切，使我们终于明白了什么是“千红一哭”，什么是“万艳同悲”，并从中切身感受到了“红消香断有谁怜”这一《红楼梦》的真正的无尽的悲韵。

其实，正如《红楼梦》中女性之美主要体现为其爱情追求之美一样，《红楼梦》中的女性之悲也集中体现在其爱情追求之悲。换言之，《红楼梦》之真正的悲剧乃是“悲金悼玉”的悲剧。是在此基础上女性的“家”的憧憬彻底破灭的悲剧。一如《旧约全书》中作者将“无家可归”的命运独系于作为“上帝的选民”的以色列人一样，《红楼梦》的作者也将该命运仅仅降临于作为“天生之情种”的女人。

之所以“悲金”是由于宝钗之于宝玉虽有“金玉良缘”但却无缘于真情实爱，之所以“悼玉”是由于黛玉之于宝玉虽有真情实爱但却无缘于“金玉良缘”。因此，宝钗和黛玉，同样的风华绝代，同样的才貌出群，但命运的结局却是所谓的“玉带林中挂，金簪雪里埋”，二人同样在爱情的道路上无果而终，二人同样是爱情事业的失败者。这样，面对着这一似“有奇缘”实“无奇缘”、这一“镜中月”和“水中花”的爱情悲剧，《红楼梦》里留给痴情的女孩子的只剩下潇湘妃子那“秋流到冬，春流到夏”的无尽的斑竹之泪了。而家庭的基础是爱情，没有爱情维系的家庭并非真正的家庭，而只能是所谓的“假家”（“贾家”）。这种“贾家”之“假”在焦大所谓“爬灰的爬灰，养小叔子的养小叔子”的怒骂里得到了验证。它表明，这一荣为世代诗礼簪缨之族的贾家，这一由四大赫赫家族联姻而成、由巨大权势和财富打造出的家族航母，虽盛似鲜花着锦，烈火烹油，但实际早已是“金玉其外，败絮其中”了。

我们看到，这种“悲金悼玉”的悲剧，既是宝钗和黛玉的个人的悲剧，同时又是代表了普遍女性命运悲剧乃至普遍人类命运悲剧的那种“悲剧中之悲剧”。所谓“悲剧中之悲剧”，按王国维的解释，其乃是既非出自“蛇蝎之人物”，又非出自“非常之变故”的悲剧，是“躬丁其酷，而无不平可鸣，此可谓天下之至惨也”的悲剧。这种悲剧带给悲剧人物的命运是那样的惨祸烈毒，但悲剧之成为可能又是那样的无缘无故，悲剧的始作俑者又是那样的遁迹得无影无踪。以至于这种悲剧使《红楼梦》里宝黛二人虽信誓旦旦于爱情，但却不能把这一心事剖白与自己最心爱的祖母，而只能听凭一种无形又无处不在的力量任意摆布。

这种无形又无处不在的力量，使我们想到了福柯把社会比做处于一览无余的“注视”目光下的环形监狱的著名隐喻。而《红楼梦》中的大观园——这一充满青春梦想的女孩子的伊甸园，恰恰也就是一所在中国社会所出现的福柯式的全景式的监狱。在这所监狱里，《红楼梦》的女子们不是被“某个人”的目光所看、所监视，而是被一“匿名”的和“众目睽睽”的目光所看、所监视。而正是后者的一览无余、威慑一切的目光，书写着大观园的女子的身体，使她们的行为中规中矩而不敢越雷池一步。它使宝黛两小无猜但又不能直抒胸臆，使“槛外人”不敢向“槛内人”走近一步，使寡居的李纨以“稻香老农”自居而如同“槁木死灰”，使芳心少女宝钗每日靠所谓的“冷香丸”度日。最终，它使大观园中所有青春女子统统地彻底“闭经”，没有任何自己情感的诉求，只能成为运于男性权贵掌中的玩偶，成为“滥于皮肤之淫”的男人们华筵上任意消费的盘中餐和杯中酒。

更为可悲的是，在大观园这所女子的监狱里，一如福柯的“监视的逻辑”所表明的那样，女子们不仅被一种匿名的目光所监视，而且这种目光是如此的法力无边，以至于它使这种监视成了一种无须他者代庖的自我监视，使女子自己成为自身的监视者，于是看似自上而下地针对每一个女子的监视，其实是自下而上地是由每个女子自己加以实施的。也就是说，大观园中的女子悲剧那种使人欲哭无泪的至悲之处，是女子对男性统治自我认同的悲剧。不是男人使女子缠足，是女子自己给自己缠足；不是男人使女子闭经，是女子自己让自己闭经。这意味着，大观园中的真正悲剧，不是男子之笔对女子身体的肆意书写，而是对女子思想的肆意书写；其实质上不足对女子“缠足”的悲剧，而是对女子“洗脑”的悲剧。正是通过这种对女子思想的肆意书写，对其自我意识的彻底清洗，社会的男性统治者为女子们成功实施了阉割性的“变性手术”，使其身上的钟灵毓秀之气全无，使其从晶莹剔透的“珍珠”变成了污浊不清的“死鱼眼睛”，从而从中为我们克隆出一个个中性人、准男人乃至冷血动物。

为曹雪芹浓墨重彩描写的贾府中的“脂粉英雄”的王熙凤，无疑是其中的一个典型。一方面，作者为我们描绘出她“恍若神妃仙子”的体貌之美，这种女性之美曾使她成为贾府中众多膏粱弟子的猎艳的对象，乃至对其垂涎三尺并神魂颠倒。然而，另一方面，作为贾府中的权力人物又使她如此熟谙男性社会的游戏规则，以至于其心目中认同和奉为圭臬的，不是“柔弱胜刚强”的女性原则，而是“弱肉强食”的雄性原则。这使她不仅无比精通媚上欺下之道，而且使她“历练老成”“杀伐决断”“嘴甜心苦、两面三刀”“明是一盆火，暗是一把刀”，毫无道德顾忌而奸雄有如曹操。因此，在“弄权铁槛寺”里，作者写出了她之于金钱的无厌的贪婪；在“毒设相思局”里，作者写出她欲置人于死地而后快的冷血的残忍；在“用借剑杀人”里，作者写出她在亲手导演出一幕女性同类自相残杀的悲剧中的机关算尽。故在王熙凤身上，我们看到的是在美丽的女性外表背后的一颗极其凶残的雄性动物的心，从中我们也终于领悟到了，坚持没有先验的女性、无论男性或女性都是后天环境造就的这一理论是如何的颠扑不破，因为王熙凤这只“雌凤”的“雄心”，就是男性化的社会机器所生产出的一个巧夺天工的产品。

薛宝钗则是这一男性社会机器所生产出的另一个变性的标本，虽然她具有和王熙凤完全不同的一副面孔，一副似乎更具“女人味”的面孔。如果说王熙凤以一种“女强人”的身份直接跻身于男性社会的竞技场，而“巾帼不让须眉”地与男性英雄争夺一杯羹的话，那么薛宝钗则是以一种“淑女”的身份，“罕言寡语，人谓装愚；安分随时，自云‘守拙’”，在“极淡始知花更艳”的谦辞下，甘为男性社会文化的自觉的牺牲品。于是，如果说王熙凤堪为脂粉中的“女曹操”的话，那么，薛宝钗则使我们不能不想到刘心武的《班主任》里面作为“三好学生”的谢慧敏。然而，这一切，并不能抹去她们二人对于弱肉强食这一男性社会统治原则共同的认同。薛宝钗对这一原则的认同，不仅表现在她如此会做女人之“人”，如此精于“女诫”和“闺训”，乃至其行为举止令合族上下交口赞誉，而堪称“三从四德”文化课的优等生。而且还表现在她是那样地不同于从不说“仕途经济”“立身扬名”这些所谓“混账话”的林黛玉，对大逆不道、不走科第正途的不肖情种贾宝玉始终忧心忡忡，最终遭致了贾宝玉所谓“好好的一个清净洁白的女儿，也学沽名钓誉，入了国贼禄鬼之流”这一骂名。因此，“任是无情也动人”，虽然薛宝钗被誉为大观园中的花中之王的牡丹，虽然无论容貌还是气质都是那样美得令人怦然心动，然而由于她的身体成为被无情的专制礼教规训出的一个活标本，她的言语更多不是女性话语的自然流露而成为男性话语的传声筒，这使她美如维纳斯雕像，但却没有体温，没有热情，最终辜负了被人一致看好的“金玉良缘”，在爱情归宿上只能落得个“金簪雪里埋”的命运。

这样，在诸如王熙凤和薛宝钗这些人身上，在她们的女性意识和社会的男性意识形态的共谋关系里，我们看到了一种更为触目惊心的女性悲剧。这是一种女性把男性对其身体训化的指令自觉地内化为女性集体无意识的悲剧，是一种女性与男性合谋的悲剧，从而也是一种女性自我作践、自我强奸的所谓的“自残”的悲剧。在这一悲剧中，女性自暴自弃诸如对感性更为崇拜、对情爱更为执着、对弱者更为同情、对青春更为敏感、对诗歌更为热衷这些天赋灵秀之气，或把自己的身体行为完全攀比与男性的身体的行为，或把自己的身体欲望彻底顺从于男性的身体欲望。使自己或成为有如王熙凤那样的女奸雄，或成为有如薛宝钗那样的道德的木乃伊、生命的冷香丸，并最终自己亲手为自己建立起一座自我监禁的监狱和修道院。

“红消香断有谁怜?”其实，《红楼梦》中女子悲剧的至悲至恸之处，是她们的悲剧已到了至怜无怜的地步，因为她们自己尚且不能自怜又如何能指望别人。然而，“悲凉之雾，遍被华林，然呼吸而领会者，独宝玉而已”，正如鲁迅所说，在

《红楼梦》里唯有一人能为“红消香断”捧出一掬真正的同情之泪。他，就是真正怜香惜玉的贾宝玉，这不仅由于唯有宝玉来自“情根峰”而通何为“古今之情”，而且还由于唯有宝玉出于“警幻仙子”处而知谁欠“风月之债”。

三、谁之过

“谁之过”这一问题是指，是谁造就了《红楼梦》里的女性他残乃至自残的人生悲剧，谁是这一悲剧的始作俑者和真正的罪魁祸首？

我们的最终答案是，它既非“蛇蝎之人物”和“非常之变故”，也非千夫所指的“封建礼教”，也非黑格尔所谓的“狡诈的理性”，也非福柯所谓的无上的“制度的权力”，和其所谓的一览无余的“监督的看”，而是现行的整个话语系统。一如海德格尔所谓的“话说出了人”、福柯所谓的“话语即权力”以及中国古人所谓的“人言可畏”所示，正是这种话语系统，作为一种“制度的制度”，作为一种无所不包和至高无上的权力，其造就了一切统治性制度的基础，而成为男尊女卑这一社会至为不平等现象的真正根源。

固然，一方面，人类社会赖以存在是离不开这种话语的。唯有借助这种话语，我们才能为人类书写出什么是文明，什么是历史，什么是文明历史中善与恶、对与错，以及男性与女性的区别。然而，另一方面，这种话语不仅为我们书写着知识，而且同时为我们书写着权力；不仅为我们书写着文明的客观性和明辨性，而且同时为我们书写着文明的排他性、强制性和独裁性。这意味着，它在为我们书写着不无明晰的男女之别的同时，也书写着极其残暴的性别压迫。这意味着，在看似所谓“中性”的社会话语中，本身就预设和包含着永远也抹不掉的鲜明的歧视女性的男性特色。

如果说20世纪的后现代主义者福柯使我们意识到这种话语的伪善的话，那么早在三百多年前的曹雪芹则不仅使我们意识到这一点，并且将其面具更为彻底、更为无情地撕破。所以，他的写作才不是接着二十四史写，而是从“大荒”“无稽”处从头开始，从事了一种前所未有的、无人能解的“满纸荒唐言”的书写。所以，他才如此义无反顾地敢于对传统的整个话语系统实行“大拒绝”，用一种典型的春秋笔法，宣称中国历史是由一个别号“假语存”（“贾雨村”）、叫“假话”（“贾化”）的人来写的，由一个表字“饰非”（“时飞”）的人来判案和决定谁是谁非的。同时，也正是基于此，他笔下的贾宝玉才不仅把“四书”视为“一派酸语”，把人之老生常谈视为“混账话”，把满腹经纶的男人视为“浊口臭舌”，而且其本人亦“哪管世人诽谤”地“腹内原来草莽”和“愚顽怕读文章”，因为这块“通灵宝玉”、这个绝顶聪颖的怪物，比世上任何人都更能彻悟到，在谆谆教导的“学而优则仕”的中国古训里，话语的知识和社会的权力二者是如何狼狈为奸，也比世上任何人都更独具只眼地看到，在苦口婆心的“女子无才便是德”的女诫背后，实际上明确宣布的是自私的男性对其话语权的当仁不让的垄断，是至酷至烈的“焚书坑儒”的历史故伎在女性身上的重操和再现。

我们看到，在《红楼梦》里，作者除了为我们写出了对这种话语的彻底拒绝之外，更重要的是，还向这种话语发出了强烈的抗议。他抗议这种话语貌似公允其实偏私，抗议其金口良言但包藏着险恶的用心，并从中口蜜腹剑地为我们导演出一幕又一幕的女性悲剧。也就是说，正如鲁迅在中国历史话语中独独只看到“吃人”二字一样，曹雪芹使我们看到了中国历史的那些墨写的话语不过是用所有美丽女性的眼泪书写而成，女性的悲剧实际上乃为一种“话语暴政”所导致的悲剧。在《红楼梦》里，金钏儿死于斥言，晴雯死于谗言，尤三姐死于流言。林黛玉也不例外，她实际上死于她自己的既不会说“混账话”，又不合时宜、尖利刻薄的那张嘴，那张生来就不会顺着别人的意思说话、不会“讷于言”的嘴，一开始就像其“原罪”一样地命中注定着这位绝代美女爱情和人生的悲惨的命运，尽管这是一张如此出口成章的嘴，也尽管这张嘴给后来的读者留下无数传颂至今、绮丽无比的诗赋词句。

现行话语之所以具有普遍性的“暴政”的性质，不仅在于它写在每一页纸上，说在每一张嘴上，而且还在于它被镌刻在每一个人的心中，并最终言行一致地被付诸每一个人的行为里。换言之，它就是黑格尔所说的那只极其狡诈的“看不见的手”，它就是弗洛伊德所说的那位对自我自行约束的“超我”，它也就是福柯所说的那个无须他人代庖的“监视的目光”的真正的执行者。它不在说话时就在说话，而且在说出每一个人必须服从的话；它不仅规定着每一个人怎么说，而且规定着每一个人为谁说；最终，这意味着不是人说出了话，而是话说出了人，说出了人的性格性别，说出了人的行为举止，说出了人的一切又一切。因此，也正是这种话语，使《红楼梦》中丫鬟虽然蒙深重的冤，但却百口难辩；使黛玉之于宝玉一见钟情，但却只能相对无言；使黛玉与宝钗貌合神离，但却可成

"金兰契"而互剖所谓"金兰语"；使《红楼梦》里众女子身为弱势群体，但却不替弱势的女人说话而是一味为强势的男人说话，生来只能说那些和自己压根儿无缘的"立身扬名""仕途经济"的"官场话"。其结果是，话语使《红楼梦》的女子们一个个都"死于句下"，就像活语使人成为海德格尔式的无人称的"常人"一样，话语也使女人成为曹雪芹笔下的无性别的"须眉浊物"的复制品，其每一个人都难逃自己香消玉殒乃至其存在消失的如同白茫茫大地般干净的厄运。

不难看出，由于把女性悲剧根源的揭露提升到"话语悲剧"的高度，这使《红楼梦》对女性悲剧的认识既超越了以前中国古代所有女性悲剧观点，又超越了西方现代的女性悲剧的理论，而使自己直接与今天人类后现代主义的女性悲剧思想接壤。这是因为，中国传统的女性悲剧观点虽为我们揭露女性悲剧尤其是爱情悲剧的悲惨和无告，但却或把这种悲剧归罪于"二三其德"的负心汉，或归罪于某种意外的社会事件，而没有上升到悲剧的普遍性根源的认识，故悲剧的解决只能寄希望于一种意想不到和极富戏剧性的所谓"大团圆"。另一方面，西方现代女性悲剧理论虽为我们揭示了女性悲剧所内蕴的普遍性根源，但其或把这种悲剧归罪于一定的经济制度，或归罪于一定的政治制度，而没有使之上升到一种作为"制度之制度"的"元制度"的认识。因此，它不能解释这样一个事实，即女性性别悲剧何以依然不以时代历史为转移地在不断续写：女性收入的提高和选举权的获取并不能完全改变其今天依然处于弱势的地位，时髦的高跟鞋取代了陈旧的缠脚布只能招致男性更多打量的"目光"。女性依然被作为"看的对象"，在T型台上作为男性猎艳的对象被看，在广告中作为金钱的象征被看，在“性科学”中作为显微镜下的标本被看，并且由于现代传媒影像技术的加强被更多众目睽睽的目光所看，由于既生产着无厌贪婪的金钱又生产着对金钱的无厌贪婪的那种资本主义生产逻辑的泛化，而被注入了更多雄性激素的男性化的社会目光所看。女性的身体依然被男性化的话语所书写，这种书写规定了什么才是女性标准的身体，要求女性的身材要比男性更加苗条，要求无论老少所有女性都要有如少女般的清纯靓丽无比，要求一般女性在“微笑经济学”里其脸上要比男性付出更多的微笑，唯此才能使自己在当今人肉市场上被得以好的拍卖和推销。因此，实际上不无揶揄的是，今天女性收入的增加不过是给其杜十娘所怒沉的“百宝箱”里添上更重的分量，今天女性手中选票的获取并没有加强自己的政治武装，充其量是又一根“棒打无情郎”的金玉奴式的自慰之棒。

所以，明于此，我们就不难理解为什么《红楼梦》的意义已超越了历史，超越了时代。其实，这种超越不仅在于它像后现代主义女性理论那样，为我们揭示了女性悲剧是一种由话语造就的更为深刻的文化悲剧，而且还体现为百尺竿头更进一步，为我们明喻出人类摆脱这种话语悲剧的根本出路和救赎之途。此即有别于现行善恶是非二分的“言的话语”的那种阴阳交赋、男女交感的“情的话语”的发现。如果说前者是一种知识性的独白话语的话，那么后者则是一种爱情式的对话话语；如果说前者是一种抽象的思想话语的话，那么后者则是一种具体的身体话语；从而，如果说前者是一种代表了秩序和统治的文明的话语的话，那么后者则是一种代表了生命和生成的元文明的话语。因此，后一种话语既是一种真正的“泰初有言”的上帝之言，一种天赋的“元话语”之言，又是一种来自“大荒”“无稽”处的“荒唐之言”，从而其代表了一种对于一切现行话语的最具解构性和颠覆性的力量，虽然从根本上说这两种话语对于人类存在都缺一不可而其又相互关联。

这种新的“情的话语”的发现，也正是《红楼梦》作者曹雪芹高出《性史》作者福柯之处。福柯更多地只看到了话语对身体的规训，而曹雪芹则从其特有的源自《易经》的男女之原道的中国文化的背景出发，既看到话语对身体的规训，又看到了身体并非是由话语任意宰割的羔羊，身体作为一种“力比多”的原欲之场，作为一种更具形而上、更具超越性的元话语之活水源泉，其存在本身就代表着对这种话语规训的叛逆和反抗。这意味着，女性身体的真正解放，并非是像现代某些女权主义者所提倡的那样，使女性放弃异性恋而彻底拒绝男性，而是使女性重新找回自己生命的“另一半”，并在此基础上使自己身体的“元话语”得以重新发现，因为对男性彻底拒绝只能使我们以一种新的独白话语取代旧的独白话语，其结果无异于使女性罹患“自闭症”而为自己重造一座新的修道院。这也意味着，女性身体的真正解放，并非是像一些具有佛学思想的红学家们（如王国维）所认为的那样，唯有使我们由色悟空地“离家出走”，而是《诗经》所谓的“之子于归”，向男女因缘这一人类最原始的共同体的“家”的真正回归。这不仅由于“勘破三春”的惜春所独卧的“青灯古佛”处同样使我们难耐秋的悲凉，还由于正如曹雪芹通过其笔下妙玉的人生经历告诉我们的那样，“欲洁何曾洁，云空未必空”，在家之外并没有女子可以洁身自好的一方净土，无论我们如何对家这一“围城”如何逃遁，都不能逃出现实社会这一座更大的“围城”，都不能改变自己“到头来，依旧是风尘肮脏违心愿”的命运。

然而，这个“家”，并非是《红楼梦》里所描绘的建立在权势和金钱基础上的无家之家的“假家”，而是以真情实感为其内涵的名副其实的家。在这个家里，真正的家长已不再是那个以“以顺为正”为其家训的“假正”（“贾政”），而是来自缠绵发生、阴阳合和的情根峰的不肖之肖的情种。在这个家里，人们不再用言不由衷的“假话”（“贾化”）说话，而是用根于身体原欲的真情直接交流。在这个家里，男性已不再是如贾琏之流这样的雄性动物，而是成为像贾宝玉这样的怜香惜玉和其温如玉的人。因此，唯有在这样的家里，我们才能从不无虚伪的所谓的“金玉良缘”回归于作为生命原始契约的所谓的“木石前盟”；同时，也唯有在这样的家里，女性才能根本摆脱其犹如谶语般的无可奈何的悲惨命运，重唤起风华绝代、永远闭月羞花的姿容，由作为抽象对象的所谓女性成为真正的女人乃至真正的人。而一旦女性成为真正的人，这不仅意味着女性自身的彻底解放，而且同时意味着男性身上的枷锁彻底打碎，因为一如黑格尔的“主奴辩证法”所表明的，不仅奴隶被主人奴役，而且同时主人自身也难逃被“奴役原则”所奴役的命运。故女性解放为我们迎之而来的，是社会的不可一世的权力在其至深根源处彻底的消解，是包括女性和男性在内的整个人类都开始成为自己命运的真正主人。

这，也许如《红楼梦》书名所昭示的，仅仅是曹雪芹为我们所编织的一个美丽的梦，一个镜花水月般的梦。然而，在今天后现代主义者对现代人生“无家可归”的抗议里，在今天政治学家开始把家视为“公共领域”的真正母体的新的体认里，在今天女性主义运动之于男性从求“同”到求“异”

再到求“和”这一步伐中，我们不正是看到了人类正在由这一梦想走向对“情的上帝”的真正皈依，我们不正是看到了，这一“红楼之梦”与其说是到了“梦醒时分”，不如说正在一步步地“梦想成真”吗？

第十一章
为什么要研究中国古代的“身体哲学”[①]

——张再林教授访谈录

李 重

① 本文刊载于《社会科学论坛》（学术评论卷）2008 年 1 月号。访谈者李重为西安交通大学哲学系博士研究生。

一、中国古代哲学研究需要一种“范式”的转型

李重（以下简称“李”）：张老师，您好！近年来您一直在进行中国古代身体哲学的研究，并且自2005年始陆续发表了一系列研究论文，诸如《作为“身体哲学”的中国古代哲学》《中国古代宇宙论的身体性》《中国古代伦理学的身体性》《中国古代宗教观的身体性》《作为身体哲学的中国哲学的历史》，还有近期发表的以身体哲学为视角的文学研究论文《〈红楼梦〉——人类文化的一部新的〈圣经〉》，以及即将发表的《中国古代家的哲学论纲》《系谱学与周易史观》等。您的这一系列研究成果开始引起国内学术界的关注，其中多篇文章被国内权威报刊全文转载和论点转摘。根据我对您的了解，您长期以来主要致力于现代西方哲学和中西哲学比较研究，像康德、现象学、维特根斯坦、阿佩尔、哈贝马斯等都曾经是您

在某个阶段的主要研究对象。随着现当代西方哲学研究视域的深入展开，您在中国古代哲学研究方面，撰写了数十篇中西哲学比较研究论文及多部专著。在阅读您的这些研究论著的时候，我形成了一个总体性的，当然也可能是一个感性的体会，就是您多年所从事的哲学研究似乎一直有着一些“一以贯之”的，或者说是具有“家族相似性”的学术视域和价值关怀，比如对“主体间性”“交往理性”“日常语言”“内在超越”“生活世界”“文明对话”等问题的兴趣和关注。在中西哲学比较研究方面，您一直坚信中西哲学之间的关系是一种相反相成的对话互生关系，并力图在现当代语境中重新发现和理解中国传统文化的真义。如果这样一种概括是合理的话，那么能不能说您现在对中国古代身体哲学的思考和研究实质上是您一贯以来的致思路向的一种继续和深化？

张再林（以下简称“张”）：我同意你的这一说法。我的治学之路是经过这样几个过程，从最开始关注康德哲学，尔后转向对存在主义哲学研究，并且通过对存在主义更深层次的理论基础的追思，使我开始走向了现象学研究。在我看来，现象学实质上是一种彻底的经验主义哲学，要真正实现这一哲学使命，我们就必须要回到“生活世界”，也就不可避免地回到与他人共在的“主体间性”，从一种“默默独语”回到一种与“他者”亲密交往的“对话主义”关系当中。因此，从某种意义上来说，现象学运动的出现，为格格不入的中西方哲学、文化走向对话和理解提供了可能性。另一方面，就中国古代哲学研究而言，正如伽达默尔的哲学解释学理论已经清楚地昭示出的那样，谁也没法回到那种具有“原教旨”色彩的中国古代哲学自身了。因此，我们应该以一种现代解释学的态度，提倡中西方哲学的平等对话交流。在此基础上，我开始试图通过对现象学方法的运用，从一种“他者”眼光出发，使得中国古代哲学中的“身体”概念得以澄清，恢复了身体在中国传统文化和传统哲学中的地位，从某种意义上来说，也使得中国古代哲学恢复了迥异于西方传统哲学的独特文化身份。

李：有鉴于此，请张老师具体谈一谈您为什么要研究中国古代身体哲学？以便我们更清楚地了解它在中国古代哲学的研究上所具有的意义。

张：之所以我转向了对中国古代身体哲学的关注和研究，最主要的原因在于中国古代哲学研究需要一种“范式”的转换。“范式”这一概念是由库恩提出来的，是指人类思维或者人类文化的一种根本模式，并且按照库恩的说法，“范式”还具有不可通约性的特点，也就是说不同时代的“范式”之间是不可通约的，这也意味着不同时代有着完全不同的思维模式和文化模式。正像在科学史上，牛顿的经典力学范式被爱因斯坦的新范式所替代，从而标志着人类进入了一个全新的科学研究时期一样，当代人类哲学也正处于这样一个“范式”的转型期，即从现代主义向后现代主义转型，具体来说就是从形而上转向形而下，从思辨世界转向生活世界，从意识哲学转向身体哲学的转型。与此同时，我们也应该注意到，与这种人类哲学的“范式”转型相比，中国古代哲学的研究在这方面仍然处于一种滞后的状态，在某种意义上说，目前中国古代哲学的研究，更多体现为一种现代主义的思维模式。就国内的中国古代哲学研究现状来说，特别是在新中国成立以后，一批著名的学者以一种新的理论框架和方法治中国古代哲学，并形成了一大批优秀的理论文化成果。但是，这种研究模式倾向于将一种简单心物二元论作为中国古代哲学的根本解释原则和主要发展线索，使中国哲学史成了一部唯物与唯心两军对垒的历史。故此，这种研究模式就其本质来说其实是一种西化的模式，或者说有着一种用西方知识论框架图解中国古代哲学的嫌疑，说到底仍然是一种现代主义的研究模式。这种做法的弊病学界已看得比较清楚。但是这样一种现代主义的思维习惯却并没有得到彻底的反思，因而在当今学界还可以时常窥其影形。不仅国内的研究深受现代主义思维范式的影响，而且“海外新儒家”的研究也不例外。“海外新儒家”对中国古代哲学研究的一个突出特点是，用传统西方哲学的模式来解读中国古代哲学，例如冯友兰以新实在论、贺麟以新黑格尔主义、唐君毅以黑格尔哲学治中国古代哲学。特别是作为“新儒家”的集大成者牟宗三之所以能够成为现代“新儒家”的中坚，就在于他将宋明理学与康德哲学进行了富有成效的对话，以此开拓出了中国哲学发展的新境界。牟宗三通过康德哲学来研究中国古代哲学固然是其所长，但是我们也应注意到，康德哲学实际上就是一种现代主义的哲学，康德哲学的这种模式依然是现代主义的思维模式。实际上，不仅牟宗三不能摆脱这种现代主义思维的影响，甚至于在当代被人们广为关注的当代“新儒家”代表人物杜维明身上也没有完全摆脱这种模式的影响。比如早些年杜维明以研究王阳明的哲学见长，他对王阳明的哲学解读虽然有很多独到的东西，但是我觉得基本上他把王阳明的哲学理解成了一种主体性的哲学。这种主体性哲学实际上仍未摆脱一种典型的现代主义的解读模式。尽管近些年来，杜维明思想有了很大变化，他对中国古代哲学的研究自觉地吸收了后现代主义的思想资源，比如他更关注多元核心价值的文明对话问题，对启蒙主义进行时代反思，并提出了全新的人类文化的核心概念，用这些新的核心概念取代自西方启蒙时代以来的旧的核心概念以及由此建立起来的整个现代社会价值体系。他认为现代主义的这些概念已经不适应人类新的发展趋势，应该创造新型的人类核心概念。我认为他的这种新的核心概念的提出，实际上体现了一种从现代主义走向后现代主义的致思取向。虽然杜维明已经具备了一种后现代主义的眼光，并且用这种新型的后现代眼光来研究中国古代哲学，但是他的研究仍然没有上升到一种“范式”的自觉，仍然没有清醒地认识到现代主义的思维范式和后现代主义的思维范式之间的根本区别。

因此，无论在国内还是在海外对中国古代哲学研究所存在的问题，都表明了我们对中国古代哲学研究依然没有上升到一种“范式”自觉的高度，我们的研究依然需要一种“范式”的转换。如果没有这种“范式”的转换，将必然导致两个方面的问题：一个方面是导致远离中国哲学自身的精神，也就是说以西方传统哲学概念作为中国古代哲学的主要解释原则，必然遮蔽了中国古代哲学的丰富性和多样性，限制了对中国古代哲学的开放性理解，从而在很大程度上曲解了中国传统思想，埋没了中国传统思想中真正独特和固有的东西。具体来说，如果没有这种“范式”的转换，那么旧有的研究范式就无法解释中国哲学本身所固有的特点，比如说中国古代哲学对身体、对两性（阴阳）、对家庭、对血缘、对亲情、对情感、对和谐、对时间，对历史等这些东西的强调和关注。特别是情感问题，中国古代哲学无疑是一种“重情”的哲学，但是用西方的现代主义模式来解读，将无论如何都参不透中国古代哲学讲的这个“情”应该是什么。其结果是，这种现代主义的“范式”

不仅造成了对中国古代哲学基本精神的误读，同时也会对中国古代哲学缺乏一种真正的深入了解，从而最终导致了中国古代哲学本身所谓“合法性”的危机。这是因为中国古代哲学关注的是身体、家庭、血缘、亲情等这样一些东西，而这些东西从来没有严格地、或者正式地进入到传统西方哲学的视野当中，但是我们人类哲学一般是以西方哲学为其坐标的，所以这就导致一系列非常突出和棘手的问题和质疑，比如“中国古代哲学存在不存在?”“中国古代哲学有没有它的合法性?”等。因此，之所以中国古代哲学的“合法性”问题成为近年来国内学界讨论的一个焦点，其根本原因就在于，一些学者用一种现代主义的模式来解读中国古代哲学，以削中国古代哲学之足适传统西方哲学之履。另一方面，如果没有“范式”的转型，它也将会导致中国古代哲学研究与时代精神脱节，使中国古代哲学的研究不能反映时代的精神。也就是说，当人类哲学向“生活世界”回归的时候，中国古代哲学的研究者还在“津津乐道”地谈论着所谓形上的思辨哲学。进而，当人类哲学已经从现代主义走向后现代主义之际，中国古代哲学研究却依然不失为一种现代主义的中国版，中国古代哲学依然笼罩在西方哲学宏大叙事之中。这一切使我们对中国古代哲学的研究脱离了时代精神，不能体现时代发展最新的趋势和需要。在我看来，对中国古代身体哲学的研究不仅是出于忠实于中国古代哲学本来面目的需要，而且也是顺应人类哲学发展潮流的一种需要，所以研究中国古代的身体哲学是势在必行的。

李：刚才您的这番谈话，给我带来了很多启发。比如由这种现代主义的研究范式去解读中国古代哲学，那么必将带来所谓的中国古代哲学的“合法性”问题的争论，并且也必将使对中国古代哲学的研究脱离开我们的时代语境和时代精神。众所周知，全球化是当今中国古代哲学研究必须面对的现实，也是今后发展必须依赖的基础。伴随强势文明的向外输出，20世纪以来西方哲学在中国所形成的话语霸权对中国哲学来说几近于一次清洗，乃至使中国传统文化的根基遭受了前所未有的动摇和破坏，而变得摇摇欲坠。夹裹着西方文化传统以及生产模式的全球化，其自身无疑在当今时代获得了前所未有的趋同性、不可抗拒性和普遍性。正是基于西方文化、哲学对中国传统文化的主宰、重塑及话语压迫，以及衍生出来的诸多现实痼疾，必然导致了中国传统文化的反弹，甚至出现了传统文化复兴的迹象，像“读经运动”“儒教问题争论”“于丹现象”及各种祭祀活动的推出无不是这一趋势的佐证。与此同时，当今中国哲学界也对这样一种复兴儒家文化热潮做出了反应，比如主张中国哲学的自主性和地方性，引发了关于“中国哲学合法性”“重写中国哲学”的讨论。在我看来，在这场中国传统文化自我意识觉醒的运动中，其实也不乏一些优秀的思想成果产生，也出现了一批试图以能够建构一种由民族语言叙述的中国哲学学者，像海外的杜维明，国内的张祥龙，还有作为青年学者代表的柯小刚等人。不过，正像您刚才所讲的，在这场充满热情的文化复兴运动中，我们不得不遭遇到这样一个棘手的问题，亦即：在当代的现实境遇中，我们对中国传统文化以及传统哲学应该如何解读。因为，从现状来看，以吸收西方哲学的概念和构思，实现中国哲学的理性化、系统化、知识化的倾向在我们中国古代哲学研究活动中依然有着很大市场，以至于我们时常可以看到一些诸如对中国古代哲学中的“仁”“礼”“心”等范畴进行一种西式的抽象概念分析的文章出现在报刊当中。这种脱离于语境的语义学式的概念分析实质上就是您所说的现代主义的研究范式。在我看来，这种把中国古代哲学形而上学化的倾向，将会最终使得中国古代哲学这样一门“身家性命”之学成为一门干瘪枯燥、故作高深的知识之学，正如研究《论语》的日本学者涩泽荣一所说：“我敢断定《论语》并不是一种深奥的学问，它原来是为众生所写的，是浅显易懂的。只因后来的学者故弄玄虚，把它解释得很深奥，反使它变得困难罢了。”所以，我同意您的一个重要观点，就是在对中国古代哲学研究时，需要自觉地完成一种研究范式的转型，即从现代模式到后现代模式，从形而上到形而下，从思辨世界到生活世界。

二、中国古代身体哲学的内容特征

李：上面您提到了一种中国古代身体哲学，并认为这种作为身体哲学的中国古代哲学是区别于西方传统哲学的一种人类独特的思想形态和思想资源。因此，您提出对中国古代哲学的研究，应该从身体性的维度出发，去理解中国古代哲学，由此而完成一种“范式”的转型。那么请您给我们具体谈一谈身体哲学的内容特征。

张：你刚才的补充很好，让身体哲学的推出有了一个更加丰富的时代背景。对于你所提出的第二个问题，我认为也是很关键的。我所谓的中国古代身体哲学的内容特征是什么？我首先需要申明一下，身体哲学所关注的身体并不是完全常识意义上的身体，而是中国古代哲学家心目中的一种身体，这种身体在我看来，是经过现象学还原的、现象学意义上的身体，所以说它是一种具有本体论意义的一种身体。既然是一种本体论意义上的身体，这就决定了我们所关注的身体是一种最具有始源性地位的身体，我把它称作是一种“亲身性”的身体，另一方面，它又是一种至大无外的身体，乃至整个世界、宇宙都可以被看作是身体的放大和再现，从而它也是一种彻底经验主义的身体。这种彻底经验主义的身体决定了这种身体是一种最内在的身体，与此同时，它的内在性又是通过它的外在性才能得以体现，正因为如此，中国古代哲学才主要致力于解决的是何以“挺身于世界”这一立身行道的躬行论问题，是作为一种从“身”出发去体验世界和践履人生的学问。

李：对于“现象学意义上的身体”这一点，我比较感兴趣。前段时间，我对法国现象学家梅洛—庞蒂的思想很感兴趣。梅洛—庞蒂在西方哲学史上第一次破天荒地宣称：“世界的问题，可以始于身体的问题。”对梅洛—庞蒂而言，这里的身体已不是柏拉图、笛卡尔等传统西方哲学家眼中的处于心灵/肉体、精神/物质对立二分关系中的身体，也不是作为尼采非理性主义哲学意义上的封闭的、原初的、不动的，另一套意识哲学体系中的阿基米德点的身体，而是一种消解心灵/肉体相互对立，作为意义的“纽结”和“意义的发生场”，“与世界共在”的，不断生成的，在时间中展开的“身体场”。所以，我想梅洛—庞蒂的现象学意义上的身体和您所提出的中国古代哲学中身体性应该有着相似性的。

张：是这样的。梅洛—庞蒂的身体现象学对我对中国古代哲学身体性问题的发现是起到一定的启发作用的，或者说是为我提供了这样一个全新的视角去重新解读中国古代哲学。不过，我需要强调的是，虽然梅洛—庞蒂的身体现象学的提出，使现象学运动达到了一个前所未有的高度。但是不可否认的是，梅洛—庞蒂的这项工作做得并不是完全彻底的，其或多或少还没有摆脱西方传统哲学的阴影，他对身体的生命发生机制缺乏深入的认识。因此，梅洛—庞蒂对身体的把握没有中国古代哲学那样的直截了当、鞭辟入里。相形之下，原本意义上的中国古代哲学一开始就是一种旗帜鲜明的身体哲学。

这种所谓的身体哲学，我认为它是一种完全不同于西方意识哲学的、具有全新“范式”的哲学。该区别即：如果说传统西方哲学是一种以意识为其根本的哲学，是一种意识本体论的哲学的话，那么与之迥异，中国古代哲学则为一种以身体为其根本的哲学，是一种身体本体论的哲学。不是“意识”而是“身体”始终被置于中国哲人关注的中心，不是“我思故我在”而是“安身方可立命”应被视为中国古代哲学的堪称纲领性的结论。具体来说，这种区别最显著的表现在它们的哲学对象上，如果说传统西方哲学是以意识、范畴、宇宙为研究对象的话，那么中国古代哲学则是以身体、两性、家庭或家族为研究对象的，所以身体、两性、家庭或家族就成为一组别具一格式的中国古代哲学的范畴。这些范畴可以说体现在中国古代哲学的所有领域，比如说体现在宇宙论、伦理学、宗教观，乃至中国哲学整个的发展历史过程当中。对于这一点可能需要稍作展开说明，比如在中国古代哲学的宇宙论上，发轫于古老《易经》的中国古代哲学的宇宙论，在我看来，其实质就是一种根于身体的宇宙论学说。中国古代哲学的宇宙论不是西方意识哲学眼中的所谓的“存有论”的宇宙论，而是身体性的宇宙论，这就意味着在中国古人那里，宇宙是以人的身体为坐标而展开的，也就是说中国古代哲学的宇宙论以一种借用显体的方式把整个宇宙视作是人身体的化身。由此，中国古代的这种根身宇宙论通过一种身体的发生学把男女交感视作是宇宙的“原发生命机制”，以对生命何以可能的解答作为宇宙何以可能的根本解答。同时，这种根身宇宙论还以一种机体主义的视阈来理解作为宇宙之道的“时”的概念，将“时”看作是一种有着周而复始、终中有始的生命时间，而非一种西方物理学意义上的线性发展的时间；再如，在中国古代的伦理观上，发端于周礼的原初意义上的中国古代伦理学，一方面与西方传统的唯识主义的伦理学有着本质上的不同，另一方面也和那些宋明之际理学化和心学化的中国伦理学相异。在我看来，中国古代伦理学实为一种根于身体、从身体推衍出社会人伦的伦理学学说，或者可以说，身体是中国古代伦理学的阿基米德点。这种身体性的伦理学不仅以一种现象学还原的方式把身体视为社会伦理的起点，还由此通过一种身体发生学的追溯把身体的语言视为伦理的语言，以至于将充盈着对话主义精神的“夫妇伦理”视为人类伦理的原型和典范。值得我们注意的是，这种根于身体的中国古代伦理学通过以行训身，进而对一种躬行主义的伦理生活推崇备至，这也成了中国伦理学区别于西方伦理学的最为显著的特征之一；在中国古代的宗教观上，很多学者普遍认同这样一个观点，即西方传统宗教是一种追求外在超越性的宗教，而普世意义上的中国古代宗教则是一种内在超越性宗教。在这里，我想强调的是，这种所谓的超越的内在性并非是一种指向心灵的内在，而是一种回归于身体的内在。我们大致可从三个方面来理解：其一，中国古代宗教性发端于对于人自身的身体及该身体的切身的体验。对中国古人而言，对身体的崇拜同时也就意味着对神圣本身的崇拜，因此，中国古代宗教是一种真正内在于生命和生活中身体性宗教；其二，中国古代“感生崇拜”的宗教将“神人交感”还原为彻底身体性的“男女交感”，实现了远古原始神话向古代文明宗教的转变；其三，中国古代宗教基于对世代生成的生命本身神圣性的发现，而将作为该感生过程的“时”理解为前后相续、生死相衔的有机整体，并为每一个人指示出了步入人生的内在超越的现实可行的途径。因此，可以说，中国古代哲学不仅以身体建构世界图式，从身体推出社会伦理，而且通过对身体的无上尊崇，在一种生生不已的生命过程中企求精神的超越。

尽管在宋明时期，由于佛学的盛行，心识的觉醒，导致作为一种意识哲学的程朱理学的兴盛与阳明心学的大行其道，从某种意义上来讲，宋明理学对我所说的身体哲学是有所背离的，但我认为宋明理学的出现仅仅是中国古代哲学中的一个插曲，或者说是中国古代哲学发展中的大型插曲，一个必然的大型插曲。然而，宋明理学对身体的背离并不是意味着它彻底消解了中国古代哲学当中的身体性，而是最终导致了以一种否定之否定的方式，中国古代的身体哲学在明清之际重新崛起和回归。我们看到，随着泰州学派“明哲保身”的推出，以及王夫之“即身而道在”、顾炎武的“古有学道，不闻学心”，到颜习斋的“形既不践，性何由全”、戴东原的“人伦日用，身之所行”等理论的闪亮出场，身体再次挺立于中国古代哲学舞台的核心。因此，中国古代哲学史“一而立，再而反，三而如初”的过程以经史统一的方式再次表明，中国古代哲学的“天地之心”、中国古代哲学的“事物本身”不是思维的“意识”而是行为的“身体”。

我刚才讲到的身体、两性、家庭等这些范畴不仅体现在我所说的宇宙论、伦理学、宗教观，而且还普遍地涉及中国古代哲学的几乎所有领域，比如说在认识论里面，中国古人强调的是“体知”，而不是“认知”，或者“思知”；再比如说在政治哲学里面，中国古代政治哲学是基于身体，突出血缘、亲情的政治哲学，而完全异于西方的那种基于意识，突出理性和法制的政治哲学，如此等等领域，都无不打上了身体的深深烙印。

这是从哲学对象上来说，另外从哲学方法来说，不同的世界观决定了不同的方法论，这一点对于中西哲学来说也是成立的：如果说西方哲学它是以分析主义和整体主义为方法论的话，那么中国哲学则是以一种回归身体的、更为原生态的方法作为它的方法论。这种方法，我把它称为是一种系谱学的方法，也就是家系学的方法。我最近写的两篇文章《中国古代家的哲学论纲》《系谱学与周易史观》实际上都对这种方法做了较为详细的论述。总之，无论从哲学的对象还是哲学的方法上来说，我所谓的中国古代身体哲学都体现了和西方意识哲学巨大的差异。因此，身体性作为中国古代哲学之为中国古代哲学的核心规定，其已驾一驭万地统摄了中国古代哲学中的所有论域和原则，舍此我们就不知道什么是真正意义上的中国古代哲学，舍此我们就无从把中国古代哲学和其他哲学加以严格的区别。

三、中国古代身体哲学研究面临的问题与挑战

李：中国古代身体哲学是您近年来初辟的学术研究领域，

我想这也说明了您的这一研究仍然处于形成和发展阶段，有待进一步的深化。因此，您在思考和研究中国古代身体哲学的过程当中，遇到了哪些问题和挑战呢？

张：这是一个我非常感兴趣的问题。中国古代身体哲学面临的问题和挑战当然是很多的。我觉得首先面临的责难，是将身体哲学完全视为一种非理性主义的哲学。有些人认为，既然身体哲学是一种基于身体的哲学，那么这种基于身体的哲学又如何能够上升为理论，上升为概念？如果不能上升为理论，上升为概念，我们又如何能够谈所谓的身体哲学？这大概是对身体哲学最为普遍的质疑。对这个问题的回答是，通过对《周易》的研究，我发现中国古代哲学实际上是通过一种身体的语言建构自己的理论。什么是身体语言呢？就是基于身体及其男女两性的生命本身的对话，这种对话在我看来，实际是具有自组、自调、自稳性质的一种自组织活动。这种自组织的活动是既解构、又建构的，它即生生、又循环，从而它自身既无“可循之序”，又呈现为“大成之序”（王夫之语）。因此，谈身体并不意味着导致一种非理性主义哲学的出现，而是意味着一种更为开放的，全新的理性秩序的建立，也就是说一种有别于独白型理性的、交往型理性的建立。青年马克思在《手稿》中讲过“感觉可以成为理论家”，我想这一点在身体哲学中得到了最好的体现。

面临的第二个责难，是身体哲学如何实现下学上达。也就是说身体是形而下的东西，它如何能够通向哲学所独具的精神超越？如果它不能走向精神超越的话，那么它就不能称其为一种哲学，因为哲学总是和生命的终极关怀、终极追求联系在一起的。对这个问题我的理解是，中国古代哲学的身体实际上是一种基于男女两性不断生成的身体，也就是说是世代生成的，一种族类化的身体，因此个体肉体的死亡，并不意味着其生命的终结，而意味着恰恰只有回归身体，我们才能从个体走向族类，我们才能实现其生命的超越。所以，中国古代的这种内在超越并非是一种内在于意识的超越（就像海外新儒家对宋明理学所解读的那样，他们认为内在超越实质上是一种内在于心的超越、内在于意识的超越），而是一种内在于身体、内在于生命的超越。故我认为中国古人讲“下学上达”，实际上是讲下于自己的身体，才可以上达，而不是下于自己的意识，才可以上达。这种对中国古代身体超越性的理解，在黑尔德《世界现象学》一书中有很好的论述，他谈到了西方式的超越和东方式的超越的区别，一种是通过终极性的理性的探索来实现自己的超越，一种使通过“世代生成”来实现自己的超越。我们看到，正是基于这种内在于生命中的超越，使得中国古代哲学不仅注重生命血缘的薪火相传，而且注重历史，强调经史合一，实际上中国古代哲学是“以史为归”的，也就是说，中国古人正是通过历史的生生不已寻求自己的精神寄托。

面临的第三个问题，是怎么处理好身体哲学与意识哲学的关系。这个问题实际上是研究中国古代身体哲学不能回避的一个重要问题。我认为就像西方哲学是一种偏执的哲学一样，中国古代身体哲学也有一种所谓的“原始的圆满”的不足。伴随着人类哲学回归“生活世界”而出现的这种“身体哲学转向”，虽然体现了一种新的时代精神，但这并不意味着我们可以忽视和抛弃意识哲学这样一个哲学维度，而是意味着意识哲学要以身体哲学为基础，意识哲学要植根于身体这一鲜活的生命之中。故此，这将意味着一种真正健全的身体哲学的建立，不能回避当代人类身处的现实的语用和语境，不能回避与现代主义之间视域交融。也就是说，一方面，我们要批判和消解生活世界被现代主义的殖民化，另一方面，我们又要在现代主义和后现代主义之间进行建设性的对话。也许只有这样，我们才能建立起一种更具历史感的，更具时代感的身体哲学，才能建立一种植根于一种古老的土壤，又焕发出新的青春的身体哲学，否则的话，这种充满生命活力的身体哲学就会背离它原来的初衷，成为中国文化“原教旨主义”的庇护所，或者成为一种以新面目出现的“独自”哲学，而非对话哲学。身体哲学面临的问题和挑战是很多的，我把它主要概括为以上这三点。无论身体哲学面临多大的挑战，我觉得身体哲学研究都是势在必行的，它代表了中国哲学时代发展的需要。

四、其　他

李：我注意到近年来学术界关于身体问题的讨论和研究好像在逐渐地升温。就国外学术界来说，身体论域的展开，得益于尼采、梅洛—庞蒂、福柯、德勒兹等人。特别是福柯深入阐释了围绕在身体（肉体）周围的生命政治权力，把医学、精神病学、犯罪的惩罚等与身体有关的权力运作机制揭示得淋漓尽致，这样一个思路已辐射到了包括社会学、医学、美学、历史学等在内的思想领域的方方面面。就国内学界而言，像汪民安、谢有顺、葛红兵等人多从文艺理论的角度来对身体问题进行了研究。周瑾则从不同文化视域出发，对身体问题从事了一种梳理的尝试。哲学界对身体的关注，部分始于现象学身体观，诸如浙江大学庞学铨、杨大春，复旦大学张庆熊，中山大学陈立胜等人，侧重于从西方传统哲学、现象学、宗教学等角度阐述身体在哲学史中的发展轨迹。关于中国哲学身体问题的研究，日本学者汤浅泰雄等人最早触及，西方汉学家吴光明、安乐哲等分别从思维、权力话语多角度对中国哲学中的身体作了解读，台湾学者杨儒宾、黄俊杰、黄金麟对中国身体观从历史的角度进行了梳理。因此，请您谈谈对这种现象的看法及您的身体哲学研究和其他学者对身体问题的研究之间的区别。

张：是这样的。我认为，导致这种身体哲学热的现象的原因是复杂的，比如现代性危机、西风东渐及学界对中国传统文化的自觉反省等。不过我想一个更为主要的原因可能也就是我在上面已经提及的，即当代人类哲学的研究范式正处于一种转型时期。大家都在试图寻找一种消泯思辨哲学困境的新的哲学视角和叙述语言，因此，身体性问题才逐渐地从“遮蔽”走向“澄明”，才成为当下人们关注的一个热点问题。在这里，我想简略谈一下，我的身体哲学研究和国内外其他学者对中国古代身体问题研究的区别。比如，西方汉学家吴光明在 On Chinese Body Thinking：A Cultural Hermeneutics 一书中提出了“身体思维”概念，认为中国思想是一种异于西方抽象思维的具体性的“身体思维”；再比如黄俊杰在《东亚儒家思想传统中的四种“身体”：类型与议题》一文中，提出了中国儒家思想中四种身体：作为政治权力展现场所的身体、作为社会规范展现场所的身体、作为精神修养展现场所的身体及作为隐喻的身体；还有比如杨儒宾主编的《中国古代思想史中的气论与身体观》、陈立胜的《王阳明思想中的“身体隐喻”》等相关论著，应该说，这些论著对于我们重新认知中国古代哲学，无疑具有重要而积极的理论与现实意义。但是，我所进行的中国古代身体哲学研究，是从现象学视域出发，对中国古代哲学的身体进行了一种根本的和全方位的观照。如果需要一个哲学定位的话，我所体悟到的中国古代哲学中的身体，是一种作为哲学本体的身体，也是一种现象学意义上的身体。也就是说，在中国古代哲学中，身体体现了我与非我、灵魂与肉体、内在世界与外在世界的"混然中处"的原始统一。"身体"不仅是"七尺之躯"，而是作为"无我之我"而"形色天性"地与无限宇宙整体联系在一起。这样，身体不仅仅局限在形而下的"形—气—心"层面，而是作为一种现象学意义上的非实体化的"潜在的身体"，也即"可能活动的身体"，因而通过"下学上达"的途径，其可以展现出形而上的无限超越性。可以说，近年来我所公开发表的关于中国哲学身体性的几篇文章，事实上都是从不同维度来论述身体何以能成为"作为哲学本体的身体"这样一个问题。

李：将身体作为一种"本体论意义"上的身体，或者正如您前面所讲，将身体哲学看作是当代哲学范式转型的一种表征，我想这应该是您所研究的身体哲学的最大特点吧！黄俊杰曾担心，所谓"身体观"，实源出于西学；其所提倡"具有中国文化特色之特殊议题"的身体观，可说仍是一种西方宰制下的"反射的东方主义"，因此，中国思想史中"身体观"研究的新视野，也许仍不能免于西方人文研究的"霸权"论述。您是怎么看待这一问题的？

张：我认为，在研究中国古代身体哲学的时候，提倡一种"对话主义"是十分必要也是很有可能的。这种"对话主义"需要在中西身体视角之间进行对话、在中国身体性问题不同研究向度之间进行对话。也许这种“对话主义”还有着更深一层的意味，也即希望通过对中国古代文化思想中别具一格的思想资源的重新发现，与西方传统进行一种有效的对话，去进一步消解一种话语的独白与霸权，就目前而言，尤其是消解意识哲学话语的独白与霸权。以至于可以说，西方哲学与中国古代哲学的“对话”，不但揭示出了中西方哲学的相似之处，又澄明了中西方哲学的各自所具有的独特文化气质。在这样一种文化“对话”中，中西方哲学已不是服从于“此消彼长”“非此即彼”的“论争逻辑”，而是体现为一种“你中有我，我中有你”的相融和认同。这里特别补充的一点，在中国古代哲学中，身体的男女之性是作为宇宙的“原发生命机制”而加以揭示的，这使其成为生命活动得以构成、得以发生的一种纯粹的“权能场有”，一种纯粹的“关系”。它是一种既相对而又相关的关系，既差异而又同一的关系。在这种“身体辩证法”里，不仅我与非我、主体与客体、能动与受动等区分已失去了其意义，而且随之一种父子型、权力型的“主谓逻辑”也已完全让位于一种伙伴型、交流型的“问答逻辑”。从这个意义上来说，身体哲学从一开始就是以一种消解“以一驭万”的独白话语的姿态而出现的。因此，实际上身体已成为连接中西哲学的桥梁与中介，通过身体解读中西哲学，不仅不会导致西学的话语霸权，而且还使中西哲学的互补互根成为真正的理论可能，也为我们步出当代人类哲学困境开拓了一条希望之径。

李：确实正如您所说的，这种意识哲学话语的独白，或者说是一种形而上学的“独断论”，在当代依然大行其道。与此同时，它又不仅仅是一个理论问题，同时，也是目前一个最大、最真的现实问题。在我看来，身体以及围绕身体展开的各种话题之所以在现当代社会中不断被提及和讨论，与我们所面对的现实社会语境有着密不可分的关系，正像霍克海默、阿多诺在《启蒙辩证法》中讲：“对身体的爱憎，影响到了一切现代文化。”身体的各个部分都记录着历史发展的痕迹，身体就是“文本”、是文化符号、是象征语言，因此，透过身体，我们可以揭示出“现代性”的一切。正因为如此，身体（与之相联系的快感、性、欲望、健康等修辞）成了众多现当代哲学家用以透析现代社会的最主要理论武器，例如西方马克思主义者奇泽克、杰姆逊、鲍德里亚、布尔的厄，以及德勒兹、阿尔托等都把身体视为资本主义颠覆性的破坏力量之所在。那么，您所提出的身体哲学有类似的现实观照吗？

张：这个问题也是我一直都在思考的问题。我想身体哲学的提出，将会从身体视域出发，为解决现代性危机提供一种新的可能性。在我看来，当今人类最深重的和原发性的危机，不是经济和政治的危机，而是日隆的男性权力话语和与之相伴的愈演愈烈的克隆自然所导致的生命学危机。事实上，这些危机的出现都与一种“以身为殉”价值取向、“以一驭万”的独白话语有着直接和根本的关联。

正像你刚才所提到的那样，随着世界市场的彻底化、消费社会的普遍化，一种恰如《帝国——全球化的政治秩序》一书的作者所言的“资本主义逻辑全球化”的时代已经来临，从而这一切构成了我们每一个人都无法逃遁的最真、最大的现实社会语境。当这种看起来无往不胜的资本主义生产逻辑摧毁了我们曾经所拥有的一切纯真、美好、高贵和神圣的东西之后，作为人类生命、生活真正根基和开端的身体就成为其最后一个战胜的目标，正像萧武在《身体政治的乌托邦》一文中所言“工业产品作为资本的衍生物，它对身体的同质化、标准化的完成标志着资本对人类生活的侵略的最后完成”。在我看来，正是这种资本主义生产逻辑的全球化，导致了一种普遍主义的、工具理性的“独白”文化的产生，而身体则在此过程中不断被抽象化、工具化、对象化、符号化、商品化，以至于曾经充盈着鲜活生命意义的身体被压榨为一具毫无生气的行尸走肉。也正是在这个意义上，我认为这种不断“祛身化”的资本主义的生产逻辑将会最终蜕变成为一种彻底的“反生命”的毁灭性力量，同时也正是因为这种“反生命”的本质而注定其必将走向灭亡。因此，一种全新的身体哲学的出现不仅意味着从根本上改变现代人的致思取向，对德留兹所谓的资本主义生产逻辑得以成立的“生命学基础”进行反思，同时也是对以“以身为殉”为取向的现代主义发动的一场至为彻底的批判。并以此为基础，将对当代人类社会生活的安身立命之基从事历史性再建，为我们向一种更为彻底更为根本的“生活世界”的回归提供了坚实的铺垫。

附录一：中国哲学身体观研究的三个向度[①]

燕连福[②]

近年来国内外学术界关于中国哲学身体观的研究，综述性文章主要有三篇：先有中国台湾学者黄俊杰所著《中国思想史中“身体观”研究的新视野》，后有大陆周与沉《中国身体观研究述评》，再有大陆李清良《中国身体观与中国问题——兼评周与沉身体：思想与修行》。观此三文，黄文展现了学者对中国传统哲学中“身体”的三种定位，即：作为思维方法的“身体”、作为精神修养之呈现的身体、作为政治权力展现场

---

① 本文原载于《哲学动态》2007 年第 11 期。

② 燕连福（1976 ~ ），男，汉族，甘肃甘谷人，西安交通大学人文学院思想政治教育研究所讲师，西安交通大学哲学系在职博士生，研究方向：马克思主义与中西哲学比较。

所的身体。[①] 周文从比较文化、医学、道德、政治四个角度对中国身体观研究进行了概括。[②] 而李文则提到了中国身体观问题化过程的四个阶段：西方学界对身体问题的最早关注、日本学界首先将中国身体观纳入研究视野、中国台湾学界与西方汉学界的深入探讨，以及中国大陆学界接受西方、日本与中国台湾学者的影响而反思中国当代身体观的建设。[③] 这对学术界关于中国哲学中身体观问题的研究现状，提供了一个较为清晰的图谱。但对于中国哲学身体观研究的内在理路和最新成果，研究还鲜有涉及，分析还略显不足（比如近年来西安交通大学张再林教授、中山大学陈立胜等，在中国哲学身体观方面有大量深入独到的研究）。基于此，本文将具体讨论中国哲学身体观研究升温的学理背景，目前对中国哲学身体观研究的几个向度，以及中国哲学身体观研究的发展前景问题。

一、西风东渐下中国哲学身体观研究的出场

中国哲学身体观研究的升温，首先是对现代性的反思使然。不言而喻，现代性是源于西方的，而现代化就是使现代性的某些方面制度化的进程。至于现代性的内涵，根据美国学者郝大维与安乐哲的《先贤的民主》中的研究，技术理性、权利民主、

---

① 黄俊杰：《中国思想史中“身体观”研究的新视野》，《现代哲学》2002 年第 3 期。

② 周与沉：《身体：思想与修行：以中国经典为中心的跨文化观照》，北京：中国社会科学出版社，2005 年，第 22 ~ 51 页。

③ 李清良：《中国身体观与中国问题——兼评周与沉身体：思想与修行》，《哲学动态》2006 年第 5 期。

自由企业资本主义是其主要特征，自我意识、自我确证、自我满足、自我表述是其另外一种表现形式。① 毋庸讳言，现代性思维对西方社会的发展，起到了巨大的推进作用，追求现代化，成为包括中国在内的亚洲国家一个重要目标。但是，现代性或许是一匹特洛伊木马，里面隐藏的东西可能会撕碎我们寻求发展的真诚渴望。现代性的危机，成为我们急需面对亟待解决的一个重要问题。这种危机的真正所在，就是由于现代性对意识、对理性的过分倚重所导致的“以身为殉”的价值取向，“以一驭万”的独自思维及“无家可归”的生活状态。相对于“意识”的抽象性、独白性、共时性特点，“身体”恰恰具有具体性、对话性与历时性的特点，这对反思现代性的危机，无疑提供了一个崭新的切入点。包含丰富身体思想的中国哲学，成为中西哲学家反思现代性并克服其危机的一项重要资源。

中国哲学身体观研究的升温，还有西风东渐的影响。在一定意义上可以说，一部哲学史，就是一部身体与意识互生互补的对话史。但是，对身体在哲学中的重要地位，却往往得不到应有的重视。在西方哲学史上，从古希腊的柏拉图、中世纪的保罗、近代的笛卡尔直至德国古典哲学大师黑格尔，身体作为一种求知之途、上帝之城、意识之旅和绝对理念的障碍而被哲学所排斥。但由意识哲学所导致的现代性危机使得人们不得不重新审视意识而将目光投向身体。而现象学基于对传统意识哲学的反思和纠拨，在“同归生活世界”的旗帜下，重新将身体放置到西方哲学的中心地位，为我们向一种更为彻底、更为

① ［美］郝大维、安乐哲：《先贤的民主：杜威、孔子与中国民主之希望》，南京：江苏人民出版社，2004 年，第 17 ~27 页。

根本的哲学始源的复归提供了通达的路径，同时也为我们提供了重新审视身体意向、解读中西哲学歧异与会通的崭新视域。

具体而言，现代西方哲学对身体的关注，得益于尼采、梅洛—庞蒂、福柯等人将哲学从形而上向形而下、从意识向身体的捩转。尼采振聋发聩地喊出“一切从身体出发”“以身体为准绳”的口号，肯定了身体对于求知的作用；而梅洛—庞蒂破天荒地指出，“世界的问题，从身体开始”，将身体置于了哲学本体论的地位；福柯深入阐释了围绕在身体和生命周围的政治权力，把医学、精神病学、犯罪的惩罚等与身体有关的权力运作机制揭示得淋漓尽致。梅洛—庞蒂等人的思想将哲学从天空拉向了地面，从意识拉向了身体，并辐射于包括社会学、医学、美学、历史学等在内的思想领域的方方面面。

20 世纪末期，西方学者关于身体问题的研究逐渐引起国内学者的关注。“身体写作”“身体主体”性问题，一度成为热门话题。汪民安、谢有顺、葛红兵等人多从文学艺术的角度对身体问题进行了研究。研究西方哲学的学者，诸如浙江大学庞学铨、杨大春，复旦大学张庆熊等人，分别从身体现象学、基督教哲学的肉身观等角度阐述了身体在哲学史中的发展轨迹。这对中国哲学的身体观研究，无疑具有重要的推进意义。

当然，中国哲学身体观研究的升温，更重要的是学术界对中国传统文化的自觉反省使然。中国传统文化，尤其是中国古代哲学本身就包含着极其丰富的关于身体的思想。正如张再林教授所言，与西方传统哲学以“思”出发求知世界的方式不同，中国哲学作为一种以“身”出发体会世界的学问，从其诞生之初就对身体情有独钟（见张再林《作为“身体哲学”的中国古代哲学的历史》）。在中国哲学的历史上，先秦时期是中国古代身体哲学的黄金时代，如《尚书》“慎厥身”的重身主义，《周易》“乾道成男，坤道成女”之身体宇宙论，《礼记》的“敬身为大”，《大学》的“修身齐家”等。尽管在宋明时期，随着此前佛学的盛行，而出现心识的觉醒和身体的归隐，导致作为一种意识哲学的程朱理学的兴盛与阳明心学的大行其道。但在明清时期，随着泰州学派“明哲保身”的推出，以及王夫之“即身而道在”的闪亮出场，身体再次挺立于中国哲学舞台的核心。明清之后，由于西方意识哲学的传入，中国哲学研究的重心也渐渐偏向于“意识”而非身体。

故此，应该说，在反省现代性的危机、西风东渐、知识分子对中国哲学的自觉反省等合力影响下，中国哲学的身体观问题重新进入学者研究的视域。关于中国哲学身体观的研究，日本学者汤浅泰雄等人最早触及，认为东方（包括印度、中国、日本）身体观的突出特点是“身心合一”。① 西方汉学家 Kristopher schipper、吴光明、安乐哲分别对道家身体观、庄子的身体思维、中国古典哲学的身体意义作了解读，认为中国哲学的“身体”是一种“身心互渗”的过程。② 中国台湾学者杨儒宾、黄俊杰、黄金

---

① 汤浅泰雄：《灵肉探微——神秘的东方身心观》，马超译，北京：中国友谊出版社，1990 年，第 8 页。

② 参见［荷兰］Kristopher Schipper, The Taoist Body, trans. by Koren C. Duval, Berkeley: University of California Press, 1993［original French version 1982］。

［美］吴光明：《庄子的身体思维》，杨儒宾：《中国古代思想史中的气论与身体观》，台北：巨流图书公司，1993。

［美］安乐哲（Angela Zito）：《中国古典哲学中身体的意义》，《世界哲学》2006 年第 5 期。

［美］Angela Zito and Tani E. Barlow eds., Body, Subjedt and Power in China, Chicago: Universigy of Chicago Press. 1994.

麟、蔡璧名等，分别对儒家身体观，东亚身体观、近代中国身体与政治的关系、中国医学中的身体观进行了深入梳理，其中影响最大的当数杨儒宾对儒家身体观的研究。① 大陆学者周瑾（周与沉），在中国台湾学者研究成果的基础上，从不同文化视域出发，对身体观问题有一个综合的梳理尝试。中山大学陈立胜，对王阳明的身体观有深入研究。西安交通大学张再林，一改此前学者对中国哲学身体观分宗别派、条分缕析的研究方式，以一种强烈的问题意识，从西方现象学的视域出发，在哲学本体论的角度上，采取史论结合的方式，对中国哲学身体观作了既忠于文本又推陈出新的全方位分析与研究。

二、中国哲学身体观研究的三个向度

从对身体的不同定位出发，黄俊杰把2002年以前国内外学术界关于中国传统哲学中身体问题的研究，划分为三个“新视野”（如前所述），其主要笔墨集中在日本、西方汉学家及中国台湾学者的相关研究上。而如果考虑到中国大陆在相关研究方面的最新成果，从对身体观研究的内在逻辑理路来分析的

---

① 参见杨儒宾主编：《中国古代思想史中的气论与身体观》，台北：巨流图书公司，1993年：杨儒宾：《儒家身体观》，台北：“中央研究院”中国文哲研究所筹备处，1998年；

黄俊杰：《东亚儒学史的新视野》，台北：喜玛拉雅基金会，2001年；

黄金麟：《历史、身体、国家：近代中国的身体形成（1895—1937）》。北京：新星出版社，2006年；

蔡璧名：《身体与自然——以〈黄帝内经素问〉为中心论古代思想传统中的身体观》，台北：台湾大学出版社，1997年。

话，可以说，近年来，国内外学术界关于中国传统哲学身体观问题的研究，主要有三个向度：即“作为表达主体的身体”“作为展现场所的身体”和“作为哲学本体的身体”。

1. 作为表达主体的身体

作为表达主体的身体，主要是针对西方意识哲学将意识作为主体、将身体作为客体的压制身体的思想而言。当然，现象学在把身体作为主体的问题上，作了相当努力。[①] 汉学家吴光明的“身体思维”与国内学者陈立胜关注的“身体思维范式”，则挖掘了中国哲学中身体作为主体的内涵。

正如黄俊杰所言，吴光明的《On Chinese Body Thinking：A Cultural Hermeneutics》这部书为近年来有关中国思维传统中“身体”作为思维方式揭开了一个崭新的视野。在西方哲学史上，许多哲学家理所当然地把“思维活动”当作抽象的、理论的活动。意识，被当作思维活动的主体，身体，则是这种思维活动的对象。在这样的观点下，“身体思维”无异于天方夜谭。吴光明指出，身体思维有两种表现方式：一是思维通过身体这个工具进行思考活动，此为 bodily thinking；二是身体本身在进行思维活动，是为 body thinking。相异于西方的抽象性思维，中国思想是一种具体性的“身体思维”。中山大学陈立胜

① 参见庞学铨：《身体性理论：新现象学解决身心关系的新尝试》，《浙江大学学报》2001 年第 6 期，第 5～13 页；杨大春：《肉身化主体与主观的身体——米歇尔·亨利与身体现象学》，《江海学刊》2006 年第 2 期，第 31～36 页。庞学铨推介了德国新现象学家施密茨以“身体性”理论和“身体动力学”观点论证“身体主体”的努力，杨大春则介绍了亨利以“主观的身体”“先验的身体”对“身体主体”的诠释，这对于我们反省中国哲学中的“身体主体”思想，具有重要的补充意义。

也指出，在中西方哲学中，身体成为一种思维范式，其是一种“体现的逻辑”，“体现”是瓦解精神和肉体二元性的术语，因而成为一种“范式”。①

无论是身体思维还是身体范式，其都把身体当作一种作为表达主体的身体，这对于我们重新认知中国传统哲学，发现中国哲学的身体所蕴含的丰富意义，无疑具有重要而积极的启蒙作用。近年来风靡中国文学界的“身体写作”，如果从哲学的视角看，其所认知与追求的身体，可归于“作为表达主体的身体”一类。身体写作本意是女性通过书写身体，从主体的角度抒发自己的生命体验，以摆脱男权中心文化对女性的限制和操控，创造属于自己的领域。可是由于中国现代文化发展中商业化操纵和消费主义倾向的影响，身体写作发生了变异。身体写作虽然遭受的批评比较多，但冷眼观之，这其实代表了一种将身体作为主体进行身体表达的呼声，正如西苏在《美杜莎的笑声》中所言，“妇女的身体带有一千零一个通向激情的门槛，一旦让她粉碎枷锁、摆脱监视而让她明确表达出四通八达贯穿全身的丰富含义时，就将让陈旧的一成不变的母语以多种语言发出回响。”

2. 作为展现场所的身体

黄俊杰在其新作《东亚儒家思想传统中的四种“身体”：类型与议题》② 一文中，指出东亚儒家思想传统中有四种身

---

① 陈立胜：《身体：作为一种思维范式》，《东方论坛》2002 年第 2 期，第 12～20 页。

② 黄俊杰：《东亚儒家思想传统中的四种“身体”：类型与议题》，《孔子研究》2006 年第 5 期，第 20～35 页。

体：作为政治权力展现场所的身体、作为社会规范展现场所的身体、作为精神修养展现场所的身体及作为隐喻的身体。作为政治权力展现场所的身体，包含两个意义，一是统治者的身体等同于国家，二是身体的各器官等同于政治系统中各官职。作者列举了汉儒董仲舒和朝鲜儒者李退溪的思想作例证。作为社会规范展现场所的身体，即杨儒宾所谓的“礼义身体观”，孔子和朱子是其代表。这种身体观由于被社会价值规范所彻底渗透，因而身体成为社会价值规范最具体的展现场所。作为精神修养场所的身体，这种身体是一种精神化的身体，孟子和荀子是其代表。第四种是作为隐喻的身体，作者认为，隐喻思维的发达是东亚思维传统一大特色，尤其是中国传统思想更是如此。

陈立胜在《王阳明思想中的“身体隐喻”》一文中，指出王阳明的身体概念，总是在实指与隐喻之间游走，并从血缘性的身体、知痛痒的身体、肢体活动分工的身体、应急处境下的身体、生机日完的身体、病体、舒适之身体七个方面分析了王阳明对身体隐喻的使用。并指出，“如果我们将身体的隐喻加以进一步引申的话，那么，大身体的通畅便是一体的仁，因为‘仁’，所以周流不息，生动活泼，所以能乐；反面则是大身体的麻痹，再引申则是麻木不仁，便是不乐。儒家的责任便是让宇宙的生机保持畅顺，让麻木的肢体重新畅通。仁者乐，一体之仁者尤能乐。阳明思想所启迪出的生命智慧简易、亲切，愈真切，愈简易；愈简易，愈真切。阳明的能近取譬的运思风格由此略窥一斑。”①

黄所指出的四种身体及陈所分析的王阳明之作为“隐喻”的身体，可以说，都是一种作为展现场所的身体。这些分析，为我们展示了相异于中国传统思想中身体作为“身体主体”的另一面。也就是说，作为展现场所的身体，实际上就是西方哲学中作为“客体”“对象”的身体。只不过不同的地方在于，西方哲学中的身体，长期受到灵魂的奴役，受到心的驱使。而在东亚思想传统尤其是中国思想传统中，身体没有明晰地作为心的客体，而是作为政治权力、社会规范、精神修养和隐喻指向被表现了出来。这对我们深入认识中国传统哲学中身体所代表的意义，打开了另外一个通道。

3. 作为哲学本体的身体

张再林从西方现象学视域出发，以一种独到的哲学眼光对中国传统哲学的身体进行了全方位的剖析。如果要对其进行一个哲学定位的话，可以说，张再林所体悟到的中国哲学思想中的身体，是一种作为哲学本体的身体，一种现象学意义上的身体，也是一种有着性别区分蕴含对话思维的身体。张再林近年来公开发表的关于中国哲学身体观的 5 篇文章，全方位论述了身体在中国哲学思想中“作为哲学本体的身体”之可能性与表现。

在《作为“身体哲学”的中国古代哲学》一文中，张再林对身体的界定与杨儒宾对中国传统思想中身体“形—气—心”三位一体的界定不同，也与安乐哲从身心“两极相关”、

① 陈立胜：《王阳明思想中的“身体隐喻”》，《孔子研究）2004 年第 1 期，第 61 ~73 页。

从“身”“形”“体”三维来理解中国哲学中的身体所表现出的致思路径相异，而是认为，在中国哲学中，身体体现了我与非我、灵魂与肉体、内在世界与外在世界的“混然中处”的原始统一。① “身体”不仅是“七尺之躯”，而是作为“无我之我”而“形色天性”地与无限宇宙整体联系在一起。这样，身体不仅仅局限在形而下的“形—气—心”层面，而是作为一种现象学意义上的非实体化的“潜在的身体”，也即“可能活动的身体”，因而通过“下学上达”的途径，展现出形而上的无限超越性：中国哲学不仅以身体构建世界图式，从身体推出社会伦理，由身体企求精神超越，而且该哲学的历史亦是循着身体运行的模式而非意识运行的模式展开的。故此，中国古代哲学作为一种以身体为其根本的哲学，是一种身体本体论的哲学。不是“意识”而是“身体”始终被置于中国哲人关注的中心，不是“我思故我在”而是“安身方可立命”应被视为中国哲学的堪称纲领性的结论。

顺此理路，张再林通过其关于中国古代身体哲学的“三大批判”（《中国古代宇宙论的身体性》《中国古代伦理学的身体性》《中国古代宗教观的身体性》），进一步从宇宙论、伦理学、宗教观三个方面深入剖析了身体在中国古代哲学中的本体性地位。

在宇宙论上，张再林指出，发端于《易经》的原本意义上的中国古代的宇宙论，既与西方传统的“意识性”哲学不同，也与那些业已“对根的遗忘”的晚出的中国哲学（如

① 张再林：《作为“身体哲学”的中国古代哲学》，《人文杂志》2005年第2期，第28～31页。

“理学”“心学”）相异，其实质上是一种旗帜鲜明的根于身体的宇宙论理论。这种宇宙论的身体性不仅表现在中国古人以一种借用显体的方式把整个宇宙视作是人身体的化身，不仅表现在中国古人通过一种身体的发生学把男女交感视作是宇宙的“原发生命机制”，而且还表现在其对作为宇宙之道的“时”的概念的一种不无独特的机体主义的理解上。[①] 这一立论，摆脱了那种对宇宙进行机械性、形式化理解的窠臼，对向来以“天人合一”思想理解宇宙的中国哲学作了一个崭新而富有成效的解释。

在伦理学上，张再林指出，滥觞于周礼的原初意义上的中国古代伦理学，既与西方传统的唯识主义的伦理学不同，又与那些晚出的业已理学化和心学化的中国伦理学相异，其乃为一种根于身体、从身体推衍出社会人伦的伦理学理论。这种伦理学的身体性不仅表现为其通过一种反求诸身的现象学还原的方式把身体视为社会伦理的基础，不仅表现为其通过一种身体发生学的追溯把对话主义的“夫妇伦理”视为人类伦理的原型，而且还表现在其通过以行训身而对一种躬行主义的伦理的高度推崇。[②] 张再林对中国古代伦理学中的身体性的揭示，对于中国乃至整个人类伦理学来说都具有非凡的意义：其既是对中国古代伦理学真实内涵的一种真正的正本清源，也代表对远离生命之根的、日益独白化的和业已流于唯心主义的现代主义的伦理理念的最早的纠偏和批判。

---

① 张再林：《中国古代宇宙论的身体性》，《西北大学学报》2006 年第 4 期，第 10 ~ 17 页。

② 张再林：《中国古代伦理学的身体性》，《陕西师范大学学报（哲学社会科学版）》2006 年第 5 期，第 63 ~ 71 页。

在宗教观上，张再林指出，与西方传统宗教具有外在超越性不同，普世意义上的中国古代宗教则具有内在超越性。但这种超越的内在性并非之于心灵的内在，而是之于身体的内在。这不仅表现为中国古代宗教性发端于身体的神圣性以及该身体所内蕴的神人对话机制；表现为中国古代“感生崇拜”的宗教将“神人交感”还原为彻底身体性的“男女交感”，实现了远古原始神话向古代文明宗教的转变；而且还表现为中国古代宗教基于对作为感生过程的“时”的神圣性的发现，为每一个人指示出了步入人生的内在超越的现实可行的途径。① 张再林对中国古代宗教观的身体性的发现，可以为诸多的人类及中国的文化现象提供有力的解释。

在三大批判之后，张再林又推出《作为“身体哲学”的中国古代哲学的历史》，对中国古代哲学的历史从身体的角度作了重新解读。与杨儒宾对中国儒家身体观所做的“二源三派”的致思取向不同，张再林指出，作为身体哲学的中国古代哲学，不仅从身体出发以其突出的此在性、性感性和历时性的特点而与西方哲学形成鲜明的对比，而且其哲学的整个历史亦循着一种迥异于西方哲学史的理路而展开。如果说西方哲学史是一我思之于我思对象不断逼近的线性论的历史的话，那么中国哲学史则体现为一根身的道体一辟一阖的循环论的历史。就其大的脉络而言，先秦哲学标志着身体的挺立，宋明哲学则意味着身体的退隐和与之相偕的心识的觉醒，而明清哲学则代表

---

① 张再林：《中国古代宗教观的身体性》，《人文杂志》2006 年第 6 期，第 28～35 页。

着向身体的回归的运动。① 张再林的研究表明，正如西方的意识哲学的启蒙曾经极大地推动了人类的现代文明那样，在后现代日行日近的今天，对中国古老的“身体之书”的重新解读，也必将使中华文明再次为人类文明做出自己独特的贡献。

张再林以其广阔的西方哲学的视域，深厚的中国哲学的功底，以一种强烈的问题意识直面现代人在以身为殉的价值取向、以一驭万的独白思维状态及无家可归的生活情境下所带来的危机，浸润于中西哲学身体思想之中，却又不执其一端，而是以一种对话的姿态兼顾中西哲学身体思想并重新审视中国古代哲学。其将中国传统哲学中的身体作为哲学本体的身体，既可以避免将身体作为表达主体所带来的“身体”独白论之嫌，也没有重蹈西方哲学将身体作为对象、作为客体或者中国哲学中某些层面将身体作为某种展现场所、作为某种工具从而将身体“异化”的覆辙。其将身体作为一种有性别差异的身体，并由此出发将儒家理解为一种崇阳的更多体现男性话语的哲学，而把道家理解为一种尚阴的更多体现女性话语的哲学，这一发现，使我们从更为本源的身体语言对中国哲学“儒道互补”这一千古之谜有了真正意义上的破解，同时为消解男权话语的独白，维系男性女性两种话语在中国文化中保持动态平衡发出了强烈的时代呼声。张再林教授的目标，是最终为人类步出现代性危机找寻一条行之有效的道路，体现了一个知识分子对整个人类境遇至为深沉的忧患意识。当然，张先生未将传统儒道释及各家思想中的身体进行专门和深入的区别研究，这也

① 张再林：《作为“身体哲学”的中国古代哲学的历史》，《西北大学学报》2007 年第 1 期。

是需要借鉴方家，以求交相辉映的。

三、走向对话范式：中国哲学身体观研究的发展前景

黄俊杰曾担心，所谓“身体观”，实源出于西学；其所提倡“具有中国文化特色之特殊议题”的身体观，可说仍是一种西方宰制下的“反射的东方主义”，因此，中国思想史中“身体观”研究的新视野，也许仍不能免于西方人文研究的“霸权”论述。周与沉与李清良亦在接着问：从哲学上看，当代西方思潮大讲“身体”，最终是为了解构传统的“主体”与“主体性”；但就中国的文化传统与历史现状而言，我们探讨中国身体观是否也是为了这个目的？对此，我们可以说，在研究中国哲学身体观的时候，提倡一种身体观研究的“对话范式”是十分必要也很有可能的。这种“对话范式”需要在中西身体观之间进行对话、在中国哲学身体观不同研究向度之间进行对话，当然，也包括一定程度的身与心的对话。

提到中西对话，我们在三次西学东渐中，往往最终是西风压倒东风，带给我们的更多的是西化，没有形成有效的中西对话与中西合璧。在身体成为哲学研究新大陆的今天，在不仅西方人而且东方人都在反省现代性危机的背景下，正在追求现代化却同时又在担忧其巨大的负面后果的中国，需要担心的并不是身体观的西方“霸权”，而是我们能否真正挖掘出中国传统文化中已有的丰富而宝贵的身体哲学资源，与西方进行有效对话。应当看到，当东方人看到亚洲价值的时候，西方学术界那敏感的触角早已经在如痴如醉地体悟中国文化中的身体资源。

我们研究中国身体观的目的，也绝不仅仅像西方哲学那样是为了消解传统哲学的“主体”和“主体性”，我们要消解的，是一种话语的独白与霸权，就目前而言，尤其是意识哲学话语的独白。

至于中国身体观不同研究向度之间的对话，黄俊杰也曾发问：就其指出的中国身体观研究的“三个视野”（作为思维方法的身体、作为精神修养的身体、作为权力展现场所的身体），未来的中国人文研究哪一种“身体”较为重要或较有研究上的发展潜力呢？这就涉及中国身体观不同研究向度之间进行对话的问题。对话的目的，不是为了得到强权的不容异己、逆我者亡的“统识”，而是为了达到哈贝马斯指望通过对话来达成的“共识”，是一种诸种差异和平共处的“通识”。中国哲学不同语境中的“身体”，是“横看成岭侧成峰，远近高低各不同”的，是极具多样性与多面性的。从哪一种角度，都可以作为切入点，也都可以自成一体。但是，不论从哪一个进路切入，都需要注意一种对话的态度，达到一种和而不同的中国哲学身体观研究的态势。

最后，当然也是最重要的，就是通过某种“身”与“心”的有效对话而实现身与心的视域融合。陈立胜在其《身体：作为一种思维的范式》文章中提出，哲学一直徘徊于“形而上学”与“形而下学”之间，在此二元的形上与形下的运思中，“形中”恰恰被遮蔽、被遗忘了。如果说“形上”是心取向之思维，“形下”是物取向之思维，那么“形而中学”即身体取向之学也。由此希望取消心物、灵肉、外在内在一系列二元对立之模式。这种设想固然看到了身与心之间的紧张关系，但是，追求一种“形中”的身体之学，并不是也不可能是我们的最后指向。身与心，自从其诞生之初就注定是一对矛盾的统一体，只是身体被压抑被奴役的时间实在太久了，所以可能会有一种矫枉过正的心态。我们现在可以去做并能做好的，也许还是如何实现身与心的有效对话问题，发掘中国文化中“身体”之“内外交辉”（黄俊杰言）的特质问题，从而在“一瓣心香”与“身体之花”之间实现动态的对话、平衡与互补。

附录二：民国时期的“新女性”的身体和形象（1912～1949）

（Being presented at Harvard University the Tenth Annual East Asia Society Conference，Mar. 2007.）

Shaoqian Zhang①

【导读】当代学者一致认为，“新女性”是民国时期象征现代性和民族主义最重要的符号之一。自从 1842 年的鸦片战争开始，中国政治体制和文化系统都受到了打击。为了拯救岌岌可危的民族自信心，民国政府的首要任务就是重建中国，给予其一个理性的新形象。很多中国当时的革命家认为，中国封建妇女的地位颇受中国封建思想的约束，从缠足到文盲，种种

① 作者系美国俄克拉荷马立大学（Oklahoma State University）艺术历史副教授及终身教授。

现象隐喻中国本身的衰弱。中国虐待自己的女性同胞，反过来中国却被西方国家欺负。在这样的历史环境中，女性的地位、形象和命运关切着中国本身在世界、西方人和中国人心中的位置。毫不夸张地说，“新女性”和20世纪初的殖民主义、现代化、民族前途等多种问题都有密切关联。

女性的身体从而成为此时期“现代民族”的最主要标志之一。女性这个词是五四运动之后创立的。在此之前，女性被称为“妇女”。妇女这个词主要指示了女性在封建家庭的功能地位，而不是强调女性的性别特点。同时，“女性”取代“妇女”，让她成为和男性同等地位的公民，让“男”和“女”成为在西方二元思想下的共存对等体。

同时，在当时的革命热潮中，人们努力划清正派的“新女性”和她的消极副本“摩登女儿”。后者象征着受到西方腐化思想影响的物质堕落及贪婪的商业化女性。在1934年，蒋介石与德国希特勒联系，加强中国的军国主义思想，发展新生活运动，其任务之一就是消灭卖淫堕落从而加强对女性身体的管理。同时，在当时中国大气候的影响下，体育、女性的健美身体成为当时十分热门的现象。

本文追溯了民国建国以来对女性、女性的身体的不同定义、态度和观念。建设女性的形象和建设中国自身的形象是密切相关的。如果说新女性象征着中国当时现代化的革命性，她同时也象征那个时代的茫然和焦虑。

The New Woman（新女性）has long been identified as one of the most crucial symbols of Chinese modernity and nationalism in the Republican period（1912－1949）. Indeed，it would not be an exaggeration to say that the figure of the New Woman permeated almost every strata of life, cutting across social, cultural and ideological boundaries. Representations of her can be found in avant-garde literature, popular home journals, advertising, fashion, sport and film. With different embodiments of her, the "New Woman" illustrates the contested issues that define the Chinese experience of nationalism and modernity.

Since the Opium War of 1842, Western modernization and imperialism challenged existing institutions and the foundations of Chinese culture. Therefore, the first initiative undertaken by the new government of the Republic of China was to construct China's new identity as a rational choice in response to the catastrophic state of almost every Chinese institution. Many of the reformists found the position of China's women, as indicated by everything from Confucian aphorisms to footbinding and illiteracy, to be a crucial indicator of the nation's weakness. ①As indicated by Chinese historian Louise Edwards, "the logic was that China's women were letting the nation down-while China's women remained weak and crippled by footbinding and ignorant, unproductive, dependant, and isolated in the domestic sphere, there was no hope for the nation." ② These reformists argued that China, which mistreated 'its women' was

---

① Ideas on this issue can be found in Tani Barlow's "Theorizing Woman: Funü, Guojia, Jiating (Chinese Women, Chinese State, Chinese Family)," in Joan Wallach Scott ed., Feminism and History (Oxford, UK: Oxford University Press), 1996.

② Louise Edwards, "Policing the Modern Woman in China" Modern China 26.2 (Apr. 2000): 126.

in turn treated like a woman by stronger Western nations. Therefore, we can say the New Woman was at the center of a number of critical debates concerning colonization, modernity and the future of the nation.

Yet if the New Woman came to stand for the revolutionary promises of modernity, she was also the focus for collective delusions and a meeting point for all manner of anxieties. Conflicting political groups used the term "New Woman" as a catch phrase, which, depending on where they were situated, meant something different to each group. In the Republican period, women were given different roles from traditional China. They became equal political participants as men. ①Thus, they were released from Confucian gender hierarchies and the interior home space and had public roles as the citizens of the new nation-state. The idea of nation-state allowed the women to connect themselves with the country rather than with their family. ②

Before the modern period, people talked about the equality be-

---

① Information on the rights women in the Republican Period had can be found in Pak Tong Cheuk's article, "A History of Calendar Posters" in Ng Chun Bong, Cheuk Pak Tong, Wong Yin, anti Yvonne Lo eds., Chinese Woman and Modernity: Calendar Posters of the 1910 – 1930s (Hong Kong: Joint Publishing, 1996).

② Song Shaopeng 宋少鹏, "Minzu guojia de jiangou yu nüxing geti guoming shenfen queli zhijian de guanxi 民族国家观念的建构与女性个体国民身份确立之间的关系 (The Relationship between the Formation of the Nation-State Concept and the Establishment of the National Identity of Individual Females)," Funü yanjiu luncong 妇女研究论丛, No. 6 (2005): 50 ~ 51.

tween men and women in terms of yin 阴 and yang 阳 – both are indispensable elements of the universe. With yang representing male, bright and positive and yin representing female, dark and negative, the yin-yang model reflects the inevitably intertwined duality of beings in the universe. In traditional Chinese ideologies, the yin and yang model is responsible for dividing people and natural phenomena into two genders at a subjective and philosophical level. There is, however, hierarchy between these two terms, as Chinese art historian Yang Wei writes in her dissertation: “The fundamental polarity-yin being female, dark, inferior, and submissive in comparison to yang's maleness, brightness, superiority, and power-was well established in Chinese painting traditions. ”① Under the yin-yang model, Confucian patriarch was seen as naturally given and women's roles were relational to their fathers or husbands. Yang Wei also argues that yin and yang dichotomies also articulated as “inner and outer.” Under this ideology, women were usually visualized and positioned in private and enclosed space. This ethnic model of dominance and submission was also used politically in Chinese history so that the rulers were regarded as powerful and masculine. ②The

① Yang, Wei. “Gender and Ethnicity in Yuan-Dynasty (1269 ~ 1368) Painting.” Ph. D., Northwestern University, 2005, 7.

② Yang Wei argues that the dichotomies between nei aad wai became hardened oppositions in the Yuan Dynasty as Confucian aesthetics were politicized for the tension between the Mongols and the Han. I intend to use her argument in a different direction: The hierarchy between male and female in Chinese society is responsible for dividing the space between interior and exterior.

domestication of women was believed to be necessary as to keep the harmony of the universe under the yin and yang model.

The term nüxing 女性 (translated literally, female sex) first came into use in the 1920s, as part of the May Fourth Movement's drive to modernize China by introducing colloquial language in popular literature and criticism. Chinese sociologist Tani Barlow notes that, before this time, women were described by the relational term funü 妇女, a word which denoted familial roles that were grounded in Confucian notions of gender rather than sex. Tani writes:

> Nüxing operated as one-half of the Western, exclusionary, male/female binary…Nüxing and its correlate nanxing, or male sex, acted as a magnet, attracting around its universal, sexological, scientistic core a psychologized personal identity that allowed its possessor to act as the fulcrum for upending Confucianism and all received categories…In particular, colloquial fiction established sex as the core of an oppositional personal identity and woman as a sexological category. ①

The use of this oppositional term involved the adoption of a universal, 'scientistic', personal identity based on biological attributes. Moreover, it repositioned "woman" so that she came to be understood as the other of "man" in a Westernized binary opposition. ②

Moreover, modern urbanization in China was crucial as it pro-

---

① Barlow, 266.

② ibid., 255 ~ 256.

vided a public site for the establishment of the New Women. For example, Shanghai offered a place for the transformation of New Chinese women. Public sites such cinemas, bars, and dance halls proliferated in Shanghai. This new type of urbanity allowed women to walk out of interior space, and these public spaces also played an important role in the formation of new body cultures. [fig 1] In addition to that, the rise of urban press and calendar posters allowed the images of women to be more visible to the public. Pictorial magazines such as The Young Companion (Liangyou) sold a modern lifestyle that consisted of the latest fashions, make-up, Western brand-name products, Hollywood and Chinese movie stars. More progressive magazines such as the Ladies Journal (Funti zazhi), a feminist journal published in Shanghai, became a forum for the discussion of such issues as free marriage (ziyou hunyin), free divorce (ziyou lihun), female emancipation (funü jiefang), education, women in the workplace, birth control, and prostitution. ①

For the reformists, the question of women's rights should extend beyond the question whether male and female had the equal political rights. The post Opium War culture was a struggle of defining the role of the New Woman. The process of constructing appropriate identities for Chinese women was comparable to that of constructing the Chinese nation's identities. Having been affected by Chinese traditions for

---

① Ng Chun Bong, Cheuk Pak Tong, Wong Yin, and Yvonne Lo eds., Chinese Woman and Modernity: Calendar Posters of the 1910 ~ 1930s (Hong Kong: Joint Publishing, 1996), 40.

thousands of years, the old position and definitions of woman's virtue could not be overturned in a night. Additionally, the colonial culture in Shanghai also brought some negative elements to the images and made them as commodity. [fig 2] The Modern Girl became a negative connotation of superficial Westernization, moral corruption and greed, which was not a desirable orientation for the nation-state.

Under this circumstance of transformation, the image of women in early Chinese cinemas was portrayed in different ways. Here, I will mainly discuss three movies, New Woman, Goddess, and The Queen of the Sports. Their different fates revealed numerous social problems in different areas. So what is the appropriate image of the New Woman? How is it that the female body comes to figure as the privileged signifier of the modem nation? What distinguishes the ideals of the New Woman from those associated with the Modem Girl? These are the questions that these movies attempt to address.

New urban women were the product of westernization and the New Culture Movement. "Civilized and modern" women were the leading characters of many movies. They are romantic, idealistic, intelligent and ready to make their own way of life. ①Their beauty, graceful comportment and intelligence made them the spectacle and the object of men's desire. [fig 3] In 1934, Cai Chusheng directed the movie New Woman. The leading character of this movie can be

---

① Zhang Yingjin. Screening China: Critical Interventions, Cinematic Reconfigurations, and the Transnational Imaginary in Contemporary Chinese Cinema (Ann Arbor: Center for Chinese Studies, University of Michigan, 2002), 286.

the representative of new urban women, whose personality was in between the New Woman and the Modern Girl. The main character, Wei Ming was a writer and a music teacher. She hoped to be a free and strong "new woman" and live on her own with dignity. She also bore the characteristics of the modern girl with superficial desire for material things. [fig 4] In the end, due to humiliation from her male boss and financial pressure, she committed suicide. Her former lover attempted to save her and sent her to the hospital. Under the persuasion of her lover and her leftwing friend, she gained the courage to live again and vowed for revenge. However, the doctors could not save her and she finally died in regret and anger.

In contrast to We Ming, the woman in Goddess is a tragic traditional woman who was sacrificed by the old moral values. [fig 5] Goddess was directed by Wu Yonggang in 1934. The story was about a self-sacrificing woman whose only mission was to provide her son with an education. She was a prostitute and also forced by a gambler to be his mistress. Both she and her son received much pressure as her job was looked down upon. The old school chairman, who was a morally upright figure, understood her situation and regarded her virtue as a mother. In the end of the movie, the chairman of the school visited her in jail (after she killed the gambler who had stolen all her savings for her son's education) and promised to take care of her son as his own. Goddess indicates that the woman of bad reputation was unmercifully pressed in the society. She was even willing to erase herself. She told the chairman of school in the end: "When my son grows up, please tell him that his mother died long ago, so that he will never know that he had a mother like me." These two films: The New Woman and Goddess reveal the socially established sexual difference which controls the fates of characters. The miserable fates of these women, whether a modern woman like Wei Ming or a traditional woman like the one in Goddess, reflect the crisis of China itself. Therefore, women's bodies became the means for refiguring China's position, both in relation to the West and to itself.

In search for China's new identity and as reaction to the pressure from the Chinese Communist Party, in 1934, Chiang Kai-shek launched the New Life Movement. Prostitutes were clearly marked off from the New Life Movement and relegated to the category of urban criminals. Chiang Kai -shek proposed a model of "good wife and good mother."① The values of Confucianism were used again as tool, to construct mass psychology. A sense of nationalism was wrapped in the Neo-Confucian line of thought. At the same time, physical education and sport became an important instrument through which this body was shaped and articulated. Chiang Kai-shek said: "A healthy contains a healthy spirit. A healthy citizenship constitutes a healthy nation. A healthy nation produces a healthy culture. Looking at history, weak people and weak nations have never survived. Our Republic understands that Chinese sport needs to be promoted so as to restore our culture and save our country…If we

---

① Information on the New Life Movement can be found in Chen Walter Hanming, Kai-shek Chiang 蒋介石, and May-ling Soong Chiang 宋美龄. The New Life Movement. Vol. v. 2, no. 11, Information Bulletin / Council of International Affairs (Nanking China: Council of International Affairs, 1936).

want our country to be as strong and as great as the Western countries we must develop sport…A strong nation will be capable of competing with other nations in the world…So develop our sport for our country's sake."① Soon after this speech Chiang Kai-shek again singled out physical education as "the nation's highest priority."② Accordingly, he suggested that restraints on the female body must end. Women should be fit to work for the good of the nation. [fig 6] The 1930s witnessed the emergence of female sport stars such as the swimmer Yang Xiuqiong. Images of women athletes filled newspapers and magazines. Many of the popular sports journals such as Qin Fen Sports Monthly (Qin Fen tiyu yuebao) carried illustrations which served to emphasize the physical superiority of the 'new beauty' over the older, delicate lady.

In this progressive ideology, the New Woman is conceived as someone who is fiercely independent, robust and intensely nationalistic. In an article on American women published in New Youth③in 1918, the famous Chinese intellectual Hu Shi established the parameters of the debate, emphasizing the New Woman's intellectual and moral superiority over the merely fashionable woman:

> 'New Woman' is a new word, and it designates a new kind of woman [xin pai de funü], who is extremely intense in

---

① Fan Hong, Footbinding, Femnism and Freedom: The Liberation of Women's Bodies in Modern China (London: Frank Cass, 1997), 267～268.

② ibid., 232.

③ According to Kristine Harris, New Youth was one of the magazines to introduce the concept of the New Woman into China.

her speech, who tends towards the extreme in her actions, who doesn't believe in religion or adhere to rules of conduct [li-fa], yet who is an extremely good thinker and has extremely high morals. Of course amongst them there are plenty of fake 'new women.' Their words don't match their intentions: what they do is completely at odds with what they say. ①

Through this passage, we can see that the authentic New Woman is defined by her inner qualities and her overriding commitment to the higher cause of the nation. Physical education of the new woman or, more specifically, sport became an important instrument through which this body was shaped and articulated. The Nationalist Government seized on sports as a political tool for rallying the nation.

There is perhaps no better example of this than the film Queen of Sports which made its debut in Chinese cinemas in 1934. [fig 7] Much of its historical importance resides in the fact that it was one of the first films to explore the issue of feminine identity within the rubric of competitive women's sport. Queen of Sports tells the story of Lin Ying, a feisty sprinter from a wealthy rural family who enrolls in a sports college for female athletes in Shanghai. Inspired by her teachers, she initially works hard and achieves impressive results on the sport's field. But alas, she is gradually spoiled by her early success. After finding her self in compromising situation, she is rescued by her handsome but dedicated coach, and she vows to change her ways. Eventually, she is convinced to race in the final race on the

① Edwards, 124.

insistence of her coach and the school headmaster who both remind Lin Ying of her patriotic duty to perform on the field. She has come to the realization that the selfish pursuit of individual glory is wrong and resolves to serve others as an ordinary teacher of physical education. ［fig 8］At one level，Queen of Sports is a film that seeks to uphold the basic idea that a woman should not be ashamed of her body. At the sports school，the female athletes are regularly seen in the acts of exercising and cleaning. More precisely，Queen of Sports attempts to show how the female body can be developed in ways that can contribute to collective and national liberation.

These three movies help to illustrate that during the first three decades of the twentieth century，the figure of the New Woman was part of a cultural and political discourse that made possible the imagining of a new nation in China. But as we have tried to show，the image of the nation sought by those who claimed to speak in her name，remained a source of constant struggle. This tension between the contending images of the New Woman reveals the contradictions that define the Chinese experience of modernity and nationalism.

Filmography

Zhifen shichang 脂粉市场［Cosmetics Market］，Tian Han 田汉 dir.，1933.

Jiemeihua 姊妹花［Sister Flowers］，Zheng Zhengqiu 郑正秋 dir.，1934.

Shennü 神女［Goddess］，Wu Yonggang 吴永刚 dir.，1934.

Tiyu huanghou 体育皇后［Queen of Spots］，Sun Yu 孙瑜

dir., 1934.

Xinnüxing 新女性 [New Women], Cai Chusheng 蔡楚生 dir., 1935.

Malu tianshi 马路天使 [Street Angel], Yuan Muzhi 袁牧之 dir., 1937.

Bibliography

Barlow, Tani. "Theorizing Woman: Funü, Guojia, Jiating" (Chinese Women, Chinese State, Chinese Family) in Angela Zito and Tani E. Barlow eds., Body, Subject & Power in China. Chicago: University of Chicago Press, 1994.

Beahan, Charlotte L. "In the Public Eye: Women in Early Twentieth-Century China." in Richard W. Guisso and Stanley Johannesen eds., Women in China: Current Directions in Historical Scholarship. Yongstwon, N. Y.: Philo Press, 1981.

Berry, Chris. Perspectives on Chinese Cinema. [2nd, expanded] ed. London: BFI Pub., 1991.

Bong, Ng Chun. Chinese Women and Modernity: Calendar Posters of the 1910s – 1930s. Hong Kong: Joint Publishing Company, 1996.

BrowNe, Nick. New Chinese Cinemas: Forms, Identities, Politics. Cambridge England; New York: Cambridge University Press, 1994.

Brownell, Susan, and Jeffrey N. Wasserstrom. Chinese Femininities, Chinese Masculinities: A Reader. Berkeley: University of California Press, 2002.

Chen, Wenlian 陈文联. "Wusi shiqi funü yundongshi yanjiu

gaishu 五四时期妇女运动史研究概述（A Review of the Research into Women Movement History During the May 4th Period）.” Hunan chengshi xueyuan xuebao 湖南城市学院学报，no 1（2003）：73－7.

——“Wusi shiqi funü jiefang sichao fazhan de xinquxiang 五四时期妇女解放思潮发展的新趋向（A New Trend of Women's Thoughts on Self-Liberation During the May 4th Period）.” zhongnan daxue xuebao 中南大学学报.

Cheung，Yin- ki. “Modern Women in Republican Shanghai，the 1920s－1930s：Discourses and Images.” M. Phil.，Chinese University of Hong Kong，2004.

Chow，Rey. Woman and Chinese Modernity：The Politics of Reading Between West and East. Minneapolis，MN：University of Minnesota Press，1991.

Diamond，Norma. “Women Under Kuomintang Rule：Variations on the Feminine Mystique” Modem China 1. 1（1975）：3～45.

Dikotter，Frank and Craig Clunas，“Sex，Culture and Modernity in China.” in Bulletin of the School of Oriental and African Studies 61，no. 1（1998）：183.

Dombrowski，Nicole. Women and War in the Twentieth Century：Enlisted with or without Consent. Vol. 1969，Garland Reference Library of the Humanities. New York：Garland，1999.

Edwards，Louise. “Policing the Modern Woman in China” Modern China 26. 2（Apr. 2000）：115～147.

Field，Andrew D. “Selling Souls in Sin City：Shanghai Singing and Dancing Hostesses in Print，Film and Politics，1920－

49. ” In Cinema and Urban Culture in Shanghai, 1922 – 1943, ed. Yingjin Zhang. Stanford: Stanford University Press, 1999.

Finnane, Antonia. “What Should Chinese Women Wear? A National Problem.” Modern China 22. 2 (April 1996): 99 ~ 131.

Wakeman, Frederic. “Licensing Leisure: The Chinese Nationalists” Attempts to Regulate Shanghai, 1927 – 49. “Journal of Asian Studies 54. 1 : (Feb 1995) : 19 – 42.

Feng, Jin. The New Woman in Early Twentieth-Century Chinese Fiction, Comparative Cultural Studies. West Lafayette Ind: Purdue University Press, 2004.

Harris, Kristine. “The New Woman: Image, Subject, and Dissent in 1930s Shanghai Film Culture.” Republican China 20. 2 (1995): 55 ~ 79.

Hershatter, Gail. Dangerous Pleasures: Prostitution and Modernity in Twentieth- Century Shanghai. Berkeley: University of California Press, 1997.

Honig, Emily. Chinese Women's History. Vol. 8, no. 4, Journal of Women's History, Bloomington IN: Indiana University Press, 1997.

Hong, Fan. Footbinding, Femnism and Freedom: The Liberation of Women's Bodies in Modern China. London: Frank Cass, 1997.

Karl, Rebecca. “Translation, Modernity, and Women in China.” in Critical Asian Studies 33, no. 3 (2001): 459 – 72.

Laing, Ellen. “Visual Evidence for the Evolution of Politically Correct Dress for Women in Early Twentiteth Century Shanghai.”

Nannu5，no. 1 （2003）：69～114.

Larson，Wendy. Women and Writing in Modern China. Stanford，CA：Stanford University Press，1998.

Li，Yu-ning. Chinese Women through Chinese Eyes. Armonk N Y ：M. E. Sharpe，1992.

Liu，Ning 刘宁．“Xinshiji funü lilun yanjiu de shidian tanxi 新世纪，妇女理论研究的视点探析（Exploration of Viewpoints on studies in Women Theories in the New Century）．”Zhonggong shanxi shengwei dangxiao xuebao 中共山西省委党校学报，no. 3（2003）：63～9.

Liu Yuying 刘玉瑛．“Guanyu zhongguo funü wenti de yanjiu zongshu 关于中国妇女问题的研究综述（A Summary of the Research on the Issues of Chinese Women）．”Lilun qianyan 理论前沿，no. 46（1988）：6～8.

Lu，Tonglin，and NetLibrary Inc. Gender and Sexuality in Twentieth-Century Chinese Literature and Society. Albany：State University of New York Press，1993. electronic resource.

Mizuyo，Sudo 须藤瑞代．“Jindai zhongguo de nüquan gainian 近代中国的女权概念（The Concept of Women's Rights in Modem China）．”Shanxi shida xuebao 山西师大学报 no. 1（2005）：143～8.

Mizuta，Noriko. Women's Self-Representation and Culture，Review of Japanese Culture and Society 4. Saitama-ken Sakado-shi Japan：Center for Inter-Cultural Studies and Education Josai University，1991.

Riordan，James，Robin Jones，and NetLibrary Inc. Sport and

Physical Education in China. London ; New York: E & FN Spon, 1999. electronic resource.

Rosaldo, Michelle Zimbalist, Louise Lamphere, and Joan Bamberger. Woman, Culture, and Society. Stanford Calif: Stanford University Press, 1974.

Xian Dai Li Shi Ju Zhong Zhi Nèuxing Ren Wu Yan Jiu. M. Phil. , University of Hong Kong, 1996.

Song, Shaopeng 宋少鹏, "Minzu guojia de jiangou yu nüxing geti guoming shenfen queli zhijian de guanxi 民族国家观念的建构与女性个体国民身份确立之间的关系 (The Relationship between the Formation of the Nation-State Concept and the Establishment of the National Identity of Individual Females)," Funü yanjiu luncong 妇女研究论丛, no. 6 (2005): 50 ~ 56.

Steele, Valerie, and John S. Major. China Chic : East Meets West. New Haven Conn: Yale University Press, 1999.

Steven, Sarah. "Figuring Modernity: The New Woman and the Modern Girl in Republican China." NWSA Journal 15, no. 3 (2003) : 82 ~ 103.

Wei, Hongxia (魏红霞), "Xinshiqi zhongguo dianying nüxing xingxiang 新时期中国电影女性形象 (The Image of Woman in Modern Chinese Movies) ." Funü yanjiu luncong 妇女研究论丛, no. 1 (1994): 51 ~ 54.

Women in Modern China. Shanghai China: Chinese Recorder, 1934.

Xiong Xianchang (熊显长), "Wusi baokan yu funü jiefang yundong 五四报刊与妇女解放运动 (May Fourth Newspaper and the Liberation of Women）." Bianji Xuekan 编辑学刊 . No. 6（1999）：63～66.

Yang，Wei. "Gender and Ethnicity in Yuan-Dynasty（1269－1368） Painting." Ph. D.，Northwestern Univresity，2005. *Yue*，*Ming-Bao*. "Woman and Representation：Feminist Readings of Modern Chinese Fiction（1917－1937）." Ph. D.，Stanford University，1991.

Zhong yang yan jiu yuan. Jin dai shi yan jiu suo.，Jiang Jingguo guo ji xue shu jiao liu ji jin hui，and Long Yi nèu shi ji jin hui. Jin Dai Zhongguo Fu Nèu Shi Yan Jiu. Vol. Di 1 qi（Minguo 82 nian 6 yue［June 1993］）－. Taibei Shi：Zhongyang yan jiu yuan jin dai shi yan jiu suo，1993.

Zurndorfer，Harriet Thelma. Chinese Women in the Imperial Past：New Perspectives. Vol. 44，Sinica Leidensia，Leiden Netherlands；Boston：Brill，1999.

Zhang，Yingjin. Screening China：Critical Interventions，Cinematic Reconfigurations，and the Transnational Imaginary in Contemporary Chinese Cinema. Ann Arbor：Center for Chinese Studies，University of Michigan，2002.

——The City in Modern Chinese Literature and Film：Configurations of Space，Time，and Gender. Stanford，CA：Stanford University Press，1996.

Zhang，Xudong，Chinese Modernism in the Era of Reforms：Cultural Fever，Avant-Garde Fiction，and the New Chinese Cinema. Duke University Press，1997.

Zhang，Lianbo 张莲波 . "Zhongguo jindai funü yundongshi de

fenqi 中国近代妇女运动史的分期（The Chronology of Feminist Movements in Modern China）."Zhonggong shanxishengwei dangxiao xuebao 中共山西省委党校学报，no. 6，（1999）：58～9.

Zheng. Yongfu & Lu，Meigu 郑永福；吕美颐．"Guanyu jindai zhongguo 'nüguomin' guannian de lishi kaocha 关于近代中国'女国民'观念的历史考察（Historical Overview of 'Female Citizen' in Modern China."Shanxi shida xuebao 山西师大学报，no. 4（2005）：64～69.

Fig 1. Street Vendor Selling Advertisement Posters of Women, Photographer unknown, 1936, after Meishu shengshuo [Arts and Life]: 26 (May 1936).

Fig 2. Advertisement for Yongtaihe Tobacco Company, by Ni Gengye, 1932. (Example of the Modern Girl).

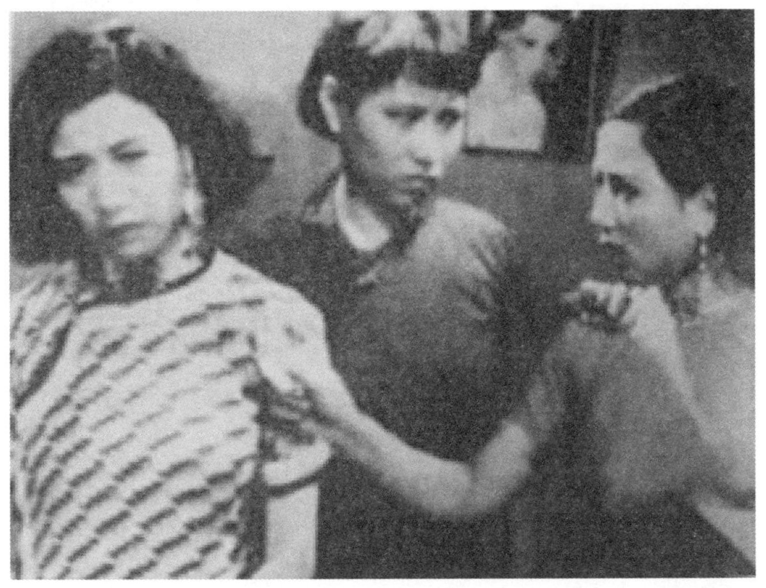

Fig 3. Snapshot from The New Woman, dir. Cai Chusheng, starred by Ruan Lingyu, 1934.

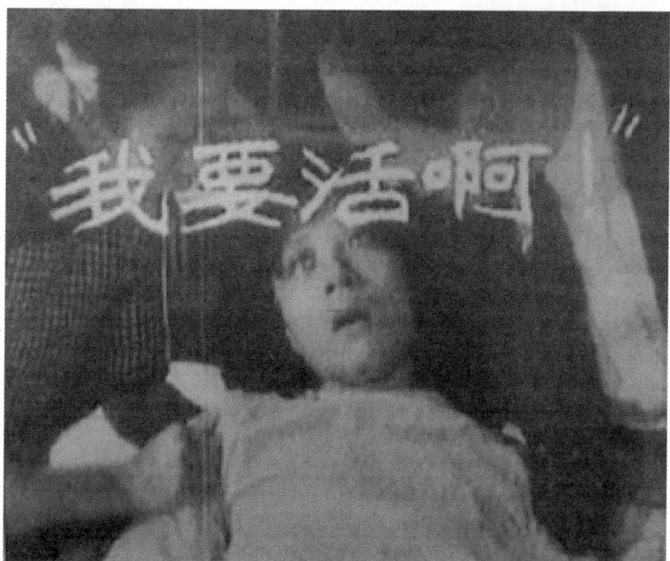

Fig 4. Snapshot from The New Woman, dir. Cai Chusheng, starred by Ruan Lingyu, 1934.

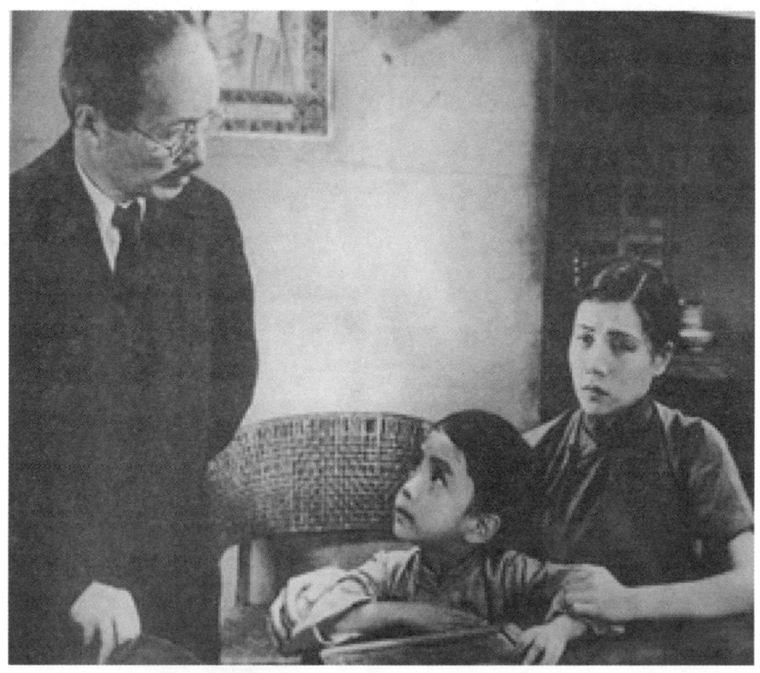

Fig 5. Snapshot from The Goddess，dir. Wu Yonggang，starred by Ruan Lingyu，1934.

Fig 6. Photo of female athletes in 1930s, 1936, photographer unknown, after Linglong [Delicate]: 28 (1936).

Fig 7. Snapshot from Queen of Sports, dir. Sun Yu, starred by Li Lili, 1934.

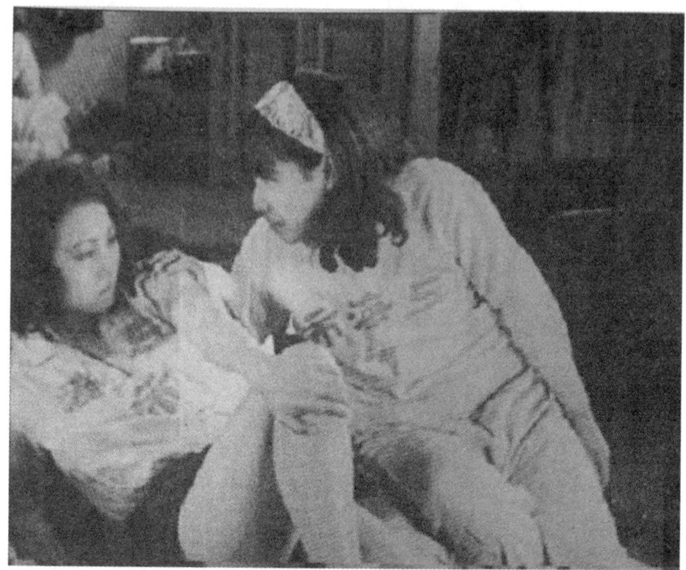

Fig 8. Snapshot from Queen of Sports, dir. Sun Yu, starred by Li Lili, 1934.

附录三："挺身于世界"的中国古代哲学

——张再林《作为身体哲学的中国古代哲学》一书中的身体之喻

燕连福

提　要：张再林先生在其《作为身体哲学的中国古代哲学》一书中，从身体的视角对中国古代哲学做了一种崭新的阐释。这种阐释之所以必要，就在于从意识哲学的视角不可能揭示出中国哲学的真正面目；这种阐释之所以可能，就在于中国古代哲学在宇宙观、宗教观、伦理学等诸多方面都表现出彻底的"身本主义"特质；这种阐释给我们的当代启示，就是中国古代哲学不是"隐身于世界"而是"挺身于世界"的哲学，其为人类文明的进一步发展提供了一种"身道合一"的宝贵思想资源。

关键词：中国哲学；合法性；身体哲学；中国古代哲学

中图分类号：B21　　　　**文献标识码**：A

当德里达在餐桌上随意提到“中国有思想，但没有哲学”时，[①] 他似乎没有想到，这种观点几乎成为当前西方学者对中国哲学的一种代表性看法；当冯友兰提出历史上的中国哲学只有“实质的系统”而没有“形式的系统”时，[②]这一说法此后被千百次地重复，似乎成为标示中国没有真正“哲学”的不刊之论；当新时期的中国学者提出“中国哲学的合法性”问题时，一石激起千层浪，这一讨论迅速成为有关中国哲学的焦点性问题之一。[③] 然而，《作为身体哲学的中国古代哲学》[④] 一书展现给读者的时候，人们会蓦然发现一种久违了的“原生态意义上的中国哲学”，发现一种对中国传统哲学之现代化阐释的崭新路径，发现一种既

迥异于西方传统意识哲学又有别于被当今学者不经意间“西化”“意识化”了的“中国哲学”的另外一副“中国式”

① 王元化、钱文忠：是哲学，还是思想——王元化谈与德里达对话［J］．中国图书商报，北京：2001 年 12 月 13 日。其实，关于中国没有哲学的问题，黑格尔、文德尔班和莱特都曾提过，德里达是最近提及中国没有哲学的西方哲学家之一。

② 冯友兰：三松堂全集（第 2 卷）［M］．郑州：河南人民出版社，2000：252。

③ 参见“中国哲学之合法性”问题的由来、实质及其对于相关讨论的期望［J］．北京：北京行政学院学报，2005（01）：69 ~ 71。

④ 张再林：《作为身体哲学的中国古代哲学》［M］．北京：中国社会科学出版社，2008 年 6 月。

“身体化”的“挺身于世界”的面孔。

捧书细读、掩卷而思，当我们凝视并对话中国古代哲学的“身体性”面孔时，有三个问题似乎不仅是作者要回答的，也是读者所要询问并深入了解的，这就是：其一，在众说纷纭中国哲学合法性的今天，“为什么要对中国古代哲学做身体化的诠释”？其二，康德式的究问“何以可能”也同样适用于此，也就是说“作为身体哲学的中国古代哲学何以可能”？其三，正如杜威所倡导的那样，任何一种哲学都要有问题感、时代感和现实感，所以我们的第三个问题是，“作为身体哲学的中国古代哲学对我们的当代启示是什么”？对于这三个问题的回答，应当说，作者以一种“现象学”的视角、一种“系谱学”的方式、一种“回到中国哲学本身”的态度，为我们呈现出一幅惟妙惟肖的中国古代身体哲学的美丽画卷。

一、为什么要对中国古代哲学做身体化的诠释：从“我思故我在”到“即身而道在”

作者之所以要对中国古代哲学做身体化的诠释，就是想找出一种展现中国哲学自身气质而又具有现代生命活力、可以走向世界的元素。正如该书序言中所述，其如是作，不仅是因为作者身上流淌着不可稀释的“中国血液”、学术骨子里有一种难以释怀的“中国情结”，更因为作者对西方哲学尤其是现代西方哲学有着浓厚的兴趣，对“现代性的危机”有着清醒的触认与担忧。在作者眼中，中国传统哲学绝非一种“原教旨化”的传统，而是一种今人与古人“视域交融”“文化对话”

的产物。而“对话”的焦点，不是抽象化、独白化、静止化的“意识”，而是具体化、对话式、流动化的“能近取譬”的“身体”，走出现代性危机的依凭，也不可能是“意识哲学”范式，而只可能是“身体哲学”范式。

尽管笛卡尔的“我思故我在”式的“意识哲学”为开创西方现代哲学功不可没，但作者敏锐地体悟到，以“意识”为其阿基米德点的西方传统意识哲学已经日渐式微，当代哲学已经由追求“形而上”、指向“思辨世界”、体现为一种“意识哲学”的现代主义转向追求“形而下”、指向“生活世界”、体现为一种“身体哲学”的后现代主义，而以“身体”为其言说基点的后意识哲学范式则逐步浮出水面，这种崭新的范式为批判和祛除“现代主义”的唯科学主义、唯消费主义、唯进步主义、唯发展主义等虚妄，为纠拨和捩转“意识哲学”隐“身”扬“心”、尊“识”蔽“体”、重“知”废“行”的诸种褊狭，提供了一种崭新而可行的希望之径。

不惟如此，作者同时还敏锐地看到，时至今日，诸多中国哲学研究仍难脱出西方意识哲学窠臼，仍难免沦为业已衰敝的西方意识哲学的复制品，更不用说独领风骚引领当代世界哲学的最新潮流问题了。究其原委，不能不说那种在中国哲学的研究领域里，惟现代主义马首是瞻、对现代主义膜拜顶礼，不加批判地以西方现代主义的意识哲学来匡范中国传统哲学，以期恢复中国哲学合法性地位的做法既失之偏颇、又脱离中国的现实语境而显得南辕北辙、力不从心了。

事实上，作者指出，我们要想真正对中国古代哲学有一个原初本真地理解、对中国古代哲学有一个令人满意的现代化阐释，就必须找出一个中国古代哲学的“自身特点”。这个自身特点，不是笛卡尔“我思故我在”式的“意识”，而是中国古人王夫之所谓“即身而道在”式的“身体”或者说“身体性”。这种“身体性”，既是中国古人一切哲学意味的思考的出发点，也是一种迥异于西方意识哲学的中国古代哲学理论系统的真正核心；这种身体哲学，既是对中国哲学本来面目的真实还原，也是以一种崭新的“准后现代”的气质，与西方的后现代主义的后意识范式异曲同工地为人类新的时代精神共同演奏出一曲美妙而和谐的乐章。

二、作为身体哲学的中国古代哲学何以可能：从“思本主义”到“身本主义”

作为身体哲学的中国古代哲学何以可能？对于这个问题，作者以一种颇为迥异于西方意识哲学“思本主义”而真正体现中国哲学自身特色的“身本主义”的方式，从“立论陈述”“理论拓展”“个案阐扬”三个维度向我们展示了作为身体哲学的中国古代哲学是如何可能的，同时也展示了作为身体哲学的中国古代哲学的系谱性、超越性和具体性。

就身体哲学的基本立论点而言，所谓“身本主义”哲学中的身体，不是常识意义上作为自然对象的身体，而是和带有“先验还原论”色彩的西方意识哲学之“意识”一样，经过“现象学还原”的具有哲学本体论地位的身体。所谓“身本主义”的哲学模式，亦不是如西方传统哲学“意识→范畴→宇宙”般的认知哲学模式，而是一种具有中国哲学自身特色的“身体→两性→家族”式的行知模式。所谓“身本主义”的哲学方法，不是以发轫于古希腊的西方传统哲学的“反思式”“祛性化”“还原论”的分析主义方法为其依凭，而是肇始于周易周礼的中国传统哲学的“反身式”“尊性化”“系谱学”的生命系谱主义方法。当然，这种身本主义的性质，在该书的叙事中，也得到了中国古典文本的有力支撑，从《尚书》《周易》《周礼》到《论语》《孟子》《中庸》《大学》，从儒道释的厚重原典，到宋元明清的崭新哲学，无一不被纳入作者的论说视域，也不无彻底地为我们开显并展明了中国古代哲学的“身本主义”范式。

在“立论陈述”之后，作者将其理论继续推扩拓展，进一步驰游于一般人类哲学理论最基本的三大领域：宇宙论、伦理学与宗教观，告诉我们一种根身的宇宙论对于中国古人如何成为可能、一种根身的伦理学对于中国古人如何成为可能、一种根身的宗教观对于中国古人如何成为可能。如果说“身本主义”的这三大批判为中国古代哲学成为身体哲学做了论的奠基的话，那么，“作为身体哲学的中国哲学的历史”，则为中国古代哲学成为身体哲学做了史的估量，“中国古代家的哲学论纲”，则是对中国身体哲学理论体系的进一步阐扬与接续。此外，我们也看到，身体同时也被拓展到中国古代文化的历史观、政治观及认识论中。

作者在理论拓展之后没有走向关于身本主义的宏大叙事，而是将其目光投向对中国古代思想家和文学巨著的个案研究。如果说，在西人眼中，康德被视为意识哲学的集大成者而享有“哲学之父”的殊荣，在海外新儒家眼中，王阳明被视作与西方意识哲学最为相近的中国式意识哲学的代表而得到极力尊捧，那么在作者眼中，王夫之则以其对宋明理学的有力纠拨、以其在历史新时期将中国古代哲学由意识化向身体化的强力捩转而实至名归地理应成为中国古典身体哲学理论的真正代言人。如果说，在西人眼中，《圣经》由于对身体的原罪化理解、对自由意志的开创性理解而被尊为整个西方哲学的极具生命力的种子；那么，在作者眼中，《红楼梦》则以一种前所未有的浪漫主义历史叙事方式，书写出了基于身体的不可还原的两性生命对话关系，揭示了在祛身体和祛性化的知识话语的统治下，这种发自生命深处的“情”和“家”如何在现实中被阉割、被异化乃至被彻底葬送的悲剧结局。因此，《红楼梦》便以其深刻的“身体宗教”的思想，不啻成为人类后现代文化思潮之真正开山式的希声初启。

三、作为身体哲学的中国古代哲学的当代启示：从“隐身于世界”到“挺身于世界”

梅洛－庞蒂有言：世界的问题，可以始于身体的问题。而在张再林先生看来，作为身体哲学的中国古代哲学给我们的启示或者说指喻，恰恰见之于身体与世界的这种至为密切的关系之中。也就是说，在中国古代哲学中，身体在世界面前不是屈身的，而是挺进的，不是隐蔽的，而是彰显的；中国古代哲学既是“挺身的”，也是“合法的”。

这种“挺身于世界”的哲学，就是一种回归身体、走向生命对话、找回迷失的家庭从而面向世界的哲学。张再林先生指出，发端于西方文化的现代主义文明为人类带来了无与伦比的便利与快捷，然而，由于其对意识哲学的极端偏重，这一切的获得都是以现代人类的“以身为殉”为巨大牺牲和代价的，是以知识和权力话语的独白、祛性化、理性的富有、感性的贫困、生命感觉的江河日下为代价的，是以离家出走、无家可归、生命的飘泊与流荡为其生活指向的。而身体哲学的旨归，恰恰就在于为“即身而道在”的身体正名、为“造端于男女”的生命对话寻求可能的路径，为体现“群己和谐”的“家的回归”寻求可能的支撑，为现代人真正“挺身于世界”指出一条坦平大道。

这种“挺身于世界”的哲学，既是对中国古代哲学的根身性地正名，对传统西方哲学不无深刻地纠偏，更是对当今时代潮流予以的崭新启引与指导。在西方，早从《圣经》开始，身体就已经背负了“原罪”的恶名，而无论是柏拉图把身体当作通往求知之途的障碍、奥古斯丁把身体视为通往上帝之城的绊脚石、笛卡尔把身体看作通往主体之路的妨碍者，其都有一个前提预设，这就是身体是恶的而不是善的。张再林先生对中国古代哲学的这种身本主义的解读与阐释，既是对中国古代哲学根身面孔的现象学式的还原与跨越时空的对接，对传统西方哲学的纠偏，对发端于费尔巴哈、马克思、叔本华、尼采、狄尔泰等人后意识主义哲学的遥相呼应，更是对当今时代走向身体哲学崭新范式的风气引领。当然，作者的视点与论述也并不是无懈可击的，如：在对身体概念进行分析时，作者更多地是把身体当作一个原初本真的自在完美的基点，而不是把其当作一种需要批判需要构成的对象；在对中国古代哲学原典的分析中，作者更多地沉湎于原儒思想而对老庄的思想少有深入关注与考察；作者对身体哲学的原理拓展主要投射在宇宙论、伦理学、宗教观，而对美学与身体的关系少有提及，这一切，都不能不说是本研究的盲点与让人遗憾之处。但是，瑕不掩瑜，这一切，恰恰都为中国古代身体哲学的进一步研究与发展留下了较大的拓展空间。

总之，中国哲学已经发生了天翻地覆的改变，中西哲学之间不再是瓶与酒的关系，因为西方哲学的引进在很大程度上改变了中国哲学这瓶“老酒”原有的配制程序与方法；中国哲学所追求的，既不是用西方主流哲学的华丽辞藻把自己包装起来，也不是以某种怪异的、神秘主义的面目出现从而在哲学殿堂中争得一席之地或赢得几声赞叹。而《作为身体哲学的中国古代哲学》恰恰告诉我们，中国古代的身体哲学，不仅属于历史的过去，而且可以开出历史的明天；既以其民族性彰显出中国特色，又以其普世性与西方后现代主义文化一道成为今天人类文化建设的极为宝贵的思想资源；正如人类曾通过回归“思在合一”的古希腊意识哲学范式而催生出了科学主义的现代灿烂文明一样，人类也将通过向“身道合一”的中国先秦的身体哲学传统的回归，而为我们继往开来地拓展出以人文主义为旗帜的、新一轮的后现代文明！

（作者工作单位：西安交通大学人文学院）

推荐作者得新书!

博瑞森征稿启事

亲爱的读者朋友:

感谢您选择了博瑞森图书!希望您手中的这本书能给您带来实实在在的帮助!

博瑞森一直致力于发掘好作者、好内容,希望能把您最需要的思想、方法,一字一句地交到您手中,成为管理知识与管理实践的桥梁。

但是我们也知道,有很多深入企业一线、经验丰富、乐于分享的优秀专家,或者忙于实战没时间,或者缺少专业的写作指导和便捷的出版途径,只能茫然以待……

还有很多在竞争大潮中坚守的企业,有着异常宝贵的实践经验和独特的洞察,但缺少专业的记录和整理者,无法让企业的经验和故事被更多的人了解、学习……

对读者而言,这些都太遗憾了!

博瑞森非常希望能将这些埋藏的"宝藏"发掘出来,贡献给广大读者,让更多的人从中受益。

所以,我们真心地邀请您,我们的老读者,帮我们搜寻:

推荐作者

可以是您自己或您的朋友,只要对本土管理有实践、有思考;可以是您通过网络、杂志、书籍或其他途径了解的某位专家,不管名气大小,只要他的思想和方法曾让您深受启发。

可以是管理类作品,也可以超出管理,各类优秀的社科作品或学术作品。

推荐企业

可以是您自己所在的企业,或者是您熟悉的某家企业,其创业过程、运营经历、产品研发、机制创新,等等。无论企业大小,只要乐于分享、有值得借鉴书写之处。

总之,好内容就是一切!

博瑞森绝非"自费出书",出版费用完全由我们承担。您推荐的作者或企业案例一经采用,我们会立刻向您赠送书币 1000 元,可直接换取任何博瑞森图书的纸书或电子书。

感谢您对本土管理原创、博瑞森图书的支持!

推荐投稿邮箱:bookgood@126.com　　推荐手机:13611149991

1120 本土管理实践与创新论坛

这是由 100 多位本土管理专家联合创立的企业管理实践学术交流组织，旨在孵化本土管理思想、促进企业管理实践、加强专家间交流与协作。

论坛每年集中力量办好两件大事：第一，“**出一本书**”，汇聚一年的思考和实践，把最原创、最前沿、最实战的内容集结成册，贡献给读者；第二，“**办一次会**”，每年 11 月 20 日本土管理专家们汇聚一堂，碰撞思想、研讨案例、交流切磋、回馈社会。

谭洪华　崔自三　王玉荣　蒋　军　侯军伟　黄润霖
金国华　吴　之　葛新红　周　剑　崔海鹏　柏　龑
唐道明　朱志明　曲宗恺　杜　忠　远　鸣　范月明
刘文新　赵晓萌　张　伟　韩　旭　韩友诚　熊亚柱
孙彩军　刘　雷　王庆云　李少星　俞士耀　丁　昀
黄　磊　罗晓慧　伏泓霖　梁小平　鄢圣安

企业案例·老板传记

	书名．作者	内容/特色	读者价值
企业案例·老板传记	**你不知道的加多宝:原市场部高管讲述** 曲宗恺　牛玮娜　著	前加多宝高管解读加多宝	全景式解读,原汁原味
	借力咨询:德邦成长背后的秘密 官同良　王祥伍　著	讲述德邦是如何借助咨询公司的力量进行自身与发展的	来自德邦内部的第一线资料,真实、珍贵,令人受益匪浅
	收购后怎样有效整合:一个重工业收购整合实录(待出版) 李少星　著	讲述企业并购后的事	语言轻松活泼,对并购后的企业有借鉴作用
	娃哈哈区域标杆:豫北市场营销实录 罗宏文　赵晓萌　等著	本书从区域的角度来写娃哈哈河南分公司豫北市场是怎么进行区域市场营销,成为娃哈哈全国第一大市场、全国增量第一高市场的一些操作方法	参考性、指导性,一线真实资料
	六个核桃凭什么:从 0 过 100 亿 张学军　著	首部全面揭秘养元六个核桃裂变式成长的巨著	学习优秀企业的成长路径,了解其背后的理论体系
	像六个核桃一样:打造畅销品的 36 个简明法则 王　超　范　萍　著	本书分上下两篇:包括“六个核桃”的营销战略历程和 36 条畅销法则	知名企业的战略历程极具参考价值,36 条法则提供操作方法
	解决方案营销实战案例 刘祖轲　著	用 10 个真案例讲明白什么是工业品的解决方案式营销,实战、实用	有干货、真正操作过的才能写得出来
	招招见销量的营销常识 刘文新　著	如何让每一个营销动作都直指销量	适合中小企业,看了就能用
	我们的营销真案例 联纵智达研究院　著	五芳斋粽子从区域到全国/诺贝尔瓷砖门店销量提升/利豪家具出口转内销/汤臣倍健的营销模式	选择的案例都很有代表性,实在、实操!
	中国营销战实录:令人拍案叫绝的营销真案例 联纵智达　著	51 个案例,42 家企业,38 万字,18 年,累计 2000 余人次参与……	最真实的营销案例,全是一线记录,开阔眼界
	双剑破局:沈坤营销策划案例集 沈　坤　著	双剑公司多年来的精选案例解析集,阐述了项目策划中每一个营销策略的诞生过程,策划角度和方法	一线真实案例,与众不同的策划角度令人拍案叫绝、受益匪浅
	宗:一位制造业企业家的思考 杨　涛　著	1993 年创业,引领企业平稳发展 20 多年,分享独到的心得体会	难得的一本老板分享经验的书
	简单思考:AMT 咨询创始人自述 孔祥云　著	著名咨询公司(AMT)的 CEO 创业历程中点点滴滴的经验与思考	每一位咨询人,每一位创业者和管理经营者,都值得一读
	边干边学做老板 黄中强　著	创业 20 多年的老板,有经验、能写、又愿意分享,这样的书很少	处处共鸣,帮助中小企业老板少走弯路

续表

企业案例·老板传记	**三四线城市超市如何快速成长:解密甘雨亭** IBMG 国际商业管理集团　著	国内外标杆企业的经验 + 本土实践量化数据 + 操作步骤、方法	通俗易懂,行业经验丰富,宝贵的行业量化数据,关键思路和步骤
	中国首家未来超市:解密安徽乐城 IBMG 国际商业管理集团　著	本书深入挖掘了安徽乐城超市的试验案例,为零售企业未来的发展提供了一条可借鉴之路	通俗易懂,行业经验丰富,宝贵的行业量化数据,关键思路和步骤

互联网 +

	书名. 作者	内容/特色	读者价值
互联网 +	**企业微信营销全指导** 孙　巍　著	专门给企业看到的微信营销书,手把手教企业从小白到微信营销专家	企业想学微信营销现在还不晚,两眼一抹黑也不怕,有这本书就够
	企业网络营销这样做才对:B2B　大宗 B2C 张　进　著	简单直白拿来就用,各种窍门信手拈来,企业网络营销不麻烦也不用再头疼,一般人不告诉他	B2B、大宗 B2C 企业有福了,看了就能学会网络营销
	互联网时代的银行转型 韩友诚　著	以大量案例形式为读者全面展示和分析了银行的互联网金融转型应对之道	结合本土银行转型发展案例的书籍
	正在发生的转型升级·实践 本土管理实践与创新论坛　著	企业在快速变革期所展现出的管理变革新成果、新方法、新案例	重点突出对于未来企业管理相关领域的趋势研判
	触发需求:互联网新营销样本·水产 何足奇　著	传统产业都在苦闷中挣扎前行,本书通过鲜活的案例告诉你如何以需求链整合供应链,从而把大家熟知的传统行业打碎了重构、重做一遍	全是干货,值得细读学习,并且作者的理论已经经过了他亲自操刀的实践检验,效果惊人,就在书中全景展示
	移动互联新玩法:未来商业的格局和趋势 史贤龙　著	传统商业、电商、移动互联,三个世界并存,这种新格局的玩法一定要懂	看清热点的本质,把握行业先机,一本书搞定移动互联网
	微商生意经:真实再现 33 个成功案例操作全程 伏泓霖　罗晓慧　著	本书为 33 个真实案例,分享案例主人公在做微商过程中的经验教训	案例真实,有借鉴意义
	阿里巴巴实战运营——14 招玩转诚信通 聂志新　著	本书主要介绍阿里巴巴诚信通的十四个基本推广操作,从而帮助使用诚信通的用户及企业更好地提升业绩	基本操作,很多可以边学边用,简单易学
	今后这样做品牌:移动互联时代的品牌营销策略 蒋　军　著	与移动互联紧密结合,告诉你老方法还能不能用,新方法怎么用	今后这样做品牌就对了
	互联网 +"变"与"不变":本土管理实践与创新论坛集萃·2016 本土管理实践与创新论坛　著	本土管理领域正在产生自己独特的理论和模式,尤其在移动互联时代,有很多新课题需要本土专家们一起研究	帮助读者拓宽眼界、突破思维

续表

互联网+	**创造增量市场：传统企业互联网转型之道** 刘红明　著	传统企业需要用互联网思维去创造增量，而不是用电子商务去转移传统业务的存量	教你怎么在"互联网+"的海洋中创造实实在在的增量
	重生战略：移动互联网和大数据时代的转型法则 沈　拓　著	在移动互联网和大数据时代，传统企业转型如同生命体打算与再造，称之为"重生战略"	帮助企业认清移动互联网环境下的变化和应对之道
	画出公司的互联网进化路线图：用互联网思维重塑产品、客户和价值 李　蓓　著	18个问题帮助企业一步步梳理出互联网转型思路	思路清晰、案例丰富，非常有启发性
	7个转变，让公司3年胜出 李　蓓　著	消费者主权时代，企业该怎么办	这就是互联网思维，老板有能这样想，肯定倒不了
	跳出同质思维，从跟随到领先 郭　剑　著	66个精彩案例剖析，帮助老板突破行业长期思维惯性	做企业竟然有这么多玩法，开眼界

行业类：零售、白酒、食品/快消品、农业、医药、建材家居等

	书名．作者	内容/特色	读者价值
零售·超市·餐饮·服装	**总部有多强大，门店就能走多远** IBMG国际商业管理集团　著	如何把总部做强，成为门店的坚实后盾	了解总部建设的方法与经验
	超市卖场定价策略与品类管理 IBMG国际商业管理集团　著	超市定价策略与品类管理实操案例和方法	拿来就能用的理论和工具
	连锁零售企业招聘与培训破解之道 IBMG国际商业管理集团　著	围绕零售企业组织架构、培训体系建设等内容进行深刻探讨	破解人才发现和培养瓶颈的关键点
	中国首家未来超市：解密安徽乐城 IBMG国际商业管理集团　著	介绍了乐城作为中国首家未来超市从无到有的传奇经历	了解新型零售超市的运作方式及管理特色
	三四线城市超市如何快速成长：解密甘雨亭 IBMG国际商业管理集团　著	揭秘一家三四线连锁超市的经验策略	不但可以欣赏它的优点，而且可以学会它成功的方法
	涨价也能卖到翻 村松达夫　【日】	提升客单价的15种实用、有效的方法	日本企业在这方面非常值得学习和借鉴
	移动互联下的超市升级 联商网专栏频道　著	深度解析超市转型升级重点	帮助零售企业把握全局、看清方向
	手把手教你做专业督导：专卖店、连锁店 熊亚柱　著	从督导的职能、作用，在工作中需要的专业技能、方法，都提供了详细的解读和训练办法，同时附有大量的表单工具	无论是店铺需要统一培训，还是个人想成为优秀的督导，有这一本就够了

续表

零售·超市·餐饮·服装	**百货零售全渠道营销策略** 陈继展　著	没有照本宣科、说教式的絮叨，只有笔者对行业的认知与理解，庖丁解牛式的逐项解析、展开	通俗易懂，花极少的时间快速掌握该领域的知识及趋势
	零售：把客流变成购买力 丁　昀　著	如何通过不断升级产品和体验式服务来经营客流	如何进行体验营销，国外的好经营，这方面有启发
	餐饮企业经营策略第一书 吴　坚　著	分别从产品、顾客、市场、盈利模式等几个方面，对现阶段餐饮企业的发展提出策略和思路	第一本专业的、高端的餐饮企业经营指导书
	电影院的下一个黄金十年：开发·差异化·案例 李保煜　著	对目前电影院市场存大的问题及如何解决进行了探讨与解读	多角度了解电影院运营方式及代表性案例
	赚不赚钱靠店长：从懂管理到会经营 孙彩军　著	通过生动的案例来进行剖析，注重门店管理细节方面的能力提升	帮助终端门店店长在管理门店的过程中实现经营思路的拓展与突破
耐消品	**商业车经销商实战** 深远汽车　著	聚焦于商用车行业的经销商与4S店的运营	对商用车行业及其经销商运营有很大的指导意义
	汽车配件这样卖：汽车后市场销售秘诀100条 俞士耀　著	汽配销售业务员必读，手把手教授最实用的方法，轻松得来好业绩	快速上岗，专业实效，业绩无忧
	跟行业老手学经销商开发与管理：家电、耐消品、建材家居 黄润霖　著	全部来源于经销商管理的一线问题，作者用丰富的经验将每一个问题落实到最便捷快速的操作方法上去	书中每一个问题都是普通营销人亲口提出的，这些问题你也会遇到，作者进行的解答则精彩实用
白酒	**白酒到底如何卖** 赵海永　著	以市场实战为主，多层次、全方位、多角度地阐释了白酒一线市场操作的最新模式和方法，接地气	实操性强，37个方法、6大案例帮你成功卖酒
	变局下的白酒企业重构 杨永华　著	帮助白酒企业从产业视角看清趋势，找准位置，实现弯道超车的书	行业内企业要减少90%，自己在什么位置，怎么做，都清楚了
	1. 白酒营销的第一本书（升级版） **2. 白酒经销商的第一本书** 唐江华　著	华泽集团湖南开口笑公司品牌部长，擅长酒类新品推广、新市场拓展	扎根一线，实战
	区域型白酒企业营销必胜法则 朱志明　著	为区域型白酒企业提供35条必胜法则，在竞争中赢销的葵花宝典	丰富的一线经验和深厚积累，实操实用
	10步成功运作白酒区域市场 朱志明　著	白酒区域操盘者必备，掌握区域市场运作的战略、战术、兵法	在区域市场的攻伐防守中运筹帷幄，立于不败之地
	酒业转型大时代：微酒精选2014－2015 微酒　主编	本书分为五个部分：当年大事件、那些酒业营销工具、微酒独立策划、业内大调查和十大经典案例	了解行业新动态、新观点，学习营销方法

续表

快消品·食品	**5小时读懂快消品营销：中国快消品案例观察** 陈海超　著	多年营销经验的一线老手把案例掰开了、揉碎了，从中得出的各种手段和方法给读者以帮助和启发	营销那些事儿的个中秘辛，求人还不一定告诉你，这本书里就有
	快消品招商的第一本书：从入门到精通 刘　雷　著	深入浅出，不说废话，有工具方法，通俗易懂	让零基础的招商新人快速学习书中最实用的招商技能，成长为骨干人才
	乳业营销第一书 侯军伟　著	对区域乳品企业生存发展关键性问题的梳理	唯一的区域乳业营销书，区域乳品企业一定要看
	食用油营销第一书 余　盛　著	10多年油脂企业工作经验，从行业到具体实操	食用油行业第一书，当之无愧
	中国茶叶营销第一书 柏　龑　著	如何跳出茶行业"大文化小产业"的困境，作者给出了自己的观察和思考	不是传统做茶的思路，而是现在商业做茶的思路
	调味品营销第一书 陈小龙　著	国内唯一一本调味品营销的书	唯一的调味品营销的书，调味品的从业者一定要看
	快消品营销人的第一本书：从入门到精通 刘　雷　伯建新　著	快消行业必读书，从入门到专业	深入细致，易学易懂
	变局下的快消品营销实战策略 杨永华　著	通胀了，成本增加，如何从被动应战变成主动的"系统战"	作者对快消品行业非常熟悉、非常实战
	快消品经销商如何快速做大 杨永华　著	本书完全从实战的角度，评述现象，解析误区，揭示原理，传授方法	为转型期的经销商提供了解决思路，指出了发展方向
	一位销售经理的工作心得 蒋　军　著	一线营销管理人员想提升业绩却无从下手时，可以看看这本书	一线的真实感悟
	快消品营销：一位销售经理的工作心得2 蒋　军　著	快消品、食品饮料营销的经验之谈，重点图书	来源与实战的精华总结
	快消品营销与渠道管理 谭长春　著	将快消品标杆企业渠道管理的经验和方法分享出来	可口可乐、华润的一些具体的渠道管理经验，实战
	成为优秀的快消品区域经理（升级版） 伯建新　著	用"怎么办"分析区域经理的工作关键点，增加30%全新内容，更贴近环境变化	可以作为区域经理的"速成催化器"
	销售轨迹：一位快消品营销总监的拼搏之路 秦国伟　著	本书讲述了一个普通销售员打拼成为跨国企业营销总监的真实奋斗历程	激励人心，给广大销售员以力量和鼓舞
	快消老手都在这样做：区域经理操盘锦囊 方　刚　著	非常接地气，全是多年沉淀下来的干货，丰富的一线经验和实操方法不可多得	在市场摸爬滚打的"老油条"，那些独家绝招妙招一般你问都是问不来的
	动销四维：全程辅导与新品上市 高继中　著	从产品、渠道、促销和新品上市详细讲解提高动销的具体方法，总结作者18年的快消品行业经验，方法实操	内容全面系统，方法实操

续表

农业	**新农资如何换道超车** 刘祖轲　等著	从农业产业化、互联网转型、行业营销与经营突破四个方面阐述如何让农资企业占领先机、提前布局	南方略专家告诉你如何应对资源浪费、生产效率低下、产能严重过剩、价格与价值严重扭曲等
	中国牧场管理实战：畜牧业、乳业必读 黄剑黎　著	本书不仅提供了来自一线的实际经验，还收入了丰富的工具文档与表单	填补空白的行业必读作品
	中小农业企业品牌战法 韩　旭　著	将中小农业企业品牌建设的方法，从理论讲到实践，具有指导性	全面把握品牌规划，传播推广，落地执行的具体措施
	农资营销实战全指导 张　博　著	农资如何向“深度营销”转型，从理论到实践进行系统剖析，经验资深	朴实、使用！不可多得的农资营销实战指导
	农产品营销第一书 胡浪球　著	从农业企业战略到市场开拓、营销、品牌、模式等	来源于实践中的思考，有启发
	变局下的农牧企业 9 大成长策略 彭志雄　著	食品安全、纵向延伸、横向联合、品牌建设……	唯一的农牧企业经营实操的书，农牧企业一定要看
医药	**在中国，医药营销这样做：时代方略精选文集** 段继东　主编	专注于医药营销咨询 15 年，将医药营销方法的精华文章合编，深入全面	可谓医药营销领域的顶尖著作，医药界读者的必读书
	医药新营销：制药企业、医药商业企业营销模式转型 史立臣　著	医药生产企业和商业企业在新环境下如何做营销？老方法还有没有用？如何寻找新方法？新方法怎么用？本书给你答案	内容非常现实接地气，踏实谈问题说方法
	医药企业转型升级战略 史立臣　著	药企转型升级有 5 大途径，并给出落地步骤及风险控制方法	实操性强，有作者个人经验总结及分析
	新医改下的医药营销与团队管理 史立臣　著	探讨新医改对医药行业的系列影响和医药团队管理	帮助理清思路，有一个框架
	医药营销与处方药学术推广 马宝琳　著	如何用医学策划把“平民产品”变成“明星产品”	有真货、讲真话的作者，堪称处方药营销的经典！
	新医改了，药店就要这样开 尚　锋　著	药店经营、管理、营销全攻略	有很强的实战性和可操作性
	电商来了，实体药店如何突围 尚　锋　著	电商崛起，药店该如何突围？本书从促销、会员服务、专业性、客单价等多重角度给出了指导方向	实战攻略，拿来就能用
	OTC 医药代表药店销售 36 计 鄢圣安　著	以《三十六计》为线，写 OTC 医药代表向药店销售的一些技巧与策略	案例丰富，生动真实，实操性强
	OTC 医药代表药店开发与维护 鄢圣安　著	要做到一名专业的医药代表，需要做什么、准备什么、知识储备、操作技巧等	医药代表药店拜访的指导手册，手把手教你快速上手

续表

医药	**引爆药店成交率1:店员导购实战** 范月明　著	一本书解决药店导购所有难题	情景化、真实化、实战化
	引爆药店成交率2:经营落地实战 范月明　著	最接地气的经营方法全指导	揭示了药店经营的几类关键问题
	引爆药店成交率:专业化销售解决方案 范月明　著	药品搭配分析与关联销售	为药店人专业化助力
建材家居	**家具行业操盘手** 王献永　著	家具行业问题的终结者	解决了干家具还有没有前途?为什么同城多店的家具经销商很难做大做强等问题
	建材家居营销:除了促销还能做什么 孙嘉晖　著	一线老手的深度思考,告诉你在建材家居营销模式基本停滞的今天,除了促销,营销还能怎么做	给你的想法一场革命
	建材家居营销实务 程绍珊　杨鸿贵　主编	价值营销运用到建材家居,每一步都让客户增值	有自己的系统、实战
	建材家居门店销量提升 贾同领　著	店面选址、广告投放、推广助销、空间布局、生动展示、店面运营等	门店销量提升是一个系统工程,非常系统、实战
	10步成为最棒的建材家居门店店长 徐伟泽　著	实际方法易学易用,让员工能够迅速成长,成为独当一面的好店长	只要坚持这样干,一定能成为好店长
	手把手帮建材家居导购业绩倍增:成为顶尖的门店店员 熊亚柱　著	生动的表现形式,让普通人也能成为优秀的导购员,让门店业绩长红	读着有趣,用着简单,一本在手、业绩无忧
	建材家居经销商实战42章经 王庆云　著	告诉经销商:老板怎么当、团队怎么带、生意怎么做	忠言逆耳,看着不舒服就对了,实战总结,用一招半式就值了
工业品	**销售是门专业活:B2B、工业品** 陆和平　著	销售流程就应该跟着客户的采购流程和关注点的变化向前推进,将一个完整的销售过程分成十个阶段,提供具体方法	销售不是请客吃饭拉关系,是个专业的活计!方法在手,走遍天下不愁
	解决方案营销实战案例 刘祖轲　著	用10个真案例讲明白什么是工业品的解决方案式营销,实战、实用	有干货、真正操作过的才能写得出来
	变局下的工业品企业7大机遇 叶敦明　著	产业链条的整合机会、盈利模式的复制机会、营销红利的机会、工业服务商转型机会……	工业品企业还可以这样做,思维大突破
	工业品市场部实战全指导 杜　忠　著	工业品市场部经理工作内容全指导	系统、全面、有理论、有方法,帮助工业品市场部经理更快提升专业能力
	工业品营销管理实务 李洪道　著	中国特色工业品营销体系的全面深化、工业品营销管理体系优化升级	工具更实战,案例更鲜活,内容更深化

续表

工业品	**工业品企业如何做品牌** 张东利　著	为工业品企业提供最全面的品牌建设思路	有策略、有方法、有思路、有工具
	丁兴良讲工业4.0 丁兴良　著	没有枯燥的理论和说教，用朴实直白的语言告诉你工业4.0的全貌	工业4.0是什么？本书告诉你答案
	资深大客户经理：策略准，执行狠 叶敦明　著	从业务开发、发起攻势、关系培育、职业成长四个方面，详述了大客户营销的精髓	满满的全是干货
	一切为了订单：订单驱动下的工业品营销实战 唐道明　著	其实，所有的企业都在围绕着两个字在开展全部的经营和管理工作，那就是"订单"	开发订单、满足订单、扩大订单。本书全是实操方法，字字珠玑、句句干货，教你获得营销的胜利
金融	**交易心理分析** (美)马克·道格拉斯　著 刘真如　译	作者一语道破赢家的思考方式，并提供了具体的训练方法	不愧是投资心理的第一书，绝对经典
	精品银行管理之道 崔海鹏　何　屹　主编	中小银行转型的实战经验总结	中小银行的教材很多，实战类的书很少，可以看看
	支付战争 Eric M. Jackson　著 徐　彬　王　晓　译	PayPal创业期营销官，亲身讲述PayPal从诞生到壮大到成功出售的整个历史	激烈、有趣的内幕商战故事！了解美国支付市场的风云巨变
	中外并购名著专业阅读指南 叶兴平　等著	在5000多本并购类图书中精选的200著作，在阅读的基础上写的读书评价	精挑细选200本并一一评介，省去读者挑选的烦恼，快捷、高效
	互联网时代的银行转型 韩友诚　著	以大量案例形式为读者全面展示和分析了银行的互联网金融转型应对之道	结合本土银行转型发展案例的书籍
房地产	**产业园区/产业地产规划、招商、运营实战** 阎立忠　著	目前中国第一本系统解读产业园区和产业地产建设运营的实战宝典	从认知、策划、招商到运营全面了解地产策划
	人文商业地产策划 戴欣明　著	城市与商业地产战略定位的关键是不可复制性，要发现独一无二的"味道"	突破千城一面的策划困局
	电影院的下一个黄金十年：开发·差异化·案例 李保煜　著	对目前电影院市场存大的问题及如何解决进行了探讨与解读	多角度了解电影院运营方式及代表性案例

经营类：企业如何赚钱，如何抓机会，如何突破，如何"开源"

	书名．作者	内容/特色	读者价值
抓方向	**让经营回归简单．升级版** 宋新宇　著	化繁为简抓住经营本质：战略、客户、产品、员工、成长	经典，做企业就这几个关键点！
	混沌与秩序Ⅰ：变革时代企业领先之道 **混沌与秩序Ⅱ：变革时代管理新思维** 彭剑锋　尚艳玲　主编	汇集华夏基石专家团队10年来研究成果，集中选择了其中的精华文章编纂成册	作者都是既有深厚理论积淀又有实践经验的重磅专家，为中国企业和企业家的未来提出了高屋建瓴的观点
	活系统：跟任正非学当老板 孙行健　尹　贤　著	以任正非的独到视角，教企业老板如何经营公司	看透公司经营本质，激活企业活力
	重构：中国企业重生战略 杨永华　著	从7个角度，帮助企业实现系统性的改造	提供转型思想与方法，值得参考

续表

抓方向	**公司由小到大要过哪些坎** 卢　强　著	老板手里的一张“企业成长路线图”	现在我在哪儿,未来还要走哪些路,都清楚了
	企业二次创业成功路线图 夏惊鸣　著	企业曾经抓住机会成功了,但下一步该怎么办?	企业怎样获得第二次成功,心里有个大框架了
	老板经理人双赢之道 陈　明　著	经理人怎养选平台、怎么开局,老板怎样选/育/用/留	老板生闷气,经理人牢骚大,这次知道该怎么办了
	简单思考:AMT 咨询创始人自述 孔祥云　著	著名咨询公司(AMT)的 CEO 创业历程中点点滴滴的经验与思考	每一位咨询人,每一位创业者和管理经营者,都值得一读
	企业文化的逻辑 王祥伍　黄健江　著	为什么企业绩效如此不同,解开绩效背后的文化密码	少有的深刻,有品质,读起来很流畅
	使命驱动企业成长 高可为　著	钱能让一个人今天努力,使命能让一群人长期努力	对于想做事业的人,‘使命’是绕不过去的
思维突破	**盈利原本就这么简单** 高可为　著	从财务的角度揭示企业盈利的秘密	多方面解读商业模式与盈利的关系,通俗易懂,受益匪浅
	移动互联新玩法:未来商业的格局和趋势 史贤龙　著	传统商业、电商、移动互联,三个世界并存,这种新格局的玩法一定要懂	看清热点的本质,把握行业先机,一本书搞定移动互联网
	画出公司的互联网进化路线图:用互联网思维重塑产品、客户和价值 李　蓓　著	18 个问题帮助企业一步步梳理出互联网转型思路	思路清晰、案例丰富,非常有启发性
	重生战略:移动互联网和大数据时代的转型法则 沈　拓　著	在移动互联网和大数据时代,传统企业转型如同生命体打算与再造,称之为“重生战略”	帮助企业认清移动互联网环境下的变化和应对之道
	创造增量市场:传统企业互联网转型之道 刘红明　著	传统企业需要用互联网思维去创造增量,而不是用电子商务去转移传统业务的存量	教你怎么在“互联网 +”的海洋中创造实实在在的增量
	7 个转变,让公司 3 年胜出 李　蓓　著	消费者主权时代,企业该怎么办	这就是互联网思维,老板有能这样想,肯定倒不了
	跳出同质思维,从跟随到领先 郭　剑　著	66 个精彩案例剖析,帮助老板突破行业长期思维惯性	做企业竟然有这么多玩法,开眼界
	麻烦就是需求　难题就是商机 卢根鑫　著	如何借助客户的眼睛发现商机	什么是真商机,怎么判断、怎么抓,有借鉴
	互联网 +“变”与“不变”:本土管理实践与创新论坛集萃·2016 本土管理实践与创新论坛　著	加速本土管理思想的孕育诞生,促进本土管理创新成果更好地服务企业、贡献社会	各个作者本年度最新思想,帮助读者拓宽眼界、突破思维
财务	**写给企业家的公司与家庭财务规划——从创业成功到富足退休** 周荣辉　著	本书以企业的发展周期为主线,写各阶段企业与企业主家庭的财务规划	为读者处理人生各阶段企业与家庭的财务问题提供建议及方法,让家庭成员真正享受财富带来的益处

续表

<table>
<tr><td>财务</td><td>互联网时代的成本观
程　翔　著</td><td>本书结合互联网时代提出了成本的多维观，揭示了多维组合成本的互联网精神和大数据特征，论述了其产生背景、实现思路和应用价值</td><td>在传统成本观下为盈利的业务，在新环境下也许就成为亏损业务。帮助管理者从新的角度来看待成本，进一步做好精益管理</td></tr>
<tr><td colspan="4">管理类：效率如何提升，如何实现经营目标，如何“节流”</td></tr>
<tr><td></td><td>书名．作者</td><td>内容/特色</td><td>读者价值</td></tr>
<tr><td rowspan="14">通用管理</td><td>让管理回归简单·升级版
宋新宇　著</td><td>从目标、组织、决策、授权、人才和老板自己层面教你怎样做管理</td><td>帮助管理抓住管理的要害，让管理变得简单</td></tr>
<tr><td>让经营回归简单·升级版
宋新宇　著</td><td>从战略、客户、产品、员工、成长、经营者自身等七个方面，归纳总结出简单有效的经营法则</td><td>总结出的真正优秀企业的成功之道：简单</td></tr>
<tr><td>让用人回归简单
宋新宇　著</td><td>从用人的原则、用人的难题与误区、用人的方法和用人者的修炼四大方面，总结出适合中小企业做好人才管理工作的法则</td><td>帮助管理者抓住用人的要害，让用人变得简单</td></tr>
<tr><td>管理：以规则驾驭人性
王春强　著</td><td>详细解读企业规则的制定方法</td><td>从人与人博弈角度提升管理的有效性</td></tr>
<tr><td>员工心理学超级漫画版
邢　雷　著</td><td>以漫画的形式深度剖析员工心理</td><td>帮助管理者更了解员工，从而更轻松地管理员工</td></tr>
<tr><td>帅抓战略，将抓执行
王清华　著</td><td>深入剖析老板与高管的异同</td><td>各司其职，各行其是，相辅相成</td></tr>
<tr><td>分股合心：股权激励这样做
段磊　周剑　著</td><td>通过丰富的案例，详细介绍了股权激励的知识和实行方法</td><td>内容丰富全面、易读易懂，了解股权激励，有这一本就够了</td></tr>
<tr><td>边干边学做老板
黄中强　著</td><td>创业20多年的老板，有经验、能写、又愿意分享，这样的书很少</td><td>处处共鸣，帮助中小企业老板少走弯路</td></tr>
<tr><td>中国式阿米巴落地实践之从交付到交易
胡八一　著</td><td>本书主要讲述阿米巴经营会计，“从交付到交易”，这是成功实施了阿米巴的标志</td><td>阿米巴经营会计的工作是有逻辑关联的，一本书就能搞定</td></tr>
<tr><td>中国式阿米巴落地实践之激活组织
胡八一　著</td><td>重点讲解如何科学划分阿米巴单元，阐述划分的实操要领、思路、方法、技术与工具</td><td>最大限度减少“推行风险”和“摸索成本”，利于公司成功搭建适合自身的个性化阿米巴经营体系</td></tr>
<tr><td>集团化企业阿米巴实战案例
初勇钢　著</td><td>一家集团化企业阿米巴实施案例</td><td>指导集团化企业系统实施阿米巴</td></tr>
<tr><td>阿米巴经营的中国模式
李志华　著</td><td>让员工从“要我干”到“我要干”，价值量化出来</td><td>阿米巴在企业如何落地，明白思路了</td></tr>
<tr><td>欧博心法：好管理靠修行
曾　伟　著</td><td>用佛家的智慧，深刻剖析管理问题，见解独到</td><td>如果真的有‘中国式管理’，曾老师是其中标志性人物</td></tr>
</table>

续表

流程管理	**1. 用流程解放管理者** **2. 用流程解放管理者 2** 张国祥　著	中小企业阅读的流程管理、企业规范化的书	通俗易懂,理论和实践的结合恰到好处
	跟我们学建流程体系 陈立云　著	畅销书《跟我们学做流程管理》系列,更实操,更细致,更深入	更多地分享实践,分享感悟,从实践总结出来的方法论
质量管理	**IATF16949 质量管理体系详解与案例文件汇编: TS16949 转版 IATF16949:2016** 谭洪华　著	针对 IATF 的新标准做了详细的解说,同时指出了一些推行中容易犯的错误,提供了大量的表单、案例	案例、表单丰富,拿来就用
	五大质量工具详解及运用案例:APQP/FMEA/PPAP/MSA/SPC 谭洪华　著	对制造业必备的五大质量工具中每个文件的制作要求、注意事项、制作流程、成功案例等进行了解读	通俗易懂、简便易行,能真正实现学以致用
	ISO9001:2015 新版质量管理体系详解与案例文件汇编 谭洪华　著	紧密围绕 2015 年新版质量管理体系文件逐条详细解读,并提供可以直接套用的案例工具,易学易上手	企业质量管理认证、内审必备
	ISO14001:2015 新版环境管理体系详解与案例文件汇编 谭洪华　著	紧密围绕 2015 年新版环境管理体系文件逐条详细解读,并提供可以直接套用的案例工具,易学易上手	企业环境管理认证、内审必备
	SA8000:2014 社会责任管理体系认证实战 吕　林　著	作者根据自己的操作经验,按认证的流程,以相关案例进行说明 SA8000 认证体系	简单,实操性强,拿来就能用
战略落地	**重生——中国企业的战略转型** 施　炜　著	从前瞻和适用的角度,对中国企业战略转型的方向、路径及策略性举措提出了一些概要性的建议和意见	对企业有战略指导意义
	公司大了怎么管:从靠英雄到靠组织 AMT 金国华　著	第一次详尽阐释中国快速成长型企业的特点、问题及解决之道	帮助快速成长型企业领导及管理团队理清思路,突破瓶颈
	低效会议怎么改:每年节省一半会议成本的秘密 AMT 王玉荣　著	教你如何系统规划公司的各级会议,一本工具书	教会你科学管理会议的办法
	年初订计划,年尾有结果:战略落地七步成诗 AMT 郭晓　著	7 个步骤教会你怎么让公司制定的战略转变为行动	系统规划,有效指导计划实现
人力资源	**HRBP 是这样炼成的之"菜鸟起飞"** 新　海　著	以小说的形式,具体解析 HRBP 的职责,应该如何操作,如何为业务服务	实践者的经验分享,内容实务具体,形式有趣
	HRBP 是这样炼成的之中级修炼 新　海　著	本书以案例故事的方式,介绍了 HRBP 在实际工作中碰到的问题和挑战	书中的 HR 解决方案讲究因时因地制宜、简单有效的原则,重在启发读者思路,可供各类企业 HRBP 借鉴

续表

人力资源	**HRBP是这样炼成的之高级修炼** 新　海　著	以故事的形式，展现了HRBP工作者在职业发展路上的层层深入和递进	为读者提供HRBP在实际工作中遇到种种问题的解决方案
	把面试做到极致：首席面试官的人才甄选法 孟广桥　著	作者用自己几十年的人力资源经验总结出的一套实用的确定岗位招聘标准、提升面试官技能素质的简便方法	面试官必备，没有空泛理论，只有巧妙的实操技能
	人力资源体系与e－HR信息化建设 刘书生　陈　莹　王美佳　著	将作者经历的人力资源管理变革、人力资源管理信息化咨询项目方法论、工具和成果全面展现给读者，使大家能够将其快速应用到管理实践中	系统性非常强，没有废话，全部是浓缩的干货
	回归本源看绩效 孙　波　著	让绩效回顾“改进工具”的本源，真正为企业所用	确实是来源于实践的思考，有共鸣
	世界500强资深培训经理人教你做培训管理 陈　锐　著	从7大角度具体细致地讲解了培训管理的核心内容	专业、实用、接地气
	曹子祥教你做激励性薪酬设计 曹子祥　著	以激励性为指导，系统性地介绍了薪酬体系及关键岗位的薪酬设计模式	深入浅出，一本书学会薪酬设计
	曹子祥教你做绩效管理 曹子祥　著	复杂的理论通俗化，专业的知识简单化，企业绩效管理共性问题的解决方案	轻松掌握绩效管理
	把招聘做到极致 远　鸣　著	作为世界500强高级招聘经理，作者数十年招聘经验的总结分享	带来职场思考境界的提升和具体招聘方法的学习
	人才评价中心．超级漫画版 邢　雷　著	专业的主题，漫画的形式，只此一本	没想到一本专业的书，能写成这效果
	走出薪酬管理误区 全怀周　著	剖析薪酬管理的8大误区，真正发挥好枢纽作用	值得企业深读的实用教案
	集团化人力资源管理实践 李小勇　著	对搭建集团化的企业很有帮助，务实，实用	最大的亮点不是理论，而是结合实际的深入剖析
	我的人力资源咨询笔记 张　伟　著	管理咨询师的视角，思考企业的HR管理	通过咨询师的眼睛对比很多企业，有启发
	本土化人力资源管理8大思维 周　剑　著	成熟HR理论，在本土中小企业实践中的探索和思考	对企业的现实困境有真切体会，有启发
企业文化	**36个拿来就用的企业文化建设工具** 海融心胜　主编	数十个工具，为了方便拿来就用，每一个工具都严格按照工具属性、操作方法、案例解读划分，实用、好用	企业文化工作者的案头必备书，方法都在里面，简单易操作
	企业文化建设超级漫画版 邢　雷　著	以漫画的形式系统教你企业文化建设方法	轻松易懂好操作
	华夏基石方法：企业文化落地本土实践 王祥伍　谭俊峰　著	十年积累、原创方法、一线资料，和盘托出	在文化落地方面真正有洞察，有实操价值的书

续表

企业文化	**企业文化的逻辑** 王祥伍　著	为什么企业之间如此不同，解开绩效背后的文化密码	少有的深刻，有品质，读起来很流畅
	企业文化激活沟通 宋杼宸　安　琪　著	透过新任 HR 总经理的眼睛，揭示出沟通与企业文化的关系	有实际指导作用的文化落地读本
	在组织中绽放自我：从专业化到职业化 朱仁健　王祥伍　著	个人如何融入组织，组织如何助力个人成长	帮助企业员工快速认同并投入到组织中去，为企业发展贡献力量
	企业文化定位·落地一本通 王明胤　著	把高深枯燥的专业理论创建成一套系统化、实操化、简单化的企业文化缔造方法	对企业文化不了解，不会做？有这一本从概念到实操，就够了
生产管理	**精益思维：中国精益如何落地** 刘承元　著	笔者二十余年企业经营和咨询管理的经验总结	中国企业需要灵活运用精益思维，推动经营要素与管理机制的有机结合，推动企业管理向前发展
	300 张现场图看懂精益 5S 管理 乐　涛　编著	5S 现场实操详解	案例图解，易懂易学
	高员工流失率下的精益生产 余伟辉　著	中国的精益生产必须面对和解决高员工流失率问题	确实来源于本土的工厂车间，很务实
	车间人员管理那些事儿 岑立聪　著	车间人员管理中处理各种“疑难杂症”的经验和方法	基层车间管理者最闹心、头疼的事，‘打包’解决
	1. 欧博心法：好管理靠修行 **2. 欧博心法：好工厂这样管** 曾　伟　著	他是本土最大的制造业管理咨询机构创始人，他从 400 多个项目、上万家企业实践中锤炼出的欧博心法	中小制造型企业，一定会有很强的共鸣
	欧博工厂案例 1：生产计划管控对话录 **欧博工厂案例 2：品质技术改善对话录** **欧博工厂案例 3：员工执行力提升对话录** 曾　伟　著	最典型的问题、最详尽的解析，工厂管理 9 大问题 27 个经典案例	没想到说得这么细，超出想象，案例很典型，照搬都可以了
	工厂管理实战工具 欧博企管　编著	以传统文化为核心的管理工具	适合中国工厂
	苦中得乐：管理者的第一堂必修课 曾　伟　编著	曾伟与师傅大愿法师的对话，佛学与管理实践的碰撞，管理禅的修行之道	用佛学最高智慧看透管理
	比日本工厂更高效 1：管理提升无极限 刘承元　著	指出制造型企业管理的六大积弊；颠覆流行的错误认知；掌握精益管理的精髓	每一个企业都有自己不同的问题，管理没有一剑封喉的秘笈，要从现场、现物、现实出发
	比日本工厂更高效 2：超强经营力 刘承元　著	企业要获得持续盈利，就要开源和节流，即实现销售最大化，费用最小化	掌握提升工厂效率的全新方法
	比日本工厂更高效 3：精益改善力的成功实践 刘承元　著	工厂全面改善系统有其独特的目的取向特征，着眼于企业经营体质（持续竞争力）的建设与提升	用持续改善力来飞速提升工厂的效率，高效率能够带来意想不到的高效益

续表

生产管理	**3A顾问精益实践1:IE与效率提升** 党新民　苏迎斌　蓝旭日　著	系统的阐述了IE技术的来龙去脉以及操作方法	使员工与企业持续获利
	3A顾问精益实践2:JIT与精益改善 肖志军　党新民　著	只在需要的时候,按需要的量,生产所需的产品	提升工厂效率
员工素质提升	**TTT培训师精进三部曲(上):深度改善现场培训效果** 廖信琳　著	现场把控不用慌,这里有妙招一用就灵	课程现场无论遇到什么样的情况都能游刃有余
	TTT培训师精进三部曲(中):构建最有价值的课程内容 廖信琳　著	这样做课程内容,学员有收获 培训师也有收获	优质的课程内容是树立个人品牌的保证
	TTT培训师精进三部曲(下):职业功力沉淀与修为提升 廖信琳　著	从内而外提升自己,职业的道路一帆风顺	走上职业TTT内训师的康庄大道
	管理咨询师的第一本书:百万年薪 千万身价 熊亚柱　著	从问题出发,发现问题、分析问题、解决问题,让两眼一抹黑的新人快速成长	管理咨询师初入职场,让这本书开启百万年薪之路
	手把手教你做专业督导:专卖店、连锁店 熊亚柱　著	从督导的职能、作用,在工作中需要的专业技能、方法,都提供了详细的解读和训练办法,同时附有大量的表单工具	无论是店铺需要统一培训,还是个人想成为优秀的督导,有这一本就够了
	跟老板"偷师"学创业 吴江萍　余晓雷　著	边学边干,边观察边成长,你也可以当老板	不同于其他类型的创业书,让你在工作中积累创业经验,一举成功
	销售轨迹:一位快消品营销总监的拼搏之路 秦国伟　著	本书讲述了一个普通销售员打拼成为跨国企业营销总监的真实奋斗历程	激励人心,给广大销售员以力量和鼓舞
	在组织中绽放自我:从专业化到职业化 朱仁健　王祥伍　著	个人如何融入组织,组织如何助力个人成长	帮助企业员工快速认同并投入到组织中去,为企业发展贡献力量
	企业员工弟子规:用心做小事,成就大事业 贾同领　著	从传统文化《弟子规》中学习企业中为人处事的办法,从自身做起	点滴小事,修养自身,从自身的改善得到事业的提升
	手把手教你做顶尖企业内训师:TTT培训师宝典 熊亚柱　著	从课程研发到现场把控、个人提升都有涉及,易读易懂,内容丰富全面	想要做企业内训师的员工有福了,本书教你如何抓住关键,从入门到精通

营销类:把客户需求融入企业各环节,提供"客户认为"有价值的东西

	书名．作者	内容/特色	读者价值
营销模式	**精品营销战略** 杜建君　著	以精品理念为核心的精益战略和营销策略	用精品思维赢得高端市场
	变局下的营销模式升级 程绍珊　叶　宁　著	客户驱动模式、技术驱动模式、资源驱动模式	很多行业的营销模式被颠覆,调整的思路有了!

续表

营销模式	**卖轮子** 科克斯【美】	小说版的营销学！营销理念巧妙贯穿其中，贵在既有趣，又有深度	经典、有趣！一个故事读懂营销精髓
	动销操盘：节奏掌控与社群时代新战法 朱志明　著	在社群时代把握好产品生产销售的节奏，解析动销的症结，寻找动销的规律与方法	都是易读易懂的干货！对动销方法的全面解析和操盘
	弱势品牌如何做营销 李政权　著	中小企业虽有品牌但没名气，营销照样能做的有声有色	没有丰富的实操经验，写不出这么具体、详实的案例和步骤，很有启发
	老板如何管营销 史贤龙　著	高段位营销16招，好学好用	老板能看，营销人也能看
	洞察人性的营销战术：沈坤教你28式 沈　坤　著	28个匪夷所思的营销怪招令人拍案叫绝，涉及商业竞争的方方面面，大部分战术可以直接应用到企业营销中	各种谋略得益于作者的横向思维方式，将其操作过的案例结合其中，提供的战术对读者有参考价值
	动销：产品是如何畅销起来的 吴江萍　余晓雷　著	真真切切告诉你，产品究竟怎么才能卖出去	击中痛点，提供方法，你值得拥有
销售	**资深大客户经理：策略准，执行狠** 叶敦明　著	从业务开发、发起攻势、关系培育、职业成长四个方面，详述了大客户营销的精髓	满满的全是干货
	成为资深的销售经理：B2B、工业品 陆和平　著	围绕“销售管理的六个关键控制点”一一展开，提供销售管理的专业、高效方法	方法和技术接地气，拿来就用，从销售员成长为经理不再犯难
	销售是门专业活：B2B、工业品 陆和平　著	销售流程就应该跟着客户的采购流程和关注点的变化向前推进，将一个完整的销售过程分成十个阶段，提供具体方法	销售不是请客吃饭拉关系，是个专业的活计！方法在手，走遍天下不愁
	向高层销售：与决策者有效打交道 贺兵一　著	一套完整有效的销售策略	有工具，有方法，有案例，通俗易懂
	卖轮子 科克斯　【美】	小说版的营销学！营销理念巧妙贯穿其中，贵在既有趣，又有深度	经典、有趣！一个故事读懂营销精髓
	学话术　卖产品 张小虎　著	分析常见的顾客异议，将优秀的话术模块化	让普通导购员也能成为销售精英
组织和团队	**升级你的营销组织** 程绍珊　吴越舟　著	用“有机性”的营销组织替代“营销能人”，营销团队变成“铁营盘”	营销队伍最难管，程老师不愧是营销第1操盘手，步骤方法都很成熟
	用数字解放营销人 黄润霖　著	通过量化帮助营销人员提高工作效率	作者很用心，很好的常备工具书
	成为优秀的快消品区域经理(升级版) 伯建新　著	用“怎么办”分析区域经理的工作关键点，增加30%全新内容，更贴近环境变化	可以作为区域经理的“速成催化器”

续表

组织和团队	**成为资深的销售经理：B2B、工业品** 陆和平　著	围绕“销售管理的六个关键控制点”一一展开，提供销售管理的专业、高效方法	方法和技术接地气，拿来就用，从销售员成长为经理不再犯难
	一位销售经理的工作心得 蒋　军　著	一线营销管理人员想提升业绩却无从下手时，可以看看这本书	一线的真实感悟
	快消品营销：一位销售经理的工作心得2 蒋　军　著	快消品、食品饮料营销的经验之谈，重点突出	来源于实战的精华总结
	销售轨迹：一位快消品营销总监的拼搏之路 秦国伟　著	本书讲述了一个普通销售员打拼成为跨国企业营销总监的真实奋斗历程	激励人心，给广大销售员以力量和鼓舞
	用营销计划锁定胜局：用数字解放营销人2 黄润霖　著	全方位教你怎么做好营销计划，好学好用真简单	照搬套用就行，做营销计划再也不头痛
	快消品营销人的第一本书：从入门到精通 刘　雷　伯建新　著	快消行业必读书，从入门到专业	深入细致，易学易懂
产品	**新产品开发管理，就用IPD** 郭富才　著	10年IPD研发管理咨询总结，国内首部IPD专业著作	一本书掌握IPD管理精髓
	资深项目经理这样做新产品开发管理 秦海林　著	以IPD为思想，系统讲解新产品开管理的细节	提供管理思路和实用工具
	产品炼金术Ⅰ：如何打造畅销产品 史贤龙　著	满足不同阶段、不同体量、不同行业企业对产品的完整需求	必须具备的思维和方法，避免在产品问题上走弯路
	产品炼金术Ⅱ：如何用产品驱动企业成长 史贤龙　著	做好产品、关注产品的品质，就是企业成功的第一步	必须具备的思维和方法，避免在产品问题上走弯路
品牌	**中小企业如何建品牌** 梁小平　著	中小企业建品牌的入门读本，通俗、易懂	对建品牌有了一个整体框架
	采纳方法：破解本土营销8大难题 朱玉童　编著	全面、系统、案例丰富、图文并茂	希望在品牌营销方面有所突破的人，应该看看
	中国品牌营销十三战法 朱玉童　编著	采纳20年来的品牌策划方法，同时配有大量的案例	众包方式写作，丰富案例给人启发，极具价值
	今后这样做品牌：移动互联时代的品牌营销策略 蒋　军　著	与移动互联紧密结合，告诉你老方法还能不能用，新方法怎么用	今后这样做品牌就对了
	中小企业如何打造区域强势品牌 吴　之　著	帮助区域的中小企业打造自身品牌，如何在强壮自身的基础上往外拓展	梳理误区，系统思考品牌问题，切实符合中小区域品牌的自身特点进行阐述
渠道通路	**快消品营销与渠道管理** 谭长春　著	将快消品标杆企业渠道管理的经验和方法分享出来	可口可乐、华润的一些具体的渠道管理经验，实战

续表

渠道通路	**传统行业如何用网络拿订单** 张　进　著	给老板看的第一本网络营销书	适合不懂网络技术的经营决策者看
	采纳方法:化解渠道冲突 朱玉童　编著	系统剖析渠道冲突,21个渠道冲突案例、情景式讲解,37篇讲义	系统、全面
	学话术　卖产品 张小虎　著	分析常见的顾客异议,将优秀的话术模块化	让普通导购员也能成为销售精英
	向高层销售:与决策者有效打交道 贺兵一　著	一套完整有效的销售策略	有工具,有方法,有案例,通俗易懂
	通路精耕操作全解:快消品20年实战精华 周　俊　陈小龙　著	通路精耕的详细全解,每一步的具体操作方法和表单全部无保留提供	康师傅二十年的经验和精华,实践证明的最有效方法,教你如何主宰通路

管理者读的文史哲·生活

	书名．作者	内容/特色	读者价值
思想·文化	**德鲁克管理思想解读** 罗　珉　著	用独特视角和研究方法,对德鲁克的管理理论进行了深度解读与剖析	不仅是摘引和粗浅分析,还是作者多年深入研究的成果,非常可贵
	德鲁克与他的论敌们:马斯洛、戴明、彼得斯 罗　珉　著	几位大师之间的论战和思想碰撞令人受益匪浅	对大师们的观点和著作进行了大量的理论加工,去伪存真、去粗存精,同时有自己独特的体系深度
	德鲁克管理学 张远凤　著	本书以德鲁克管理思想的发展为线索,从一个侧面展示了20世纪管理学的发展历程	通俗易懂,脉络清晰
	王阳明"万物一体"论——从"身体"的立场看 陈立胜　著	以身体哲学分析王阳明思想中的"仁"与"乐"	进一步了解传统文化,了解王阳明的思想
	自我与世界:以问题为中心的现象学运动研究 陈立胜　著	以问题为中心,对现象学运动中的"意向性""自我""他人""身体"及"世界"各核心议题之思想史背景与内在发展理路进行深入细致的分析	深入了解现象学中的几个主要问题
	作为身体哲学的中国古代哲学 张再林　著	上篇为中国古代身体哲学理论体系奠基性部分,下篇对由"上篇"所开出的中国身体哲学理论体系的进一步的阐发和拓展	了解什么是真正原生态意义上的中国哲学,把中国传统哲学与西方传统哲学加以严格区别
	中西哲学的歧异与会通 张再林　著	本书以一种现代解释学的方法,对中国传统哲学内在本质尝试一种全新的和全方位的解读	发掘出掩埋在古老传统形式下的现代特质和活的生命,在此基础上揭示中西哲学"你中有我,我中有你"之旨

续表

思想·文化	**治论:中国古代管理思想** 张再林　著	本书主要从儒、法墨三家阐述中国古代管理思想	看人本主义的管理理论如何不留斧痕地克服似乎无法调解的存在于人类社会行为与社会组织中的种种两难和对立
	中国古代政治制度(修订版)上:皇帝制度与中央政府 刘文瑞　著	全面论证了古代皇帝制度的形成和演变的历程	有助于读者从政治制度角度了解中国国情的历史渊源
	中国古代政治制度(修订版)下:地方体制与官僚制度 刘文瑞　著	全面论证了古代地方政府的发展演变过程	有助于读者从政治制度角度了解中国国情的历史渊源
	中国思想文化十八讲(修订版) 张茂泽　著	中国古代的宗教思想文化,如对祖先崇拜、儒家天命观、中国古代关于"神"的讨论等	宗教文化和人生信仰或信念紧密相联,在文化转型时期学习和研究中国宗教文化就有特别的现实意义
	史幼波《大学》讲记 史幼波　著	用儒释道的观点阐释大学的深刻思想	一本书读懂传统文化经典
	史幼波《周子通书》《太极图说》讲记 史幼波　著	把形而上的宇宙、天地,与形而下的社会、人生、经济、文化等融合在一起	将儒家的一整套学修系统融合起来
	史幼波《中庸》讲记(上下册) 史幼波　著	全面、深入浅出地揭示儒家中庸文化的真谛	儒释道三家思想融会贯通
	梁涛讲《孟子》之《万章篇》 梁　涛　著	《万章》主要记录孟子与万章的对话,涉及孝道、亲情、友情、出仕为官等	作者的解读能帮助读者更好地理解孟子及儒学
	每个中国人身上的春秋基因 史贤龙　著	春秋368年(公元前770–公元前403年),每一个中国人都可以在这段时期的历史中找到自己的祖先,看到真实发生的事件,同时也看到自己	长情商、识人心
	与《老子》一起思考:德篇 史贤龙　著	打通文史,回归哲慧,纵贯古今,放眼中外,妙语迭出,在当今的老子读本中别具一格	深读有深读的回味,浅尝有浅尝的机敏,可给读者不同的启发
	郑子太极拳理拳法丛书 杨竣雄　著	走进郑子太极拳完整训练体系的大门,随着书中另一主角——师父的课程安排与每日功课的练习	当您学完这套书后,在掌握拳架的同时具备诸多正确的太极理念与系统知识
	内功太极拳训练教程 王铁仁　编著	杨式(内功)太极拳(俗称老六路)的详细介绍及具体修炼方法,身心的一次升华	书中含有大量图解并有相关视频供读者同步学习
	中医治心脏病 马宝琳　著	引用众多真实案例,客观真实地讲述了中西医对于心脏病的认识及治疗方法	看完这本书,能为您节约10万元医药费